ADAC Reiseführer *premium*

SÜDTIROL

Größte Vielfalt, engster Raum: schroffe Felsen über grüner Flora, sonnige Täler und eisige Höhen, raue Naturgewalten, doch auch milde Berglüfte – alles dies und noch weit mehr vereint Südtirol, das sich hier in Gestalt der Sextener Dolomiten inszeniert.

ADAC Reiseführer *premium*

SÜDTIROL

Faszinierend ist es und spektakulär, das Landschaftstableau von Paternkofel und Drei Zinnen. Unter diesen Felspyramiden kämpften im Ersten Weltkrieg Italiener und Österreicher erbittert miteinander – ebendort, wo sich heute die Klettersportler tummeln.

INHALT

Eine Reiseführerreihe mit ADAC-typischem Praxisbezug, Band für Band gespickt mit allen wichtigen Informationen, mit hohem ästhetischen Anspruch illustriert und bereichert um einen Atlas-Teil, der optimale Vor-Ort-Orientierung ermöglicht: Das sind die »ADAC Reiseführer Premium«. Ausgewiesene Experten führen Sie in Geschichte und Kultur der Region ein, stellen das Sehenswerte in allen Facetten vor, weisen auf lohnende Ausflugsziele hin, bewerten Hotels und Restaurants. Porträts der schönsten Städte und Entdeckungstouren mit präzisen Karten garantieren höchstmöglichen Nutzen.

IM FOKUS

ATLAS

Das Gebiet am Südrand der Alpen blickt auf eine bewegte Geschichte zurück. Immer noch erinnert vieles an die gemeinsame Vergangenheit, die die autonome italienische Provinz Bozen mit dem österreichischen Bundesland Tirol teilt. Zeugnis reicher Historie legen die zahllosen Burgen und Schlösser ab, viele prachtvolle Kirchen sind kunstgeschichtliche Kleinode. Doch auch mit grandiosen Naturlandschaften ist Südtirol reich gesegnet: Neben erhabenen Hochgebirgslandschaften faszinieren immer wieder idyllische Tieflagen mit mediterranem Ambiente. Edle Tropfen aus Südtirol werden von Weinkennern in ganz Europa geschätzt, und das Kunsthandwerk, vor allem Holzschnitzereien, ist ein Exportschlager.

Reinhold Messner (rechts) ist wohl der bekannteste Bergsteiger unserer Zeit. Er, der alle Achttausender der Welt bestiegen hat, behielt seinen Lebensmittelpunkt im heimatlichen Südtirol. Hier steht auch das Messner Mountain Museum mit inzwischen vier Außenstellen. Eine davon, das MMM auf dem Monte Rite, das der Geschichte der Dolomiten gewidmet ist, findet sich im Forte di Monte Rite, einer Wehranlage aus dem Ersten Weltkrieg.

Faszinierende Naturphänomene

Die Natur bietet manches so eindrucksvolle wie verblüffende Schauspiel in Südtirol. Unbeschreiblich, namentlich bei Sonnenuntergang, ist der Anblick des Rosengartens, der berühmten schroffen Berggruppe der Dolomiten – Alpenglühen in höchster Vollendung. Wildromantische Schluchten mit tosenden Wasserfällen wie

Was blüht denn da? Im abendlichen Sonnenlicht scheint der Rosengarten von innen zu erglühen.

die Rastenbachklamm bei Kaltern oder ein faszinierendes Schaufenster der Gesteinswelt wie die Bletterbachschlucht in Aldein – manche sprechen vom Grand Canyon Südtirols – ziehen jeden in den Bann. Geologische Formationen wie kegel- und turmförmige Erdpyramiden oder Erdpfeiler verblüffen: Regen- und Trockenphasen in raschem Wechsel führten zu schneller Erosion, nur das unter Gesteinsblöcken stark verdichtete Erdreich blieb davon verschont und bildete innerhalb mehrerer Jahrtausende steile Formen aus.

Berggigant im Nationalpark

Südtirol umfasst eine Fläche von rund 7400 Quadratkilometern; schroffes Hochgebirge nimmt weite Teile des Gebiets ein. Im Norden reicht die Region bis in die Zentralalpen (u. a. mit Ortlermassiv, Ötztaler, Stubaier und Zillertaler Alpen) hinein, im Osten hat es in den Dolomiten Anteil an den Nördlichen Kalkalpen. Höchste Erhebung ist mit 3905 Metern der von markanten Graten geprägte Ortler, der seine Umgebung majestätisch überragt und nicht umsonst im Volksmund »König Ortler« genannt wird. Zum stark vergletscherten Ortlermassiv zählen weitere Bergriesen wie die Königsspitze oder der Monte Cevedale. Das gesamte Massiv ist Teil des über 134 000 Hektar großen Nationalparks Stilfser Joch. 1935 im westlichen Südtirol gegründet, gehört er zu den größten Schutzgebieten Europas und erstreckt sich auch über benachbarte italienische Provinzen. Von den höchsten Bergspitzen steigt er herab in Niederungen wie Tra-

Die Königsspitze, der zweithöchste Gipfel der Ortlergruppe.

Zauber der Dolomiten

Zu den wohl eindrucksvollsten Massiven im gesamten Alpenraum gehören die Dolomiten, eine Gebirgskette der Südlichen Kalkalpen, die sich auch noch über weitere italienische Provinzen erstreckt. Ihre Nordgrenze bildet das Pustertal, und die Westgrenze markieren die Täler der beiden Südtiroler Hauptflüsse Etsch und Eisack. Das überwiegend aus hellem Dolomit aufgebaute Gebirge umfasst 18 Berggipfel mit Höhen von mehr als 3000 Metern. Einige

foier Tal, Suldental oder Martelltal, die von Gletschern und Flüssen gestaltet wurden. Und er senkt sich noch weiter fort, um schließlich Tieflagen von rund 650 Meter Höhe zu erreichen.

Die gesamte natürliche Vielfalt Südtirols spiegelt sich in diesem Nationalpark wider, der neben weitgehend unberührten Naturlandschaften auch allerlei land- und forstwirtschaftlich genutzte Gebiete sowie kleinere Ortschaften und Siedlungen umfasst.

der markantesten Berggruppen der Dolomiten auf Südtiroler Gebiet sind die Sextener Dolomiten mit den Drei Zinnen, deren Nordseite zu den bekanntesten Ansichten der Alpen zählt, ferner der Rosengarten und die Sella. Ein landschaftliches Symbol der Region ist der Schlern – weniger seiner Höhe (2563 m) wegen als vielmehr dank seiner charakteristischen Form als Felsenhochebene, der zwei Spitzen vorgelagert sind. Die einzelnen Massive werden durch tiefe Landschaftseinschnitte – wie Grödner-, Gader-, Eggen- und Villnösstal – oder aber durch ausgedehnte Hochflächen wie die Seiser Alm voneinander getrennt.

Die Dolomiten wurden 2009 von der UNESCO zum Teil des Weltnaturerbes erklärt. Mit dieser Auszeichnung wird eine geologisch, botanisch und landschaftlich einzigartige Naturszenerie als besonders erhaltenswert eingestuft.

Etsch und Eisack

Die Täler der beiden Hauptflüsse Etsch und Eisack sind nicht nur wichtige Siedlungsräume und fruchtbare Agrargebiete – sie entwässern auch weite Teile Südtirols. Die Etsch entspringt im Südtiroler Teil der Ötztaler Alpen, durchfließt Reschen- und Haidersee und anschließend den Vinschgau, quert dann Meran (wo ihr die Passer zufließt) sowie Bozen. Der Fluss verlässt Südtirol durch die Salurner Klause genannte Engstelle. Im weiteren Verlauf durchfließt er auch Verona und mündet nach rund 410 Kilometern in das Adriatische Meer. Nach dem Po ist die Etsch der zweitlängste Fluss Italiens –

und unterhalb von Bozen sogar schiffbar. Der 95 Kilometer lange Eisack entspringt am Brennerpass, fließt unter anderem durch Sterzing und Brixen und mündet südlich von Bozen in die Etsch.

Die Täler beider Flüsse sind seit je wichtige Verkehrsachsen – in der Antike für den Handel und bei Heerzügen, in der Moderne für den Transport auf Straße und Schiene. Etsch und Eisack werden auch zur Gewinnung von Energie genutzt. Zu diesem Zweck wurden einige Stauseen angelegt.

Klima

Im Allgemeinen herrscht in großen Höhen alpines Klima, in den Hügellandschaften und den Tälern Südtirols ist es milder als auf gleicher Höhe am Nordrand der Alpen. Wegen der großen Höhenerstreckung sind die regionalen Temperaturunterschiede zu allen Jahreszeiten hoch.

Im Frühling sind in den Hochlagen oft noch recht ergiebige Schneefälle zu verzeichnen, in geschützten Tallagen im Süden der Region misst man bei Sonnenschein bereits sommerliche Temperaturen. In einigen der Obsthaine beginnt dann schon die Blütezeit. Im Hochsommer können die Tageshöchsttemperaturen in den Tieflagen um die 35 °C erreichen. Um der Hitze zu entgehen, begeben sich dann viele Menschen mit einer der Seilbahnen in höhere und damit mildere Gefilde. Im Herbst zeigen sich die Laubwälder in buntem Blätterkleid, in höhergelegenen Orten kündigen im November erste Schneeflocken bereits den nahen Winter an. In der kalten Jahreszeit

schneit es nicht nur im Gebirge regelmäßig, die Bergumrahmung durch den Alpenhauptkamm schützt jedoch vor allzu starken Kälteeinbrüchen aus nördlichen Richtungen. Auch der Winter bietet sonnige – wenn auch mitunter kalte – Perioden.

Pflanzen- und Tierwelt

Wegen der großen Höhendifferenzen sind Flora und Fauna in Südtirol überaus artenreich entwickelt. In den tiefsten Tallagen herrschen mediterrane Bedingungen, so dass hier unter anderem Zypressen, Stechpalmen, Zitronenbäume und Oleander gedeihen. Das milde Klima eignet sich für den Weinbau. In den mittleren Höhenlagen breiten sich Mischwälder mit Fichten, Tannen, Buchen und Eichen als vorherrschenden Baumarten aus. Im Hochgebirge herrschen oberhalb der Waldgrenze alpine Matten vor, die zur Blütezeit farbenreich leuchten. Zur Blumenwelt gehören auch geschützte Pflanzen wie Enzianarten oder Edelweiß.

Ähnlich breit ist das Spektrum der Tierarten. Das an den Mittelmeerraum erinnernde Ambiente der Täler wissen nicht zuletzt diverse Reptilienarten zu schätzen. Die Wälder weisen reiche Wildbestände auf, Rehe und Hirsche, aber auch andere Säugetiere wie Hasen und Füchse finden hier einen geeigneten Lebensraum. Im Hochgebirge indessen tummeln sich Steinböcke, Gämsen und Murmeltiere, und über den markanten Gipfeln ziehen Greifvögel wie Steinadler, Königsadler, Bussard und Bartgeier ihre Kreise.

Gesuchtes Fotomotiv: Aus der Tiefe des 1950 aufgestauten Reschensees ragt einsam der Kirchturm von Alt-Graun auf.

Kontraste, die ein Ganzes ergeben: Baumkontur vor Bergkulisse.

Naturszenerie als übermenschliche Bildhauerkunst: Dolomiten.

Im Ersten Weltkrieg fanden in den Dolomiten, durch die sich die Front zwischen Österreich-Ungarn und Italien zog, heftige Kämpfe statt. Eine hohe Zahl an Opfern gab es nicht nur durch die Kriegshandlungen, sondern auch durch Lawinen und Unterkühlung in den harten Kriegswintern 1916 und 1917. Einige der damaligen Forts sind noch erhalten, viele der damals in den Fels gehauenen Wege dienen heute als Wanderwege.

»Ötzi«

Die Entdeckung revolutionierte unser Wissen über die Jungsteinzeit: Im Jahr 1991 fanden Bergsteiger am Hauslabjoch in den Ötztaler Alpen eine Leiche, die man zunächst für die eines verunglückten Bergsteigers hielt. Der fast unversehrte Körper nebst Haaren, Zähnen und Darm-

So könnte der Ötzi ausgesehen haben.

inhalt wurde nach der Bergung wissenschaftlich untersucht, ebenso mitgeführte Habseligkeiten (u. a. Pfeile, ein Bogen, ein Beil und Gefäße aus Birkenrinde), und siehe da: Das Alter der wohl aus dem Eisacktal stammenden Mumie konnte auf etwa 40 Jahre taxiert werden, gelebt hat dieser Mensch wohl um 3250 v. Chr. Seit 1998 ist »Ötzi«, der auch als »Mann vom Hauslabjoch« einige Bekanntheit genießt, im Archäologischen Museum von Bozen zu besichtigen.

Besiedlung in prähistorischer Zeit

Allerlei archäologische Funde an Rastplätzen von Jägern der Mittelsteinzeit belegen eine Besiedlung des heutigen Südtirol seit dem 7. Jahrtausend v. Chr. Waren zunächst die Hochlagen oberhalb der Baumgrenze bevorzugte Siedlungsräume, ließen sich die Menschen ab der Jungsteinzeit vorwiegend entlang der fruchtbaren Täler nieder, wo sie Ackerbau betrieben. Wenige Spuren hinterließen hingegen die Kelten, die das Gebiet ab dem 5. Jahrhundert v. Chr. durchzogen. Nachhaltigeren Einfluss übten die Räter aus.

Im Fokus der Römer

Für die Römer hatte die Region große strategische Bedeutung. Zum Ausbau ihres Reiches war die Errichtung von Militärstraßen über den Alpenhauptkamm notwendig. Andererseits galt es, den wiederholt nach Süden vordringenden Rätern Einhalt zu gebieten. Im Lauf des 1. Jahrhunderts v. Chr. erfolgten Eroberung und Eingliederung des Gebiets in das Römische Reich sowie Romanisierung und spätere Christianisierung der Bevölkerung. Die Römer forcierten den Ausbau der Infrastruktur, u. a. entstand die Via Claudia Augusta als bedeutende Handelsroute.

Südtirol im Mittelalter

Nach Ende des Römischen Reiches drangen im Zuge der Völkerwanderung Stämme unterschiedlichster Herkunft in das Gebiet ein. Von Süden kamen Langobarden, von Südosten

Slawen, von Norden Bajuwaren. Ende des 8. Jahrhunderts gliederte Karl der Große die Region dem Frankenreich an. Nach dessen Teilung war das heutige Südtirol Teil des Römisch-Deutschen Reiches. Zur Sicherung des Weges nach Rom erhielten die Bistümer von Brixen und Trient im frühen 11. Jahrhundert einzelne Gebiete durch Schenkung. Die Bischöfe ließen die Herrschaft durch Vögte von Adelsfamilien ausüben. Bei Machtkämpfen zwischen den Dynastien setzten sich die Grafen von Tirol durch. In Ermangelung eines Erben fielen die Herrscherrechte im Jahr 1363 den Habsburgern zu.

Herrschaft der Habsburger

Für die neuen Herrscher war Tirol eine wichtige Verbindung zu ihren Besitztümern in der Schweiz, in Baden und in Württemberg. Doch erlebte Tirol in den folgenden Jahrzehnten manchen recht erheblichen Rückschlag: Misswirt-

Die Fresken im Rittersaal von Schloss Runkelstein stellen höfisches Leben im 14. Jahrhundert dar – sehr anschaulich.

schaft und Willkür der Regenten sowie die wirtschaftlichen Auswirkungen militärischer Niederlagen (etwa im Engadiner Krieg) schürten vor allem in der ländlichen Bevölkerung großen Unmut, und 1525 stürzte der Bauernkrieg die Region ins Chaos – eines, von dem sich Tirol trotz rascher Niederschlagung der Revolte nicht erholte und ins politische Abseits manövriert wurde. Mehrere Pestepidemien ließen ganze Landstriche veröden, auch die Folgen des Dreißigjährigen Krieges (1618 bis 1648) waren verheerend – wenngleich die Region von Kriegsschäden weitestgehend verschont geblieben war. Nach Aussterben der Tiroler Linie der Habsburger (1665) wurde die Region direkt von Wien aus regiert. Im Spanischen Erbfolgekrieg rückten 1703 bayerische Einheiten ein, wurden jedoch zurückgedrängt. Die 1796 bis hier vorgedrungenen Truppen Frankreichs konnten zwar zunächst vertrieben werden, doch 1805 musste Österreich nach der

Niederlage gegen die Armee Napoleons Tirol an das mit Frankreich verbündete Bayern abtreten.

Tiroler Volksaufstand

Zu Beginn der Herrschaft des neu gegründeten Königreichs Bayern wurde die Verfassung Tirols aufgehoben und das Gebiet administrativ in drei Kreise eingeteilt, die man nach den wichtigsten Flüssen – Etsch, Eisack und Inn – benannte. Der Widerstand gegen die bayerische Herrschaft entlud sich 1809 im Tiroler Volksaufstand unter der Führung Andreas Hofers – mit dem Ziel der Rückkehr Tirols zu Österreich. Nach anfänglichen Siegen der Aufständischen gegen Truppen aus Bayern und Frankreich wurden die Tiroler vernichtend geschlagen. Vor allem in Südtirol kamen viele Todesurteile gegen Aufständische zur Vollstreckung. Nach Napoleons Niederlage 1814 wurde Tirol wiedervereinigt und wieder Österreich zugesprochen.

Italienische Provinz

Kurz vor Ende des Ersten Weltkriegs wurde der Teil Tirols südlich des Brennerpasses von italienischen Truppen besetzt und 1919 im Vertrag von Saint-Germain Italien zugesprochen. Durch diese bis heute bestehende Grenzziehung war Tirol faktisch geteilt. Nach Machtergreifung der italienischen Faschisten unter Benito Mussolini schritt Südtirols systematische Italienisierung fort – der Gebrauch der deutschen Sprache im öffentlichen Leben wurde verboten, deutsche Ortsnamen schaffte man ab, die Zuwan-

derung von Italienern erfuhr eine gezielte Förderung. Nach einer Vereinbarung zwischen Hitler und Mussolini im Jahr 1939 (»Option«) konnte sich die rund 250 000 Menschen umfassende deutschsprachige Bevölkerung für die Auswanderung nach Deutschland oder – unter Aufgabe von Volkskultur und Muttersprache – für den Verbleib bei Italien entscheiden. Eine breite Mehrheit votierte für die Auswanderung, rund 70 000 Südtiroler machten schließlich davon Gebrauch.

Die Teilung Tirols blieb auch nach dem Zweiten Weltkrieg bestehen. Im Pariser Abkommen von 1946 erhielt Südtirol die weitgehende Autonomie innerhalb der Republik Italien, die jedoch nur zögerlich umgesetzt wurde. Seit dem ab 1972 geltenden zweiten Autonomiestatut ist die Eigenständigkeit Südtirols gestärkt. Die autonome Provinz Bozen verfügt seither über umfassende Kompetenzen und Selbstverwaltungsrechte.

Südtirol heute

Die hinzugewonnene größere Autonomie ermöglichte die wirtschaftliche und kulturelle Entfaltung Südtirols, das heute zu den wohlhabendsten Regionen Italiens gehört. Die mehr und mehr verbesserte Lebensqualität förderte die Entspannung zwischen den Sprachgruppen in der Region. Die europäische Integration, der Wegfall der Grenzkontrollen zwischen Österreich und Italien und die Einführung des Euro als Gemeinschaftswährung in beiden Staaten stärkt den wirtschaftlichen Zusammenhalt auf beiden Seiten der Grenze.

Andreas Hofer, Tirols Held im Kampf gegen Napoleon.

Das Stilfser Joch ist der höchste Gebirgspass Italiens.

Das Museion in Bozen wurde im Jahr 1985 als Museum für moderne Kunst gegründet. Seit dem Jahr 2008 locken nicht nur die auf mehr als 2000 Quadratmeter Ausstellungsfläche verteilten Sammlungen die Liebhaber exquisiter moderner Kunst an, sondern auch der vom Berliner Architekturbüro KSV entworfene Bau selbst – spektakulär und avantgardistisch, wie er wirkt mit seinen auffälligen Glasfassaden, die für große Kunstprojektionen genutzt werden können.

Holzschnitzerei im Grödnertal

Im 17. Jahrhundert bereits begannen im Grödnertal einige Bauern mit der Holzschnitzerei, um sich zusätzlich zur Arbeit auf dem Hof einen Nebenverdienst zu sichern. Bilderrahmen und Uhrenständer waren die ersten Objekte, doch bald wendete man sich Anspruchs-

Schnitzer in Gröden.

vollerem zu: Kruzifixe etwa, auch Heiligenstatuen, Altarbauten und Krippen machten hiesige Schnitzer rasch über Südtirols Grenzen hinaus bekannt. Zu herausragenden Zentren der Holzbildhauerei entwickelten sich St. Ulrich, St. Christina und Wolkenstein. Bis zum heutigen Tag werden viele Stücke als reine Handarbeit gefertigt und als solche mit einer Schutzmarke gekennzeichnet. Einige der wertvollen Kunstobjekte sind im Grödner Heimatmuseum ausgestellt; die meisten Arbeiten aber werden exportiert, u. a. bis nach Südamerika.

Architektur

Als Zeugnisse einer langen und wechselvollen Geschichte besitzt Südtirol Baudenkmäler aus allen Stilepochen – von der Romanik bis zur zeitgenössischen Architektur. Der Adel hinterließ rund 400 imposante Burgen bzw. prachtvolle Schlösser, die auf Felsvorsprüngen thronen oder in Weinbaugebieten angelegt wurden. Nirgendwo sonst in Europa findet sich eine derart hohe Dichte mittelalterlicher Anwesen. Bedeutende Monu-

Bedeutender Bau der Romanik – die Stiftskirche in Innichen.

Michael Pacher schuf den Altar der Pfarrkirche in Gries.

mente religiösen Lebens sind die Kirchen und Klöster, von denen einige höchst bedeutende Kunstschätze beherbergen. Die im 12. Jahrhundert errichtete Stiftskirche von Innichen ist das eindrucksvollste Bauwerk Südtirols, das aus der Romanik erhalten ist. Die Kreuzigungsgruppe im Altarraum des dreischiffigen Gotteshauses ragt als Glanzstück der Bildhauerkunst jener Epoche heraus. Doch birgt Südtirol auch allerlei bemerkenswerte Zeugnisse gotischer Baukunst, wie etwa den aus

dem 13. Jahrhundert stammenden Kreuzgang des Doms von Brixen. Eines der vielen barocken Juwele ist Schloss Wolfsthurn in Mareit bei Sterzing, das seine prachtvolle Ausgestaltung im 18. Jahrhundert erhielt. Die Prunkräume samt Ballsaal vermitteln einen Eindruck vom höfischen Leben jener Zeit. Heute ist in dem Schloss das Landesmuseum für Jagd und Fischerei untergebracht.

Weniger repräsentative als viel eher machtpolitische Interessen standen beim Bau von Festungen im Vordergrund, wovon vor allem im 19. Jahrhundert einige entstanden. Vorbild für eine große Anzahl späterer Bauten wurde die an einer Engstelle des Eisacktals errichtete Franzensfeste (1833–1838), eine gewaltige Anlage. Im weiteren Verlauf der Zeit erfuhr ihre Funktion einen bemerkenswerten Wandel: 2008 war der Komplex einer der Standorte der europäischen Kunstbiennale »Manifesta 7«.

Meisterwerke des Jugendstils finden sich in Meran, darunter das von einer markanten Kuppel gekrönte Kurhaus, das ab 1874 entstand. Es zählt zu den schönsten Bauten dieser Epoche im gesamten Alpenraum und wird immer noch für Veranstaltungen genutzt. Zu den herausragenden Beispielen moderner Baukunst gehört jenes futuristisch anmutende Gebäude im Zentrum von Bozen, das seit 2008 als Museum für moderne und zeitgenössische Kunst dient. Die verglasten Fassaden des lang gestreckten Kubus setzen nicht nur optische Akzente – sie sorgen auch für die willkommene starke Lichtdurchflutung der Ausstellung.

Malerei

Südtirols Malereitradition ist stark sakral geprägt, was allenthaben an der Ausstattung der Kirchen auffällt. Viele der aus diversen Epochen erhaltenen Gemälde sind nicht nur oft von sehr hohem künstlerischem Wert, sie geben auch manchen Einblick in das hiesige Leben über Jahrhunderte hinweg. Frühmittelalterlichen Alltag in der Region etwa dokumentieren die Wandgemälde der Kirche St. Prokulus in Naturns mit ihren Szenen aus dem bäuerlichen Leben. Die wohl aus dem 8. bis 10. Jahrhundert stammenden Fresken gelten als die ältesten im deutschsprachigen Raum. Der romanische Freskenzyklus in der Krypta von Kloster Marienberg im Vinschgau (entstanden 1175–1180) wirkte beispielhaft für weitere Kirchenausmalungen in der Region. Die Maler der »Bozener Schule« mischten deutsche und italienische Maltraditionen. Bemerkenswertes hinterließen sie auch in der Dominikanerkirche von Bozen, deren Fresken im 14. Jahrhundert entstanden. Einige der Wand- und Deckengemälde (14.–16. Jh.) im Kreuzgang des Brixner Doms sind Werke von Meister Leonhard von Brixen.

Musik

Bunt und vielfältig präsentiert sich die Südtiroler Musikszene unserer Zeit. Die Bandbreite reicht von der Klassik bis zur Folklore, entsprechend reichhaltig ist das Spektrum an Veranstaltungen. Die Meraner Musikwochen zählen beispielsweise zu den bedeutendsten Festivals für sinfonische Musik in Italien.

Kunsthandwerk

International bekannt ist Südtirol nicht etwa nur für seine Landschaften und den hiesigen Wein, sondern auch für sein Kunsthandwerk. Bereits seit Jahrhunderten fertigen die Bewohner vielfältige Gebrauchsgegenstände selbst. Gemeinsam mit den landwirtschaftlichen Produkten trug dies über Generationen hinweg dazu bei, die wirtschaftliche Unabhängigkeit zu sichern. Aus einigen Bereichen des Handwerks entwickelten sich eigene Industriezweige. Zu den renommiertesten zählt die Holzschnitzerei, zu deren Zentren das Grödnertal (siehe Kasten) gehört. Neben den hier produzierten Heiligenstatuen sind vor allem Krippenfiguren und Spielzeug begehrt. Auf eine lange Tradition blickt die Weberei zurück, eine von den ältesten Handwerkskünsten überhaupt. Zu Ende des 19. Jahrhunderts entstanden im Ahrntal die ersten Klöppelschulen. Noch heute hat die Spitzenklöppelei an mehreren Orten große Bedeutung. Ebenfalls seit dem 19. Jahrhundert in Südtirol verbreitet ist die Federkielstickerei. Beliebte Motive dieser Fertigkeit, bei der mit Pfauenfedern auf Leder gestickt wird, sind Ornamente und Wappen. Überhaupt spielen textile Arbeiten eine große Rolle in der Provinz. Parallel zur Schafzucht entstanden Betriebe zur Wollverarbeitung. Aus Wollhaar gefertigter Filz ist Grundstoff für die als »Patschen« bekannten Pantoffeln. Aus Loden werden Jacken (Joppen) und anderes hergestellt. Für seinen grellen Saum und seine Hirschhornknöpfe bekannt ist der »Sarner Jangger«.

St. Prokulus in Naturns: Die Fresken aus dem 8. Jahrhundert zählen zu den ältesten im deutschen Sprachraum.

Die herrlichen Wandbilder im Kreuzgang des Brixener Doms.

Kloster Säben, hoch auf einem Berg bei Klausen gelegen, dient auch heute noch als Abtei der Benediktinerinnen.

Seit 1983 findet der Oswald-von-Wolkenstein-Ritt statt, eine Art mittelalterliches Reiterspiel. Es gibt vier Turnierspektakel: das Ringstechen auf dem Kastelruther Kalvarienberg, das Labyrinth in Seis, der Galopp am Völser Weiher und der Tor-Ritt am Fuß von Schloss Prösels (Bilder rechts). Die Veranstaltung hat solche Beliebtheit erlangt, dass eine Qualifikation nötig geworden ist, da nicht alle Mannschaften am Wettkampf teilnehmen können.

Törggelen

Dieser jahrhundertealte Südtiroler Brauch ist bei Einheimischen wie Urlaubern gleichermaßen beliebt. Im Herbst – etwa von Anfang Oktober bis Ende November – wird in der gesamten Region traditionell der junge Wein verkostet. In den Buschenschenken tischt man dazu üblicherweise Speck und allerlei Wurstplatten auf.

Ein Genuss für Leib und Seele: Törggelen.

Auch Gerstensuppe und Schüttelbrot werden gereicht, und den krönenden Abschluss bilden meist süße Krapfen sowie geröstete Kastanien. Wer das Törggelen zünftig praktizieren will, sollte vor dem kulinarischen Genuss eine ausgedehnte Wanderung durch die herrliche, so farbenprächtige Herbstlandschaft der hiesigen Weingebiete unternehmen. Der Name des Brauchs leitet sich übrigens vom Begriff Torggl ab – der Traubenpresse im Kelterraum.

Südtiroler oder Italiener

Ein Schnittpunkt der Kulturen, das Grenzland am Alpenrand – Südtirol war immer beides. Noch vor gut 100 Jahren lebten hier nahezu ausschließlich Menschen mit Deutsch als Muttersprache. Nach der Angliederung des Gebiets an Italien, nach dem Ersten Weltkrieg, wurde die Kultur der Einheimischen systematisch zurückgedrängt. Doch die Zeiten aufgezwungener »Italienisierung« sind längst vorbei. Südtirol ist als Provinz Bozen zwar Bestandteil der italienischen Region Trentino-Südtirol – die meisten Südtiroler sind somit italienische Staatsbürger –, doch verfügt das Gebiet über eine weitreichende Autonomie.

Die jahrhundertewährende Zugehörigkeit zu Tirol spiegelt sich noch heute im Alltagsleben wider. Dies gilt nicht nur für den Gebrauch der Sprache (die Mehrheit der Südtiroler ist deutschsprachig!), es zeigt sich auch im Brauchtum und in den Traditionen. Viele Gen-

Viele Feste gibt es im Herbst, wenn die Ernte eingebracht ist.

res der hiesigen Folklore sind vom nördlichen Nachbarn beeinflusst und werden entsprechend gepflegt – etwa bei festlichen Anlässen, in Kunst und Musik sowie in der Gastronomie. Auch die Mentalität vieler Südtiroler erscheint eher doch weniger von mediterraner Leichtigkeit geprägt; vom Temperament her ähneln sie mehr den Mitteleuropäern. Vielleicht gerade wegen der wechselvollen Geschichte Südtirols haben die Bewohner eine besonders ausgeprägte Bindung an ihre Heimat bewahrt.

Mit der Zweisprachigkeit wird jeder aus Österreich einreisende Urlauber schon beim Passieren der Grenze konfrontiert: Alle Ortsschilder zeigen jeweils den deutschen und den italienischen Namen.

Ladinische Sprache

Neben Deutsch und Italienisch gibt es in Südtirol mit dem Ladinischen eine dritte offiziell anerkannte Sprache. Dieses romanische Idiom, das dem Rätoromanischen ähn-

lich ist, wird unter anderem im Grödnertal und im Gadertal gesprochen. Wurzelnd im Volkslatein, ist es die älteste Sprache der Region. Mit rund 30 000 Muttersprachlern gehört das Ladinische zu den kleinsten Sprachgemeinschaften in Europa, genießt aber einen besonderen, von der Europäischen Union den Minderheitensprachen garantierten Schutz. Früher wurde das Ladinische als italienischer Dialekt angesehen, seit einigen Jahrzehnten ist es jedoch, amtlich aufgewertet und in einen offiziellen Rang erhoben, in diversen Publikationen wie der Wochenzeitung »Usc di Ladins« sowie in regelmäßigen Sendungen von Funk und Fernsehen gepflegt. Die Autonome Provinz Bozen betreibt zudem ein Internetportal auf Ladinisch, sodass für Modernität gesorgt ist.

Weinland Südtirol

Viele Gebiete in Südtirol weisen mehr als 1800 Sonnenstunden im Jahr auf – ideale Bedingungen für den Weinbau. Die Höhenzone der Kultivierung von Reben reicht stellenweise bis auf 1000 Meter über dem Meeresspiegel. Jahr für Jahr werden hier bis zu einer halben Million Hektoliter Wein produziert. Rund zwei Drittel davon stammen von roten Rebsorten – das Spektrum reicht vom leichten Vernatscher über die vollmundigen Lagreinweine bis hin zum schweren Merlot. Rebsorten für Weißwein sind Gewürztraminer, Riesling und Weißburgunder. Der Weinbau geht auf eine lange Tradition zurück. Als die Römer vor über 2000 Jahren in das Gebiet vorrückten, gab es hier bereits eine

lebendige Winzerkultur. Besonders viele Weingüter reihen sich südlich von Bozen entlang der Südtiroler Weinstraße auf, einer der bekanntesten touristischen Strecken in der Region, sowie im Etschtal (bis Schlanders) und im Eisacktal (bis Brixen). Der überwiegende Teil des Weins wird in Genossenschaftskellereien gekeltert und von diesen auch verkauft. Selbst aus den bei der Produktion anfallenden Rückständen wird Edles kreiert: So gewinnt man aus den Schalen der Trauben durch Destillation hochprozentigen Grappa, eine weitere Südtiroler Spezialität.

Südtiroler Traditionen

Ganz Südtirol feiert, wenn um Mitte September das Vieh von den Almen wieder in die Täler getrieben wird. Die besten Milchkühe sind anlässlich der Rückkehr von der Hochweide festlich geschmückt. Viele von ihnen tragen Kränze, die mit Sprüchen versehen und mit Stickereien verziert sind. Tiere wie Hirten werden in den Orten mit Blasmusik empfangen, Volkstanzgruppen treten auf, Bäuerinnen versorgen die Zuschauer mit Spezialitäten, »Goaslschnöller« lassen ihre Peitschen knallen.
Eine weitere Seite von Südtirol lernt man auf den lebhaften Märkten kennen. Neben den lokalen Tages- oder Wochenmärkten, auf denen außer frischesten Lebensmitteln auch Kunsthandwerk aus der jeweiligen Region feilgeboten wird, gibt es größere, die zu bestimmten Anlässen stattfinden. Am bedeutendsten ist der Stegener Markt, der jedes Jahr Ende Oktober in Bruneck

veranstaltet wird. Zu diesem Ereignis reisen Schaulustige von weit her an. Marktschreier und fahrende Händler bieten einfach alles feil – von Honig über Viehzeug bis zum Traktor. Und oft besiegelt ein Gläschen Rotwein den Kauf.

Land der Berge, Land der Sagen

Die magische Bergwelt Südtirols mit ihren erhabenen Gipfeln, tiefen Seen, dichten Wäldern und den im wabernden Nebel gespenstisch wirkenden Burgen und Schlössern ist wie geschaffen für die Entstehung eigenartiger Erscheinungen, um die sich Mythen und Legenden ranken.
Naturphänomene wie das Alpenglühen oder Regenbogen, die sich in Seen spiegeln, bilden die faszinierenden Kulissen für Sagen wie etwa die von der »Wasserfee vom Karersee«, jene vom »Zwerg vom Niederjoch« oder vom »Riesen Ortler«: Auf dessen Haupt, heißt es, kletterte einst ein schlauer Zwerg. Er sprang dort umher und war erfreut, höher als der Riese zu stehen. Höchst erbost ob dieses Schabernacks, wollte der Ortler den Wicht hinunterstoßen. Doch just in dem Moment erstarrte der Gigant für alle Ewigkeit zu Fels und Eis. Und so steht der Ortler heute noch da, als höchster Berg in Südtirol. Viele Sagen haben ihre Wurzeln im 17. Jahrhundert und werden bereits seit Generationen weitererzählt. Verdient um die Bewahrung dieser Erzählungen machten sich vor allem die Literaten Karl Felix Wolff mit seiner »Sagensammlung« und Ulrike Kindl mit ihren »Märchen aus den Dolomiten«.

Musikkapelle in der Trostburg bei Waidbruck.

Trachtenpracht: Fronleichnamsprozession in Kastelruth.

Im Villnösstal wird der Almabtrieb feierlich begangen.

SMART STARTEN

Wunderschöne Altstadtstraßen mit romantischen Laubengängen, herrliche barocke Kirchen, imposante Festungen – Südtirols Städte zeugen von der Bedeutung, die der Region über Jahrhunderte als Transitland zukam. Seiner strategisch günstigen Lage wegen gründeten schon die Römer hier Siedlungen; im Mittelalter nutzten Kaufleute das Verbindungsglied zwischen nördlichem bzw. mittlerem Europa und dem Mittelmeerraum. Heute hat der Tourismus den Handel als wichtigsten Wirtschaftsfaktor Südtirols abgelöst. Besucher aus aller Welt genießen die Schönheit der Städte und Städtchen ebenso wie die Wohltaten heilkräftiger Thermalquellen.

Sehenswürdigkeiten

1 Laubengasse

Zu einem Stadtbummel lädt die Laubengasse ein, die vom Pfarrplatz zum Kornplatz führt. Die Besonderheit der Häuser, die durchweg sehr schöne Fassaden mit Erkern besitzen, ist der Laubengang, durch den man auch bei Regenwetter trockenen Fußes an den Schaufenstern entlangspazieren kann. Torbögen geben immer wieder interessante Einblicke in hübsche Höfe. Die heutige Hauptgeschäftsstraße Merans bot schon im Mittelalter einen ganz ähnlichen Anblick.

2 Kurhaus

Der ältere Teil des Kurhauses wurde 1874 eröffnet. Doch heute wird der Gesamteindruck vom 1913/14 neu gebauten Trakt dominiert, zu dem auch die Rotunde und der Große Kursaal gehören. Dieser neue Trakt wurde von Friedrich Ohmann entworfen, einem Vertreter der Wiener Secession und Meister des Jugendstils. Schön ist auch die Lage des Kurhauses an der Passerpromenade.

3 Stadttheater

Das Bühnenhaus wurde vom Münchner Architekten Martin Dülfer entworfen. Die Fassade des 1900 eingeweihten Baus ist klassizistisch geprägt, das Innere hingegen schwelgt in Jugendstildekorationen. Das Haus verfügt heute über kein eigenes Ensemble mehr, sondern wird nur bei Gastspielen bespielt.

4 Landesfürstliche Burg

Die relativ kleine Burg im Herzen der Stadt ließ Erzherzog Sigmund von Österreich Ende des 15. Jahrhunderts erbauen. Im 16. Jahrhundert erfolgte eine Umgestaltung. Die Inneneinrichtung stammt aus der Gotik bzw. der Renaissance. Zu sehen sind auch eine Waffensammlung und eine Sammlung historischer Musikinstrumente.

5 Stadtpfarrkirche St. Nikolaus

Die dreischiffige gotische Kirche erhebt sich am Ende der Laubengasse. Ihr Turm ist mit seinen 83 Metern einer der höchsten Kirchtürme in Südtirol. In ihrer heutigen Form wurde das Gotteshaus 1465 geweiht. Auch die Innenausstattung (Altäre, Chorgestühl) hat sich rein gotisch erhalten.

6 Heiliggeistkirche

Das gotische Kirchlein wurde 1271 als Kapelle für ein heute nicht mehr existierendes Spital außerhalb der Stadtmauern errichtet. Bei einem Hochwasser der Passer wurde es im 15. Jahrhundert zerstört und dann neu errichtet. Sehenswert ist das gotische Portal mit einer Marienstatue mit Kind; im Innern stellen Fresken die dramatische Überschwemmung dar.

7 Mariensäule

Die Mariensäule aus weißem Marmor erhebt sich inmitten der kleinen Grünanlage am Sandplatz und wirkt besonders schön, wenn die Bäume in der Umgebung blühen. Sie wurde 1706 zum Dank dafür errichtet, dass die Stadt während des Spanischen Erbfolgekrieges verschont blieb.

8 Frauenmuseum »Evelyn Ortner«

Das privat betriebene Museum illustriert anhand von Alltagsgegenständen 200 Jahre Frauengeschichte – weiblicher Lebensalltag in Haushalt wie im Berufsleben. Natürlich wird auch den Themen Mode und Schönheitsideale breiter Raum zugestanden.

9 Jüdisches Museum und Synagoge

Die Synagoge entstand 1901, zu einer Zeit, als jüdische Ärzte stark* dazu beigetragen hatten, den Ruf Merans als Kurort zu festigen. In ihrem Untergeschoss ist heute ein Museum untergebracht, das die Geschichte der jüdischen Gemeinde Merans sowohl zu ihrer Blütezeit als auch in der Zeit der Verfolgung und Deportation während des Zweiten Weltkriegs dokumentiert.

10 Schloss Trauttmansdorff

Das Schloss liegt südwestlich, etwas außerhalb Merans. Das Highlight sind seine Gärten, in denen Pflanzengesellschaften der verschiedensten Regionen unserer Erde vorgestellt werden – es gibt einen Zypressensumpf und einen immergrünen Lorbeerwald, einen Bambuswald sowie einen Garten mit amerikanischen Nutzpflanzen. Natürlich ist auch die einheimische Flora breit vertreten.

11 Zenoburg

Die Anfänge der Zenoburg reichen in die spätrömische Zeit zurück. Sie wurde errichtet, um den Zugang zum Passeiertal zu kontrollieren. Im Mittelalter fanden Wallfahrten zur dem heiligen Zeno geweihten Kapelle statt. Graf Meinhard II. ließ im 13. Jahrhundert die Anlage befestigen, die über fast 100 Jahre Sitz der Tiroler Grafen war.

Essen und Trinken

1 Restaurant Sissi

Küchenchef Andrea Fenoglio liebt zu experimentieren und setzt seinen Gästen gern ungewöhnliche Kreationen vor, die stets hoch geschätzt werden. Außer unter köstlichen Gerichten kann der Gourmet aus gut 400 Flaschenweinen auswählen, von denen abwechselnd 15 täglich den Gästen auch glasweise serviert werden.

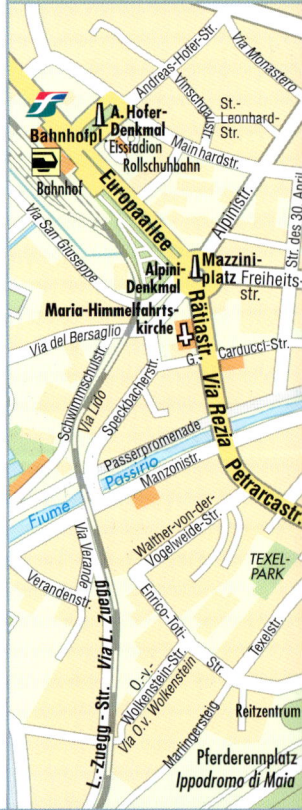

MERAN

Dank seiner günstigen Lage in einem Talbecken der Passer blickt Meran auf eine lange Geschichte zurück. Weltruf erlangte es erst im 19. Jahrhundert, als es als Kurbad Gäste aus aller Welt anzog. Auch heute bestimmen die Kuranlagen das Stadtbild. (s. S. 60, 73)

Galileistr. 44,
Tel. (04 73) 23 10 62, www.sissi.andreafenoglio.com

❷ Saxifraga
In diesem Lokal setzt man auf traditionelle Südtiroler Küche, die durch einige internationale Gerichte ergänzt wird. Das Restaurant liegt etwas oberhalb Merans, sodass sich den Gästen von seinen Terrassen aus ein hinreißender Blick über die Stadt und die herrliche Bergkulisse bietet.

Zenobergstr. 33,
Tel. (04 73) 23 92 49,
www.saxifraga.it,
Mi–Mo 10–17.30,
Mi, Fr, Sa bis 22.30 Uhr.

Übernachten

❸ Hotel Palace
Das Luxushotel Merans ist inzwischen rund 100 Jahre alt und hat eine wechselvolle Geschichte (u. a. Nutzung als Garnison während des Zweiten Weltkriegs) hinter sich.

Heute erstrahlt der Fünfsternepalast in ähnlichem Glanz wie die Luxushotels der Côte d'Azur. Im Jahr 2000 entstand ein großer Wellnesskomplex, die »Espace Henri Chenot«.
Cavourstr. 2,
Tel. (04 73) 27 10 00,
www.palace.it

❹ Hotel Adria
Das 1885 erbaute Haus verströmt noch den Charme der Belle Époque, auch wenn dem Gast natürlich modernster Komfort geboten wird. In einem Garten unweit der Passerpromenade gelegen, ist das Hotel nur einen kleinen Spaziergang vom Stadtzentrum entfernt. Ein Wellnessbereich bietet dem Gast Möglichkeiten zur Entspannung.
Gilmstr. 2,
Tel. (04 73) 23 66 10,
www.hotel-adria.com

❺ Hotel Palma
In einem großen Park, nicht weit von der Altstadt, liegt das relativ kleine Hotel mit seinen geräumigen eleganten Zimmern, von denen jedes einen eigenen Balkon besitzt. Swimming-Pool, Jacuzzi, Türkisches Bad sowie ein Massageangebot sorgen für das Wohlbefinden, und auch Haustiere sind gern gesehene Gäste.
Georgenstr. 20,
Tel. (04 73) 23 63 75,
www.bavaria.it/de/hotel-palma

Shopping

❻ Runggaldier
Bereits seit mehr als 100 Jahren verkauft die Familie Runggaldier Trachten, Stoffe und dazugehörige Accessoires.
Laubengasse 276,
Tel. (04 73) 23 74 54,
www.trachten-runggaldier.com

❼ Feinkost Seibstock
Wer kulinarische Erinnerungen an seinen Südtirol-Aufenthalt mit nach Hause nehmen möchte, ist hier genau richtig. Hausgemachte Marmelade, Käse, Wurstwaren, Wein – alles vom Feinsten.
Lauben 227,
Tel. (04 73) 23 71 07,
www.seibstock.com,
Mo–Sa 9–19 Uhr.

Sehenswürdigkeiten

❶ Dom

Am Waltherplatz steht Bozens Dom, den man auch Pfarrkirche oder Propsteikirche Maria Himmelfahrt nennt – seit den 1960er-Jahren nämlich ist das Gotteshaus zugleich Bischofskirche. Im 14. Jahrhundert wurde mit dem Bau im gotischen Stil begonnen. Mit der Fertigstellung des filigranen, in spätgotischen Formen ausgeführten Glockenturms, der mit einer Höhe von 62 Metern das Wahrzeichen der Stadt ist, war im Jahr 1517 das eindrucksvolle Bauwerk vollendet. Vielfarbige Ziegel kennzeichnen das geometrische Muster des Daches. Im Innern ist aufgrund mehrerer Zerstörungen nur recht wenig von der Originalausstattung erhalten geblieben. Sehenswert sind die gotische Kanzel aus Sandstein, die um 1514 entstand, und der prächtige barocke Hochaltar.

❷ Waltherplatz mit Denkmal

Dem bedeutendsten deutschsprachigen Lyriker des Mittelalters, Walther von der Vogelweide (um 1170–um 1230), ist das 1889 enthüllte Denkmal auf dem nach ihm benannten Platz gewidmet. Angeblich war der Minnesänger ein Sohn Tirols. Gesäumt wird der Platz, der als der ideale Startpunkt für einen Bozner Stadtspaziergang gilt, von vielen Boutiquen, Bars und Cafés.

❸ Franziskanerkirche

Das einstmals außerhalb der Stadtmauern Bozens errichtete Franziskanerkloster (13./14. Jh.) erhielt seine Abteikirche Mitte des 14. Jahrhunderts, nachdem die ursprüngliche Anlage mitsamt Gotteshaus 1291 einem Brand zum Opfer gefallen war. Das zunächst eher schlichte Gebäude wurde zur Zeit der Spätgotik umgebaut, indem man aus der Saalkirche einen dreischiffigen Sakralbau schuf. Im Innern beeindrucken besonders der Flügelaltar von 1500, ein Meisterwerk spätgotischer Altarschnitzkunst, und die noch davor entstandenen Fresken im Kreuzgang.

❹ Dominikanerkirche

Die von Dominikanermönchen um 1300 errichtete Klosterkirche wurde gegen Ende des 15. Jahrhunderts von einem einfachen Gotteshaus in eine dreischiffige Hallenkirche umgestaltet. Aus der Barockzeit stammt das üppige Stuckdekor des Chores. Die Johanneskapelle dagegen mit ihren eindrucksvollen Fresken, darunter der »Triumph des Todes« (14. Jh.), verblieb unverändert gotisch. Auch im Kreuzgang kann man Fresken bewundern, Friedrich Pacher schuf sie um das Jahr 1490. Ende des Zweiten Weltkriegs wurde der Turm der Kirche schwer beschädigt.

❺ Kapuzinerkirche

Die erste von Kapuzinermönchen errichtete Kirche in Bozen entstand im Mittelalter, der heutige Bau aber stammt aus dem frühen 17. Jahrhundert. Das dem heiligen Antonius von Padua geweihte Gotteshaus besticht in seinem Innern vor allem durch den barocken Hochaltar und das Altargemälde »Antonius zwischen Andreas und Paulus«, ein großartiges Werk des aus Verona stammenden Felice Brusasorci (1542–1605).

❻ Bozner Lauben

Als Haupteinkaufsstraße ziehen sich historische Lauben von Osten nach Westen durch die Bozner Altstadt. Die zumeist schmalen Bürgerhäuser entlang der Straße stammen überwiegend aus der Spätgotik. Sie sind wunderbar mit Fresken und Steinmetzarbeiten verziert und weisen malerische Erker auf. Unter den schattigen Arkadengängen locken Boutiquen und zahlreiche andere Geschäfte. Manche Gebäude sind üppig mit Stuck geschmückt, wie das barocke Haus mit der Nr. 46. Das Haus Nr. 30 mit seinen spitz zulaufenden gotischen Arkaden hat auf der Dachtraufe einen Wasserspeier in Form eines Drachens. Sehenswert ist auch die »Apotheke zur Madonna« (Nr. 17).

❼ Merkantilmuseum

Bozens Aufstieg zur Messestadt ebnete einst Erzherzogin Claudia de Medici. Ihr verdankt man hier die 1635 erfolgte Gründung eines autonomen Handels- und Wechselgerichts, des Merkantilmagistrats. Es wurde zum Vorbild für ähnliche Institutionen in Wien, Frankfurt am Main und Leipzig. Das prächtige Barockgebäude entstand zwischen 1708 und 1731 nach Plänen Francesco Perottis und zeigt innen schöne Barockmöbel und Gemälde.

❽ Südtiroler Archäologiemuseum

Die in Anspielung auf die bekannte, 5300 Jahre alte Gletschermumie »Ötzi-Museum« genannte Sammlung zeigt neben dem Sensationsfund selber viel Interessantes aus der Historie der Region seit der Altsteinzeit.

Essen und Trinken

❶ Batzenhäusl

In dem wahrlich alteingesessenen Wirtshaus, ein historischer Bau von 1402, wird der Gast mit regionalen Speisen verwöhnt, sei es nun in der urigen Schänke, im Biergarten oder im Weinlokal.
Andreas-Hofer-Str. 30,
Tel. (04 71) 05 09 50,
www.batzen.it,
tgl. 11–1 Uhr.

❷ Hostaria Argentieri

In diesem eleganten, niveauvollen Restaurant mit seinem kleinen, anheimelnden Gastraum werden klassische italienische Gerichte zubereitet und serviert.
Silbergasse 14,
Tel. (04 71) 98 17 18, Mo–Sa
12–14, 19–21 Uhr.

❸ Zur Kaiserkron

Das in einem palaisartigen Gebäude aus dem 18. Jahrhundert befindliche Lokal mit schöner Terrasse ist ein Hort kreativer Küche. Die Speisekarte erscheint verführerisch: Serviert werden beispielsweise Tortelli, mit geräuchertem Ricotta gefüllt, auf Auberginen und Garnelen, oder ein Carpaccio vom mediterranen Thunfisch mit Taglierini.
Musterplatz 1,
Tel. (04 71) 30 32 33,
www.kaiserkron.it

Übernachten

❹ Hotel Greif

Dieses moderne Businesshotel in historischen Mauern verwöhnt den Gast mit zeitgemäßem Komfort. Jedes der 33 Zimmer bzw. jede Suite wurde von einem renommierten Künstler gestaltet. Nach einer sorgfältigen Restaurie-

Innenraum des dreischiffigen Doms; traditionsreiche Boutiquen und Läden in den Bozner Lauben; im Restaurant des »Parkhotels Laurin« (von links).

BOZEN

Die Landeshauptstadt und das kulturelle Zentrum von Südtirol liegt herrlich in einem Talbecken, umgeben von imposanten Bergketten. In der historischen Altstadt zwischen Talfer und Eisack imponieren alte Bürgerhäuser sowie die Kirchen. (s. S. 104, 132)

rung, bei der auch moderne Architekturelemente in gelungener Art und Weise integriert wurden, ist der traditionelle Charme des Gebäudes zum Glück bewahrt geblieben.
Waltherplatz (Eingang: Raingasse),
Tel. (04 71) 31 80 00,
www.greif.it

⑤ Parkhotel Laurin
Eine Luxusoase in bester Altstadtlage, eingebettet in einen großen Park mit schönen alten Bäumen. Die individuell gestalteten Zimmer sind mit exklusiven Designermöbeln ausgestattet. Zum Haus gehört ein Restaurant der gehobenen Klasse.
Laurinstr. 4,
Tel. (04 71) 31 10 00,
www.laurin.it

Shopping

⑥ Obstmarkt
Schon seit gut sieben Jahrhunderten versorgt dieser Grünmarkt in der Altstadt die Bozner mit frischen Waren und Feinkost. Geschäftiges Treiben herrscht vor und hinter den Ständen, die üppig mit Obst, Gemüse, Wurstwaren und Blumen beladen sind.
Obstplatz, Mo–Sa.

⑦ Sportler
Ein wahres Dorado für Sportfreaks mit allem erdenklichen Zubehör inklusive Sportmode, das sich auf insgesamt sechs Stockwerke verteilt; u. a. gibt es Fahrräder für alle Zwecke und jedes Gelände, ferner Skier und Snowboards sowie alles für Tennis, Badminton, Squash und Golf.
Lauben 1,
Tel. (04 71) 97 77 19, Mo–Fr 9.30–19, Sa 9–18 Uhr.

Sehenswürdigkeiten

❶ Dom

Der Dom – mit vollem Namen »Mariae Aufnahme in den Himmel und St. Kassian« – ist die größte Kirche der Stadt. Der barocke dreischiffige Bau entstand zwischen 1745 und 1754 auf den Resten eines romanischen Vorgängerbaus. Sehenswert sind die Deckenfresken des Südtiroler Barockmalers Paul Troger.

❷ Kreuzgang

Der an den Dom anschließende Kreuzgang mit seinen 20 Arkadenbögen ist ein Ort der Stille, zugleich aber auch ein Meisterwerk von höchster kunsthistorischer Bedeutung. 15 Arkaden werden von Fresken aus dem 14. und 15. Jahrhundert geziert. Ein Kuriosum ist (in der dritten Arkade) die hier bizarr anmutende Darstellung eines Elefanten.

❸ Johanneskapelle

Der Zugang zur Johanneskapelle, die heute als Taufkirche dient, liegt genau unterhalb des Elefantenfreskos im Dom-Kreuzgang. Die Kapelle entstand vermutlich im 10. Jahrhundert; ihre sehr wertvollen Fresken sind teils romanisch, teils gotisch. Das marmorne Taufbecken wurde bereits vor dem Jahr 1000 geschaffen.

❹ Pfarrkirche St. Michael

Die Pfarr- und Dekanatskirche St. Michael ist eine spätgotische Halle aus der Zeit um 1500. Das Innere wurde Mitte des 18. Jahrhunderts barockisiert. Ein Schüler des bekannten Barockmalers Paul Troger, der Wiener Josef Hautzinger, schuf die Fresken. Der 72 Meter hohe Turm der Kirche wurde als Weißer Turm zu einem der Wahrzeichen der Stadt Brixen. Er wird so genannt, weil er bis zur Spitze aus hellen Steinen gemauert ist.

❺ Hofburg

Beeindruckendster Gebäudeteil der Hofburg, die einst der Wohnsitz der Brixener Bischöfe war, ist wohl der Innenhof mit seinen dreigeschössigen Renaissancearkaden an der Südseite. Im Innern ist der Kaisertrakt besonders prunkvoll ausgestattet – dort logierten die deutschen Kaiser, wenn ihr Weg sie durch Südtirol führte. Schlichter, aber immer noch reich genug ausgestattet ist der Bischofstrakt, der Wohnbereich der Bischöfe. Die Hofkirche, mit Namen »Zu Ehren der Unbefleckten Empfängnis«, zeigt sich in frühbarockem Schmuck.

❻ Diözesanmuseum

Die Hofburg beherbergt heute das Diözesanmuseum, dessen Besuch immer auch die Kapelle einschließt. In den Räumen mit der Kunst des Mittelalters finden sich Madonnen und Kruzifixe der Zeit vom 12. bis zum 14. Jahrhundert sowie Brixener Gemälde aus dem 15. Jahrhundert. Schwerpunkt der feinen Sammlung mit Kunst der Neuzeit sind die Renaissancemalerei sowie speziell die Werke des Barockmalers Paul Troger. Vom Reichtum der Kirche in früherer Zeit zeugt der Domschatz. Herrliche Krippen sowohl Tiroler als auch neapolitanischer Herkunft zeigt das Krippenmuseum.

❼ Hofgarten

Der zur Hofburg gehörige Garten wurde im 1991 nach Plänen aus dem Jahr 1831 neu gestaltet. Zier- und Nutzpflanzen bilden hier heute eine ausgesprochen harmonische Einheit. Im Zentrum befindet sich ein Brunnen aus der Biedermeierzeit.

❽ Alter Friedhof

Die alte Anlage diente bis gegen Ende des 18. Jahrhunderts als Stadtfriedhof. Allerlei von Lauben umgebene Gedenkstätten Brixener Domherren und Adlige fallen ins Auge, ein Stein erinnert an den Minnesänger Oswald von Wolkenstein.

❾ Pfaundlerhaus

Es gibt in der Altstadt viele eindrucksvolle Gebäude, doch das Pfaundlerhaus, ein bürgerliches Wohnhaus der Renaissancezeit mit herrlichen schmiedeeisernen Gittern, ist ein herausragendes Exempel der Baukunst in Brixen.

❿ Pharmaziemuseum

Dieses Museum widmet sich einem einzigen Thema: dem Apotheker und all dem, was da an Heilmitteln im Lauf der Jahrhunderte so zubereitet wurde. Welche für uns heute kaum vorstellbaren Produkte aus der Tierwelt früher als Heilmittel galten, ist kaum zu glauben – z. B. gezuckerte Asseln gegen Fieber. Auch ein Labor gilt es zu begutachten.

⓫ Kloster Neustift

Nördlich der Stadt Brixen liegt das Augustiner-Chorherrenstift. Die Abtei, eine der größten Klosteranlagen Tirols und ursprünglich ein romanischer Bau, wurde in Teilen barockisiert. Besonders sehenswert ist der Kreuzgang mit Fresken aus dem 17. Jahrhundert, auf denen die sieben Weltwunder und, als achtes, Kloster Neustift dargestellt sind.

Essen und Trinken

❶ Künstlerstübele Finsterwirt

Das Restaurant besteht seit dem 18. Jahrhundert, und seiner historischen Räumlichkeiten wegen zählt ein Besuch hier zu den besonderen Erlebnissen. Doch nicht nur aufgrund der Einrichtung rühmt man es – vor allem die vorzügliche Küche, typisch südtirolerisch und doch modern, verdient alle Aufmerksamkeit.

Die hübsche Stadt am Eisack ist die älteste Tirols. Ihre Erscheinung ist stark geprägt durch ihre Funktion als Bischofssitz und Hofburg, der einstige Wohnsitz der Fürstbischöfe liegt im Herzen der Stadt. Ein Bummel durch ihre Gassen lädt zum Verweilen ein. (s. S. 88, 94)

Arkaden säumen den Innenhof der Hofburg; im Dom-Kreuzgang beeindrucken die kunstvollen Fresken; historisches Ambiente: »Künstlerstübele Finsterwirt« (von links).

Domgasse 4,
Tel. (04 72) 83 53 43,
www.finsterwirt.com,
Di–So 12–14.15, 19–21.15 Uhr, So abends geschl.

❷ La Piazza
Das Restaurant des Hotels »Goldene Krone« legt großen Wert auf eine moderne Vitalküche mit frischen, gesunden Zutaten. In mehreren Räumen, darunter das Raucherstübele, oder auf der Gartenwie auch auf der Stadtterras-se werden Südtiroler Gerichte ebenso wie typisch italienische Speisen serviert.
Stadelgasse 4,
Tel. (04 72) 83 51 54,
www.goldenekrone.com/de/vitale_kueche.html

Übernachten

❸ Hotel Elephant
Brixens bekanntestes Hotel führt seinen Namen auf eine historische Begebenheit zurück: Im Jahr 1551 machten Gesandte des Königs von Portugal mit einem Elefanten auf dem Weg zum Kaiserhof in Wien 14 Tage lang hier Station. Der damalige Wirt ließ das Tier kurze Zeit später auf einem Gemälde an der Fassade verewigen, wo man es noch heute sehen kann. Das Hotel bietet seinen Gästen modernsten Komfort in elegant eingerichteten Zimmern.
Weißlahnstr. 4,
Tel. (04 72) 83 27 50,
www.hotelelephant.com

❹ Hotel garni Traube
Etwas südlich der Altstadt gelegen, bietet das Hotel neben modernem Komfort auch eine wunderbare Möglichkeit zum Entspannen: im mediterranen Garten oder auf der Sonnenterrasse, mit Blick auf die umgebende Landschaft.
Runggadgasse 24,
Tel. (04 72) 83 36 89,
www.traubenwirtgarni.it

❺ Goldener Adler
Mitten in der Altstadt liegt dieses Hotel, ein historisches Gebäude, das schon um 1500 erwähnt wird. Dem Gast steht ein Wellnessbereich mit finnischer Sauna und türkischem Dampfbad zur Verfügung.
Adlerbrückengasse 9,
Tel. 04 72/20 06 21,
www.goldener-adler.com

Shopping

❻ Krippenfachgeschäft Galerie Hofburg
Krippenfiguren von traditionell bis modern, sowohl südtirolerische als auch neapolitanische Arbeiten nebst kleinen Kunstwerken von woandersher hält dieser Laden mitten im Herzen der Stadt bereit. Daneben werden auch Gemälde angeboten.
Hofgasse 5,
Tel. (04 72) 83 20 80,
www.kompatscher.eu

❼ Weingalerie
In der Enothek werden rund 500 Weinsorten aus aller Welt verkauft; der Schwerpunkt liegt auf Südtiroler Erzeugnissen. Es gibt die Möglichkeit, Weine vor Ort zu verkosten.
Weißlahnstr. 10,
Tel. (04 72) 83 60 01,
www.weingalerie.it,
Mo–Sa, 9.30–13, 16–24 Uhr, Do, Fr bis 1 Uhr.

Sehenswürdigkeiten

❶ Zwölferturm

Die Innenstadt mit den prächtigen Bürgerhäusern und ihrer schönen Fußgängerzone wird vom Zwölferturm beherrscht, dem weithin sichtbaren Wahrzeichen der Stadt. Der schlanke Bau mit dem markanten Treppengiebel, der neben einer normalen Uhr eine Sonnenuhr zeigt, markiert die Mitte Sterzings und scheidet dessen mittelalterlichen Kern von der »Neustadt«, die um das 1500 in gotischem Stil erbaut wurde.

❷ Rathaus

Stolz und Reichtum der hiesigen Bürger spiegeln sich im spätgotischen Rathaus wider. Errichtet hat es der Sterzinger Baumeister Hans Feur. In dem wunderschönen Innenhof erinnern eine Nachbildung des Mithras-Steins und ein erst im Jahr 1979 gefundener Meilenstein an die Römerzeit. In jener Epoche, der Ära der späten Antike, galt der Ort, Vipitenum genannt, als wichtige Station für Reisende und Pilger. Allemal einen Blick wert ist auch der holzvertäfelte Sitzungssaal. Vor seinem Eingang wacht die St.-Johann-von-Nepomuk-Statue, welche Sterzing und seine Bürger vor Überschwemmungen durch den bisweilen tückischen Eisack und auch den Vallerbach schützen soll.

❸ Heilig-Geist-Spitalkirche

Die spätgotischen Fresken des Südtiroler Malers Hans von Bruneck in dieser Kirche am Stadtplatz sind zwar im Laufe der Jahrhunderte leicht verblasst, aber jeder Beachtung wert. In großformatigen Szenen ist die Heilsgeschichte lebendig dargestellt.

❹ Fußgängerzone

Zinnengeschmückte Bürgerhäuser, teils in bunten Farben und mit schönen Erkern versehen, laden in der Fußgängerzone zum Bummeln und Einkehren ein. Dies ist zu jeder Jahreszeit möglich, bieten doch die schönen Laubengänge Schutz oder auch Schatten. Ein verheerender Brand im 15. Jahrhundert zwang die Sterzinger dazu, diesen Teil ihrer Stadt, fortan Neustadt genannt, neu zu errichten. Hier finden sich noch immer Handwerksbetriebe, Geschäfte, Boutiquen, Cafés, Gasthäuser und Weinstuben in großer Zahl. Schmiedeeiserne Ausleger über den Türen weisen wie einst auf das jeweilige Gewerbe hin.

❺ Jöchlsthurn

Ehemals ein herrschaftlicher Wohnsitz, dient das schöne Gebäude heute als hochinteressantes Museum zum Thema Bergbau (April–Okt. Di bis Sa 10–12 und 14–17 Uhr).

❻ Stadtmuseum und Multschermuseum

Am südlichen Stadtrand werden im Deutschordenshaus verschiedenste Objekte zur Stadtgeschichte gezeigt, dazu in Teilen ein hochbedeutender spätgotischer Flügelaltar, den Hans Multscher (um 1400 bis 1467) geschaffen hat. Sakrale Strenge wird hier aufgehoben durch die realitätsnahe Darstellung der Figuren (Di–Sa 10–12 und 14–17 Uhr).

❼ Pfarrkirche Zu Unserer Lieben Frau im Moos

Die sehenswerte Kirche im Baustil der Tiroler Hallengotik liegt im Süden außerhalb der Stadt. Die Entstehung verdanken die Sterzinger Bürger dem Silberbergbau. Damit es die Bergleute nicht zu weit von der Silbermine zur Kirche hatten, wurde das Gotteshaus an dieser Stelle von den Sterzinger Werkmeistern Hans und Friedrich Feur um 1420 im Stil der Spätgotik gebaut. Fünf Figuren von Hans Multscher am ansonsten sehr viel jüngeren Hochaltar sind hervorzuheben. Es handelt sich lediglich um kostbare mittelalterliche Reste, denn der zwölf Meter hohe Altar wurde im späten 18. Jahrhundert barockisiert.

❽ Rosskopf

Im Winter beherrschen Skifahrer und Snowboarder den sonnigen und 2189 Meter hohen Hausberg von Sterzing. Auch die Langlaufbegeisterten haben auf der schneesicheren, rund sechs Kilometer langen Höhenloipe am Rosskopf (Monte Cavallo) ihren Spaß. Südtirols längste Rodelbahn führt von der Bergstation über neun Kilometer hinab zur Talstation. Wer im Sommer mit der Seilbahn (Brennerstr. 12, Tel. (04 72) 76 55 21) zur Bergstation kommt, sollte die gut 300 Höhenmeter zum Gipfel nicht scheuen, das Panorama lohnt den Anstieg.

❾ Burg Reifenstein

Am Südrand des Sterzinger Mooses bewacht diese Ritterburg der Fürstenfamilie Thurn und Taxis mit ihrem markanten Bergfried und den mächtigen zinnenverzierten Mauern den Zugang zum unteren Wipptal. Bei Führungen kann man sich in das Burgleben von damals hineinversetzen. Der Anblick des Verlieses lässt viele Besucher schaudern.

Essen und Trinken

❶ Goldenes Kreuz

Außenplätze hat das Restaurant nur wenige, dafür schmecken die regionalen Gerichte im von mächtigen Steinsäulen getragenen Gewölbe vorzüglich genug. Guter Service, hier stimmt das Preis-Leistungs-Verhältnis.
*Neustadt 36,
Tel. (04 72) 76 52 33,
www.goldenes-kreuz.it,
Dez.–Juni Do geschl.*

Der Zwölferturm ist das höchste Bauwerk Sterzings; imposante Berglandschaft am Rosskopf; Weinflaschen im Hofer Market (von links).

STERZING

Das Fuggerstädtchen, Zentrum des südlichen Wipptals, ist seit eh und je eine beliebte Raststation bei der Alpenüberquerung. Die Fußgängerzone in der Altstadt spiegelt den Reichtum früherer Zeiten wider. Der Hausberg Rosskopf stets einen Besuch wert. (s. S. 82, 96)

❷ Kleine Flamme
Ein Geheimtipp ist das Lokal schon lange. Im Sommer sitzt es sich gut im Innenhof, wo ein Brunnen beharrlich dahinplätschert. Ansonsten tafelt man gemütlich unter weiß gekalktem Gewölbe und genießt Burkhard Bachers feine Küche mit ihrem thailändischen Einschlag. Nur acht Tische, Reservierung ist ratsam.
Neustadt 31,
Tel. (04 72) 76 60 65,
Di–Sa 12–14, 18–23 Uhr.

Übernachten

❸ Schwarzer Adler
Ein stilvolles, traditionsreiches Haus am zentralen Platz der Altstadt gelegen, die hier »Neustadt« heißt. Das schöne Ambiente, die mit Antiquitäten ausgestatteten Räume, eine herzliche Gastfreundschaft und ein gutes Restaurant empfehlen sich hier.
Stadtplatz 1,
Tel. (04 72) 76 40 64,
www.schwarzeradler.it

❹ Zum Engel
Nahe der Autobahn gelegen, bietet sich dieses gepflegte Haus für einen kleinen Zwischenstopp auf der Reise und den Besuch Sterzings an. Das hauseigene Restaurant tischt gute Südtiroler Kost auf, und bei einem Saunaaufguss oder einem Kneipp- oder Heusitzbad lässt es sich wunderbar entspannen.
Deutschhausstr. 20,
Tel. (04 72) 76 51 32,
www.zum-engel.it

Shopping

❺ Hofer Market
An der Brennerstraße gelegen, ist dieser Laden vielen Reisenden seit über 35 Jahren ein Begriff. Auf einer Verkaufsfläche von 500 Quadratmetern wird ein breites Weinsortiment bereitgehalten. Wer sich noch nicht zu den Kennern zählt, für den hat man bestimmt einen guten Tipp, vielleicht auch für einen Whisky aus dem reichen Angebot.
39040 Wiesen/Pfitsch,
Brennerstr. 21,
Tel. (04 72) 76 51 52,
www.hofermarket.it,
Di–Sa 8.30–13, 15–19 Uhr.

❻ Holzschnitzereien Heidi Mahlknecht
Aus dem Grödnertal stammend, beherrscht die Familie Mahlknecht die Kunst der Holzschnitzerei par exellence. Hier gibt es ein großes Angebot an feinen Arbeiten, und mancher hat hier den Grundstein zu einer Figurensammlung oder einer Weihnachtskrippe gelegt.
City Center an der Brennerstraße, Tel. (04 72) 76 56 95,
www.groedner-
holzschnitzer.com

❼ Mair Mair
Helmut Mair und seine Frau Monika haben die Tradition des Hauses mit einem besonderen Angebot belebt: Der Keller ist mit über 1000 Weinen aus allen Regionen Italiens bestückt. Dazu gibt es eine riesige Offerte von Grappasorten, Likören und Südtiroler Spezialitäten.
Altstadt 1,
Tel. (04 72) 76 53 86, www.
mair-mair.it, Juni–Okt. Mo–Fr
9.30–18.30, Sa 9.30–18 Uhr.

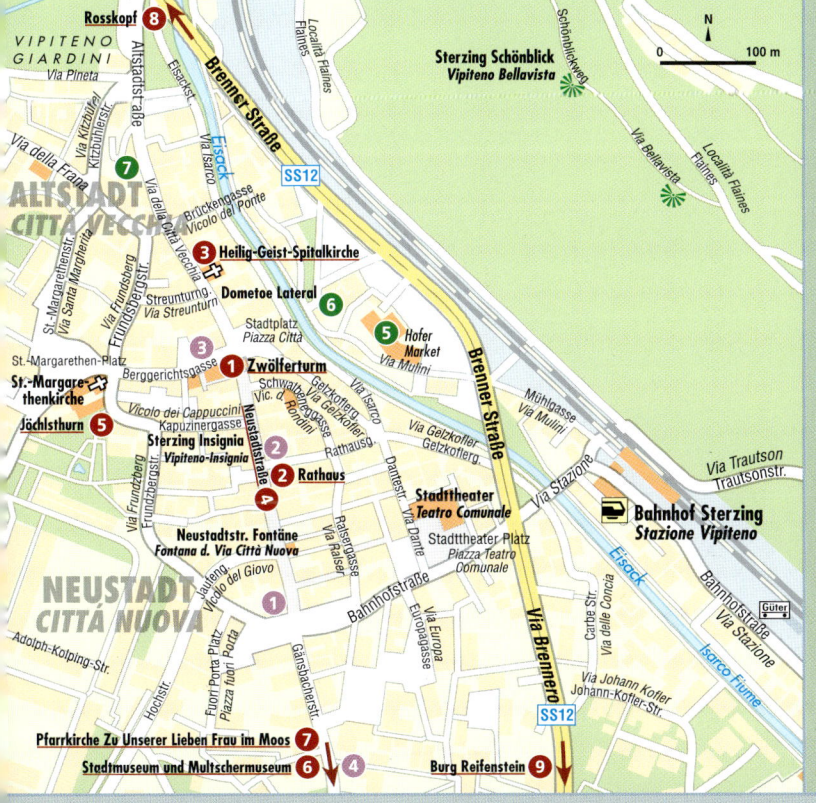

SMART STARTEN

AUTOTOUREN

Das alte Kulturland Südtirol zählt zu den beliebtesten Ferienregionen und Ausflugszielen im Alpenraum. Die Region lockt mit wildromantischen Naturlandschaften ebenso wie mit vielen markanten Städten und Dörfern, Burgen und Klöstern. Unvergleichliche Panoramen bietet die majestätische Bergwelt der Dolomiten. Südtiroler Brauchtum kann in vielen Orten der hier beschriebenen Touren hautnah erlebt werden. Auf einer Autofahrt lassen sich grandiose Natur, traditionsreiche Kunst und Kultur einschließlich einer lebendigen Musikszene sowie die mannigfaltigen kulinarischen Genüsse dieser hochalpinen Traumpass-Gegend aufs Trefflichste erkunden.

Kulinarisches

❶ Restaurant Turmwirt
Gehobene Gastlichkeit in einem altehrwürdigen Haus erwartet den Besucher. Zu den hier angebotenen Südtiroler Spezialitäten gehören Knödelvariationen, Kürbistortelli und Eisacker Weinsuppe.
Gufidaun 50, Klausen,
Tel. (04 72) 84 40 01, www.
turmwirt-gufidaun.com,
tgl. 10–14.30, Sa–Mi 17.30
bis 20.30 Uhr.

❷ Fornella
Das Lokal serviert typische Gerichte aus allen Teilen Italiens – darunter Antipasti, Pizza, Bruschette, Fleisch- und Fischgerichte sowie knackige Salate und leckere Desserts.
Strada Morin 23, Kurfar,
Tel. (04 71) 83 64 50,
www.morin.it, tgl. 12–14,
17.30–23 Uhr.

Übernachten

❸ Hotel zur Brücke
Das familiengeführte Hotel bietet allerhand für einen entspannten Aufenthalt. Swimmingpool, Sauna und Kneippbecken sind vorhanden, viele Zutaten der Gerichte im Hotelrestaurant stammen aus der hauseigenen Metzgerei und dem Gemüsegarten.
Mittewald 2, Franzensfeste,
Tel. (04 72) 45 86 44,
www.zur-bruecke.it

❹ Hotel Dolomitenblick
Die Zimmer und der Wellnessbereich des Hotels lassen keine Wünsche offen. Perfekten Ausblick genießt man von den Panorama-Royal-Wohlfühlzimmern aus.
Walderlanerstr. 6, Terenten,
Tel. (04 72) 54 61 23, www.
hotel-dolomitenblick.com

Sehenswürdigkeiten

❶ Franzensfeste/Fortezza
Die massive Festung wurde 1833 bis 1838 erbaut, um die Verkehrsverbindung durch das Eisacktal zu sichern. Zu jener Zeit zählte die rund einen Quadratkilometer große Anlage – die übrigens nie vollendet wurde – zu den gewaltigsten Burgen in Europa. Faszinieren kann ein Gang durch den unterirdischen Tunnel, der über 457 Stufen die rund 100 Meter Höhenunterschied zwischen unterem und oberem Teil der Festung überwindet. Die Franzensfeste, die nie angegriffen wurde, ist seit Jahren Veranstaltungsort kultureller Ereignisse, u. a. für die europäische Kunstbiennale »Manifesta7«.

❷ Kloster Neustift
Das 1142 gegründete Augustiner-Chorherrenstift zählt zu den bedeutendsten Klosteranlagen Europas. Die strenge Fassade verbirgt ein prachtvolles Inneres, worin Kunstwerke mehrerer Epochen vereint sind. Am romanischen Glockenturm beeindrucken Sonnenuhr und Uhr, die Fresken im gotischen Kreuzgang zeigen biblische Szenen, die barocke Stiftsbasilika zu Unserer Lieben Frau birgt farbige und vergoldete Stuckaturen. Die Stiftsbibliothek ist wunderschön – im Rokokostil – ausgeschmückt.

❸ Brixen/Bressanone
Die Stadt am Zusammenfluss von Eisack und Rienz ist die älteste Tirols und Hauptort des Eisacktals. Die Silhouette von Brixen wird vom barocken Dom (erbaut 1745 bis 1754) beherrscht, der ebenso wie der sich anschließende Kreuzgang mit eindrucksvollen Fresken ausgestaltet ist. Das Diözesanmuseum in der Hofburg, der einstigen Residenz der Brixener Bischöfe, präsentiert bemerkenswerte Sakralkunst und eine Krippensammlung. (s. S. 22, 88)

❹ Schloss Feldthurns/ Velturno
Die Anlage wurde 1577 bis 1587 im Stil der Renaissance erbaut und diente bis Anfang des 19. Jahrhunderts als Bischofssitz, danach gehörte sie zeitweise den Habsburgern. Zum Schmuck des Anwesens gehören kunstvoll geschnitzte Portale und Holzdecken, der Prunksaal ist mit Intarsienarbeiten und einer Kassettendecke verziert. Das Schloss ist als Veranstaltungsort für Konzerte und Ausstellungen ein weithin ausstrahlender kultureller Mittelpunkt.

❺ Klausen/Chiusa mit Kloster Säben
Der von Weinbergen und Kastanienhainen umgebene Ort ist ein Mekka für Freunde des Törggelen. Fassaden, zinnengekrönt, und Erker prägen das Ortszentrum. Von Klausen aus lohnt sich eine Wanderung hinauf zum Benediktinerinnenkloster Säben. Die auf einem Bergsporn grüßende Anlage zählt zu den ältesten Wallfahrtsorten der Region und war erster Bischofssitz von Tirol. Die Aussicht von hier über das Eisacktal hinweg ist einfach fantastisch.

❻ St. Ulrich/Ortisei
Der Hauptort des Grödnertals gehört zu den bekanntesten Ferienorten Südtirols. Eine mächtige Statue des heiligen Ulrich an der Pfarrkirche gemahnt an den Schutzpatron der Gemeinde. Viele Läden in den Gassen verkaufen Holzschnitzereien aus dem Umland. Das Grödner Heimatmuseum präsentiert eine ganze Reihe wertvoller Exemplare (u. a. Krippen- und Schachfiguren, sakrale Holzplastiken) und darüber hinaus noch archäologische Funde aus der Umgebung. Ein Highlight des Museums ist die Luis-Trenker-Gedenksammlung, eingerichtete zu Ehren des in St. Ulrich geborenen legendären Südtiroler Erzählers, Filmregisseurs und Bergsteigers.

❼ St. Christina/ Santa Cristina
Der älteste Ort im Grödnertal entstand rund um die Kirche St. Christina und St. Antonio Abate. Sehenswert ist deren Hochaltar (1690). Oberhalb des Gotteshauses verläuft ein Kreuzweg mit von Holzschnitzern gestalteten Stationen. Nicht weit ist es zur 1641 fertiggestellten Fischburg, einem in seiner Monumentalität beeindruckenden Renaissance-Jagdschloss.

❽ Grödnerjoch/ Passo di Gardena
Der 2121 Meter hohe Pass verbindet Grödnertal und Gadertal. Vom Grödnerjoch bietet sich ein grandioser Blick, der auch den 3181 Meter hohen Langkofel einschließt. Zu beiden Seiten des Passes gibt es Wanderwege – in Richtung Wolkenstein im Grödnertal bzw. nach Kurfar im Gadertal.

❾ Corvara/Kurfar
Das Fremdenverkehrszentrum im Gadertal liegt in 1568 Meter Höhe am Fuß des Sassongher. Mehrere Passstraßen führen zum Grödnerjoch und zum Campolongo-Sattel. Neben

Alt, doch alternativ-energisch: historische Mühle in Terenten; Corvara, Paradies für Skifahrer; urig-gemütlich: Gaststube vom Turmwirt in Klausen (von links).

VON FRANZENSFESTE NACH TERENTEN

Die Route verläuft durch das östliche Südtirol. Traumhafte Tallandschaften wie Eisack-, Grödner-, Gader- und Pustertal und kulturhistorisch interessante Schloss-, Burg- und Klosteranlagen machen ihren Reiz aus. Vielfach kann man eindrucksvolle Gebirgspanoramen betrachten. Für die Strecke sind etwa drei Tage einzuplanen.

man viel in Schloss Thurn. Die Präsentation erfolgt multimedial. Das Hauptgebäude und der Innenhof werden auch für Konzerte und zu Vorträgen genutzt.

11 Bruneck/Brunico

Das deutlich herausragende Wirtschaftszentrum des Pustertals liegt an der Mündung des Ahrnbachs in die Rienz. Bruneck wurde 1256 gegründet und gelangte ab dem 14. Jahrhundert als Handelsplatz zu Wohlstand. Zu den bekanntesten Bauwerken gehört die gotische, von Fresken geschmückte Ursulinenkirche (15. Jh.). Auf einem leicht zugänglichen Hügel über der Stadt thront Schloss Bruneck (13. Jh.), das mit dem 2010 eröffneten Messner Mountain Museum über eine besondere Attraktion verfügt. Die Stadtgasse wird von Gebäuden mit imposanten Giebeln flankiert. Der Kronplatz, Brunecks 2275 Meter hoher Hausberg, bietet einige attraktive Skipisten, die zu den gefragtesten der italienischen Alpen zählen.

12 Terenten mit Erdpyramiden

Auf einem Hochplateau über dem Pustertal liegt Terenten, das als der Ort mit der höchsten Sonneneinstrahlung Südtirols gilt. Auf dem Gemeindegebiet sind einige historische Mühlen zu besichtigen. Eine geologische Attraktion stellen die Erdpyramiden von Terenten dar. Die bizarr geformten Säulen, Türme und Kegel wirken als spezielle Erosionsformen geradezu künstlerisch.

Bergsteigern und Skifahrern kommen verstärkt auch Golfer nach Kurfar, ein Neun-Loch-Platz liegt in unmittelbarer Nähe. Ein botanischer Lehrpfad macht Wanderer mit der bunten Blumenwelt des Gadertals vertraut.

10 Schloss Thurn bei St. Martin in Thurn

Die Anfänge des Schlosses Thurn reichen bis ins 13. Jahrhundert zurück. Ausgehend von einem um 1230 errichteten dreigeschossigen Wohnturm, erbaute man ein von Mauern geschütztes Wohngebäude. Im Jahr 1996 wurde in den Schlossräumen das Ladi-nische Landemuseum eingerichtet, das sich der Sprache und Kultur der Ladiner widmet – bilden diese doch in dieser Region die zahlenmäßig stärkste Bevölkerungsgruppe. Auch über die Entstehung und Erschließung der Dolomiten erfährt

Sehenswürdigkeiten

❶ Sterzing/Vipiteno

Die Stadt am Eisack entwickelte sich wegen ihrer günstigen Lage zwischen Brenner- und Jaufenpass bereits im 15. Jahrhundert zu einem wichtigen Handelsplatz. In jener Epoche entstanden auch einige der interessantesten Bauwerke – wie der Zwölferturm, Sterzings Wahrzeichen, oder das Rathaus. Der älteste Teil der Stadt wird von Laubengängen und schmucken Bürgerhäusern geprägt. Eine besondere Attraktion ist das Knödelfest, das man im September feiert. Dann werden in der Altstadt auf einer langen Tafel Knödel in allen Südtiroler Variationen serviert – ob süß oder salzig, ob mit Obst oder mit Speck. (s. S. 24, 82)

❷ Jaufenpass/ Passo di M. Giovo

Dieser 2094 Meter hohe Gebirgspass verbindet das Passeier- mit dem Eisacktal. Die höchst kurvenreiche, ständig wechselnde Panoramen bietende Passstraße ist die kürzeste Verbindung zwischen Sterzing und Meran. In unmittelbarer Nähe des Jaufenpasses erhebt sich der 2481 Meter hohe Jaufenspitz.

❸ St. Leonhard im Passeiertal/San Leonardo i. P.

Aufgrund seiner zentralen Lage im Passeiertal ist St. Leonhard dessen wichtigster Fremdenverkehrsort – mit reicher touristischer Infrastruktur, die vom Erlebnisfreibad über einen 18-Loch-Golfplatz bis zur Kletterwand vieles umfasst. Trotzdem blieb das Flair eines intakten Dorfes erhalten. Die Pfarrkirche zum heiligen Leonhard wurde 1116 geweiht;

zur eindrucksvollen Ausstattung zählen der neugotische Hochaltar und ein Taufstein aus weißem Marmor. Ein besonderer Anziehungspunkt in der Gemeinde ist das Geburtshaus des Andreas Hofer, dem man ein Museum zum Gedenken an den Freiheitskämpfer angegliedert hat.

❹ St. Martin im Passeiertal/San Martino i. P.

Bekannteste Sehenswürdigkeit im größten Ort des Passeiertals ist die 1178 erstmals erwähnte, reichlich mit Stuckaturen ausgestaltete Pfarrkirche des heiligen Martin mit vier in barocken Formen schwelgenden Altären, alle geschaffen von Künstlern aus der Passeier Ma-

lerschule. Von diesen stammen auch die Fresken an einigen Häusern am Dorfplatz von St. Martin sowie am Malerhaus, der einstigen Wirkungsstätte dieser Schule.

Imposante Bergwelt rund um Lana; als historisches Wahrzeichen und Keimzelle bedeutsam: Schloss Tirol; Domizil für Erholungsuchende: Hotel Olympia in Sarnthein (von links).

RUNDTOUR SÜDLICH VON STERZING

Die Route mit Start- und Endpunkt in Sterzing führt durch Obstplantagen, über hohe Alpenpässe hinweg und zu Prachtorten wie Meran und Bozen. Der Besucher wandelt auf den Spuren Andreas Hofers und kann auch die Gletschermumie »Ötzi« besuchen. Für die Strecke sollte man sich drei bis vier Tage Zeit nehmen.

❺ Dorf Tirol/Tirolo und Schloss Tirol

Das an kunsthistorischen Sehenswürdigkeiten reiche Dorf zählt zu den meistbesuchten Fremdenverkehrsorten weit und breit. Schloss Tirol wurde 1140 bis 1160 als Stammburg der heimischen Grafen errichtet und blieb bis ins 15. Jahrhundert hinein das Zentrum ihrer Landesherrschaft. Bemerkenswert sind die mit reichem Skulpturenschmuck versehenen Marmorportale, die zu den originellsten Werken der Romanik in Südtirol gehören. In der Kapelle beeindrucken Wandmalereien sowie eine mächtige Kreuzigungsgruppe. Im Schloss ist das Museum für Kultur- und Landesgeschichte untergebracht.

❻ Algund/Lagundo

Bekannt ist der Ort vor allem wegen der Brauerei Forst, die zu den größten in Italien zählt. Die 1966 bis 1971 erbaute Pfarrkirche zum Heiligen Josef gehört zu den wohl gelungensten Beispielen moderner Architektur im ganzen Alpenraum. Prähistorische Funde wie Menhire und Schalensteine sind an mehreren Stellen des Ortes zu sehen. Bei der Ausfahrt Algund an der Straße Bozen–Meran fällt das auf einer Verkehrsinsel errichtete Kunstwerk »Stein-Zeit« auf. Den besten Eindruck von der im Jahr 2002 angelegten, aus 80 Findlingen bestehenden »steinernen Sonne« hat man beim Blick aus der Höhe.

❼ Meran/Merano

Die nach Bozen zweitgrößte Stadt Südtirols und einstige Hauptstadt Tirols blickt auf eine lange Tradition als Kur- und Urlaubsort zurück. Das Zentrum besticht durch bunt bemalte, mit Erkern verzierte Häuser. Die Stadtpfarrkirche St. Nikolaus und die Heiliggeistkirche weisen reichen Figurenschmuck auf. Im Schloss Trauttmansdorff hat das Museum für Tourismus seinen Sitz, in den Schlossgärten gedeihen Pflanzen aus aller Welt. Zu Ostern findet in Meran das Haflinger Galopprennen statt. (s. S. 18, 60)

❽ Lana

Ausgedehnte Obstplantagen (vor allem Apfelpflanzungen) umgeben Lana, das ungeachtet seiner wirtschaftlichen Bedeutung als Handels- und Verarbeitungszentrum für Äpfel auch durch seine Bauwerke beeindruckt. Prunkstück der spätgotischen Pfarrkirche Mariä Himmelfahrt ist der gut 14 Meter hohe, monumentale Flügelaltar. Neben dem Südtiroler Obstbaumuseum zieht auch der Skulpturenweg viele Lana-Besucher an.

❾ Terlan/Terlano

Seinen Ruhm verdankt der Ort an der Strada del Vino dem hier gekelterten vorzüglichen Wein. Wahrzeichen von Terlan ist die Ruine der aus dem 13. Jahrhundert stammenden Burg Neuhaus (auch: Burg Maultasch). Die Pfarrkirche Mariä Himmelfahrt birgt einen wertvollen Freskenzyklus. Zur Spargelzeit gibt es in vielen Terlaner Lokalen eine üppige Auswahl an Gerichten rund um dieses Edelgemüse an.

❿ Bozen/Bolzano

Das politische, wirtschaftliche und kulturelle Zentrum Südtirols liegt nahe der Mündung des Eisack in die Etsch. Das Stadtbild kennzeichnet eine reizvolle Atmosphäre, gemixt aus österreichischen und italienischen Elementen. Architektonisches Wahrzeichen ist der ab dem 14. Jahrhundert entstandene Dom. Mit Fresken, Stuck und stilvollen Portalen verzierte Häuser der Zeit vom 16. bis zum 18. Jahrhundert flankieren einige Straßen im Zentrum. Doch nicht zuletzt moderne Bauten prägen das Bild: In einem markanten Glasbau residiert das Museum für moderne und zeitgenössische Kunst (Museion). Attraktion des Südtiroler Archäologiemuseums: »Ötzi«, die Gletschermumie. (s. S. 20, 104)

⓫ Sarnthein/Sarentino und Sarntal

Das Sarntal gehört zu den ursprünglichsten Tälern Südtirols, die hiesigen Trachten zählt man zu den schönsten der Region. Nicht zuletzt aber ist es auch für das traditionsreiche Kunsthandwerk der Federkielstickerei bekannt. In Sarnthein, dem Hauptort des Tals, stehen noch einige alte Bauernhäuser mit blumengeschmückten Balkonen und Fenstern mit aufgemalten Friesen. Schloss Reinegg, bekanntestes Bauwerk des Ortes, wurde im 13. Jahrhundert erstmals erwähnt.

⓬ Pensertal und Penser Joch

Vom Sarntal zweigt bei Astfeld das bei Langläufern wegen seiner Loipen beliebte Pensertal ab. Die durch das Tal verlaufende Straße führt hinauf zum Penser Joch, einem 2211 Meter hohen Gebirgspass. Im August wird das Penser-Joch-Radrennen veranstaltet, bei dem die Teilnehmer mehr als 1000 Höhenmeter überwinden.

Kulinarisches

❶ Untergandlkeller

Den Gast erwarten herzhafte Gerichte wie Schweinshaxe oder Spareribs. Bei schönem Wetter speist man im Garten unter Nussbäumen.
Brauhausstr. 21, Algund, Tel. (04 73) 44 99 10, www.untergandlkeller.com, tgl. 12–14, 18–21.30 Uhr.

❷ Restaurant Oberspeiser

In einer gemütlichen Stube werden der Jahreszeit entsprechend Südtiroler Köstlichkeiten wie auch Gerichte aus manch anderer Region Italiens serviert. Zu jedem Essen gibt es den passenden Wein.
Klaus 15, Terlan, Tel. (04 71) 25 71 50, www.oberspeiser.com, tgl. 6.30–24 Uhr, (Sa, So abends geschl.)

Übernachten

❸ Hotel Patrizia

Alle Räume – vom Einzelzimmer bis zur 70 Quadratmeter großen Panoramasuite – sind nach Süden ausgerichtet. In der lichtdurchfluteten Badelandschaft fühlt man sich wie mitten in der Natur. Die Vital-Lounge bietet allerlei wohltuende Anwendungen.
Lutzweg 5, Dorf Tirol, Tel. (04 73) 92 34 85, www.hotel-patrizia.it

❹ Hotel Olympia

Das Haus mit den Olympischen Ringen über dem Eingang verspricht einen erholsamen Aufenthalt. Hallenbad und Hydromassagebad, Sauna und Dampfbad tragen zum hohen Wohlfühlfaktor bei.
Kellerburgweg 10, Sarnthein, Tel. (04 71) 62 32 13, www.hotel-olympia.net

Sehenswürdigkeiten

❶ Kastelruth/Castelrotto

Das malerische Bergsteigerdorf war häufig Schauplatz in den Filmen von Luis Trenker und ist heute durch die »Kastelruther Spatzen« einem Millionenpublikum bekannt. Bereits in vorgeschichtlicher Zeit besiedelt, diente der Ort lange als römisches Kastell. Farbenreiche Fassaden, enge und schattige Gassen, vor dem mächtigen Kirchturm ein plätschernder Brunnen und allerlei schöne Läden beherrschen die Szenerie. Wenn im Herbst die »Spatzen« zu ihrem Volksmusik-Open-Air einladen, ist es indessen mit der Beschaulichkeit vorerst vorbei. Die Pflege von Volksgut und Tradition wird hier in Kastelruth besonders hochgehalten – was man anlässlich der Prozessionen und Märkte überall vor Ort miterleben kann.

❷ Seis/Siusi und Seiser Alm

Seis, unterhalb der Santnerspitze gelegen, gilt mit der Ruine Hauenstein aus dem 12. Jahrhundert klassisch als Startpunkt für einen Besuch der Seiser Alm. Die legendenumwobene Burg war im 15. Jahrhundert Wohnort des viel gerühmten Tiroler Minnesängers Oswald von Wolkenstein. Europas größte Hochalm mit ihren weiten Matten und eingestreuten Sennhütten und Stadeln ist zu jeder Jahreszeit ein Geheimtipp für Besucher. Umrahmt von markanten Dolomitengipfeln wie dem Langkofelgruppe, dem rot glühenden Rosengarten und dem Schlernmassiv, gilt die Seiser Alm als Südtiroler Traumlandschaft schlechthin. Wo sich im Winter Alpinskifahrer tummeln und Langläufer ihr Eldorado finden, ist in Frühjahr und Sommer die Blumenpracht einfach überwältigend. Die Alm erreicht man aus dem Grödnertal mit einer Seilbahn, per Bus oder mit der Umlaufbahn von Seis aus.

❸ Schloss Prösels

Die Anlage wurde zwischen 1490 und 1520 vom mächtigen Leonhard von Völs, dem Landeshauptmann von Tirol, erbaut – auf den Grundmauern einer bestehenden Burg aus dem 11. Jahrhundert. Die trutzige Wehranlage – mit Burgkapelle, prächtigen Sälen mit reichlich Fresken und Ornamenten – lädt zur Besichtigung ein. Ausgestellt sind mittelalterliche Waffen, vielerlei fein gearbeitete Kunstgegenstände und antikes Mobiliar.

❹ Bozen/Bolzano

Die Hauptstadt der Südtiroler, an den Ausläufern des Etschtals und der Autostrada (A22) gen Süden gelegen, zieht mit ihrem breiten Geschäfts- und Gastronomieangebot in der malerischen Altstadt die Touristen an, nicht zuletzt auch als Ausgangspunkt zur Erkundung der Dolomiten – Entdeckungen landschaftlicher und kulinarischer Art entlang der Südtiroler Weinstraße sind garantiert. Keinesfalls versäumen sollte man den Besuch des gotischen Doms, der Dominikanerkirche, des Franziskanerklosters (mit Kreuzgang) und des Waltherplatzes (mit Denkmal des berühmten Minnesängers). Auch die Laubengänge, das Museum für moderne Kunst, der Palast Kaiser Maximilians I. sowie Burg Maretsch sind touristische Highlights. (s. S. 20, 104)

❺ Eppan/Appiano

Eppan, reizvoll eingebettet in die liebliche Landschaft seiner Weinberge, vereinigt 16 verstreut liegende Dörfern sowie eine Fülle von Einzelhöfen. Charakteristisch sind die vielen Burgen und Ansitze (d. h. gegendtypische, eher kleine, feudale Wohnbauten), die zwischen 1550 und 1650 von wohlhabenden Händlern und Adelsfamilien im sogenannten Überetscher Stil errichtet wurden. Viele der Ansitze sind prächtig renoviert und beherbergen heute Weingüter, schicke Restaurants und Übernachtungsmöglichkeiten. Mit über 1000 Hektar Fläche ist Eppan das größte Weinbaugebiet von Südtirol.

❻ Kaltern/Caldaro und Kalterer See

Aus der Vernatsch-Rebe wird der »Kalterer See« gekeltert, ein milder Rotwein, der den Ort und den See weltweit bekannt gemacht hat. Lange vorbei sind die Zeiten, wo die Ergiebigkeit hiesiger Pflanzungen Europa mit »Kalterer« förmlich überflutet hat. Seit Einführung der kontrollierten Ursprungsbezeichnung weiß man wieder, was sich in der Flasche befindet. Der Ort Kaltern besteht aus neun Fraktionen, die sich von 200 auf 600

Architektonisches Juwel mitten im Grünen: Schloss Prösels; hoch droben auf einem Weinberg thront die Kirche St. Zeno und Apollonia im Eppaner Ortsteil Missian; Castel Ringberg, Kaltern (von links).

EISACKTAL UND SÜDTIROLER WEINSTRASSE

Im Eisacktal bieten sich die Bergdörfer Kastelruth, Seis und Völs sowie die Seiser Alm als Abstecher von der Brennerautobahn an. Genießer kommen entlang der Südtiroler Weinstraße auf ihre Kosten.

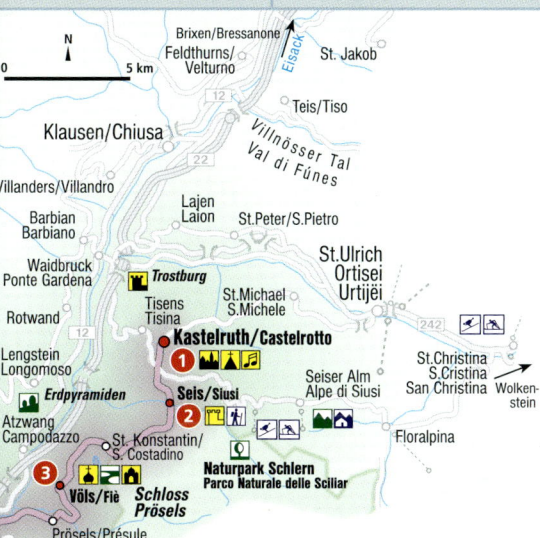

Meter Höhe emporziehen.

Die wildromantische Rastenbachklamm führt über Treppen und Stege von Altenburg hinunter bis zum Kalterer See. Sehenswert sind die St.-Peter-Basilika in Altenburg und das Südtiroler Weinmuseum im Ansitz Buol, das Arbeit und Brauchtum rund um den Weinbau dokumentiert. Der fast zwei Kilometer lange (und einen halben breite), vier Meter tiefe Kalterer See ist eines der saubersten Binnengewässer Italiens – und so besonders fischreich. Das flache Becken des als wärmster Alpensee geltenden Kalterer Sees ist Teil eines verlassenen Flussbetts der Etsch.

⑦ Tramin/Termeno

Hier, in der Heimat des Gewürztraminers, des beliebten würzigen Weißweins, ist das historische Ortszentrum sehr beschaulich, und das Traminer Dorfmuseum gibt einen spannenden Einblick in das Leben eines Südtiroler Weindorfes. Neben zahlreichen Weinlokalen fallen hier die Gotteshäuser auf: die gotische Pfarrkirche mit ihrem über 80 Meter hohen (und somit dem südtirolweit höchsten gemauerten) Kirchturm und den schönen Fresken aus dem 15. Jahrhundert, dazu St. Valentin und das romanischen Kirchlein St. Jakob zu Kastelaz mit seinem Freskenzyklus.

⑧ Auer/Ora

Dass dieser beschauliche Ort einst im Überschwemmungsbereich des Schwarzenbachs auf einem Bachschutt- und Schotterkegel entstanden ist, erkennt man am Gesteinsmaterial seiner alten Häuser und Mauern. Heute ist der Bach verbaut und lagert nur noch selten seine Mitbringsel im besiedelten Gebiet ab. Hinter hohen Natursteinmauern liegen Weingärten. Die spätgotische Pfarrkirche mit ihrem Christophorus-Fresko erreicht man über mehrere Treppenstufen, die ebenfalls belegen, wie viel Gesteinsmasse über die Jahre aufgefüllt worden ist. Oberhalb von Auer erhebt sich die Naturoase Castelfelder, ein von karger submediterraner Vegetation überzogener Porphyrfelsen. Viele prähistorische Bauten unterschiedlicher Epochen geben einen Eindruck von einer langen Siedlungsgeschichte.

⑨ Neumarkt/Egna

Das schön sanierte historische Zentrum ist von der Autobahn rasch anzusteuern. Neumarkt wurde schon 1189 als Warenumschlagplatz angelegt. Ein besonderes Speditionsprivileg besagte damals, dass alle in den Ort gebrachten Waren im Ballhaus verzollt und sodann nur von Neumarktern weitertransportiert werden dürfen. Unter schattigen Lauben sind heute nette Ladengeschäfte, Cafés, Vinotheken – darunter auch das bei Weinkennern beliebte »Johnson & Dipoli« – sowie Restaurants eingezogen, eine Mischung, die zum Bummeln und Verweilen einlädt. Teilweise noch wie in den alten Zeiten gelangt man über niedrige, von Kreuzgratgewölben bekrönte Durchgänge zu großen Höfen, wo einst die Handelswaren gelagert wurden. Filigrane gotische Steinmetzarbeiten und wunderbare Fresken sind in der St.-Nikolaus-Kirche zu sehen. Das Museum für Alltagskultur bietet einen interessanten Einblick in Leben und Wohnkultur der Neumarkter zur Zeit des 19. Jahrhunderts.

Kulinarisches

① Gostner Schwaige
Ein lukullischer Höhepunkt erwartet den Gast der Gostner Schwaige, wo Franz Mulser das Küchenzepter schwingt. In der Almwirtschaft werden mit Pfiff Südtiroler Regionalspeisen serviert.
Seis am Schlern/Seiser Alm, Tel. (03 47) 836 81 54, Juni bis Ende Sept., Dez.–April.

② Castel Ringberg
In den Mauern des kleinen Schlosses aus dem 17. Jahrhundert zelebrieren Claudia Pitschneider und Stefan Unterkircher eine exzellente Küche, die Mediterranes und Regionales verbindet. Heißer Tipp: die Leckereien aus der eigenen Konditorei.
St. Josef am See 1, Kaltern, Tel. (04 71) 96 00 10, www.castel-ringberg.com, Di Ruhetag.

Übernachten

③ Goldenes Rössl
Klein, aber fein, so lautet das Motto dieses seit 1326 bestehenden Hotels voller Südtiroler Gastfreundschaft. In den 300 Jahre alten Bauernstuben kann man sich kulinarisch verwöhnen lassen.
Krausplatz, Kastelruth, Tel. (04 71) 70 63 37, www.cavallino.it

④ Gartenhotel Moser
Nur wenige Meter vom schönen Montiggler See entfernt und inmitten von Weinbergen ist hier Entspannung angesagt – zumal auch die Kinder mit betreuten Angeboten bestens versorgt werden.
Montiggler See 104, Eppan, Tel. (04 71) 66 20 95, www.gartenhotelmoser.com

VINSCHGAU, BURGGRAFENAMT

Schroffer Auftritt, aber überaus beeindruckend: Die Hänge gegenüber dem höchsten Berg der Ostalpen, dem Ortler, sind so steil, dass es hier fast kein Halten zu geben scheint. Und dennoch haften Bergbauernhöfe wie Schwalbennester an den Abhängen. Darunter fließt jung und munter die Etsch, der zweitlängste Fluss Italiens, durch das Tal und, an Meran vorbei, weiter gen Süden. Von dort kommend, führten in antiker Zeit die Römer die Trasse ihrer Via Claudia Augusta den Wasserlauf entlang über den Reschenpass und weiter bis nach Augsburg. Klöster, Kirchen und Burganlagen erinnern noch heute an die Größe längst vergangener Zeiten.

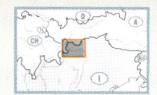

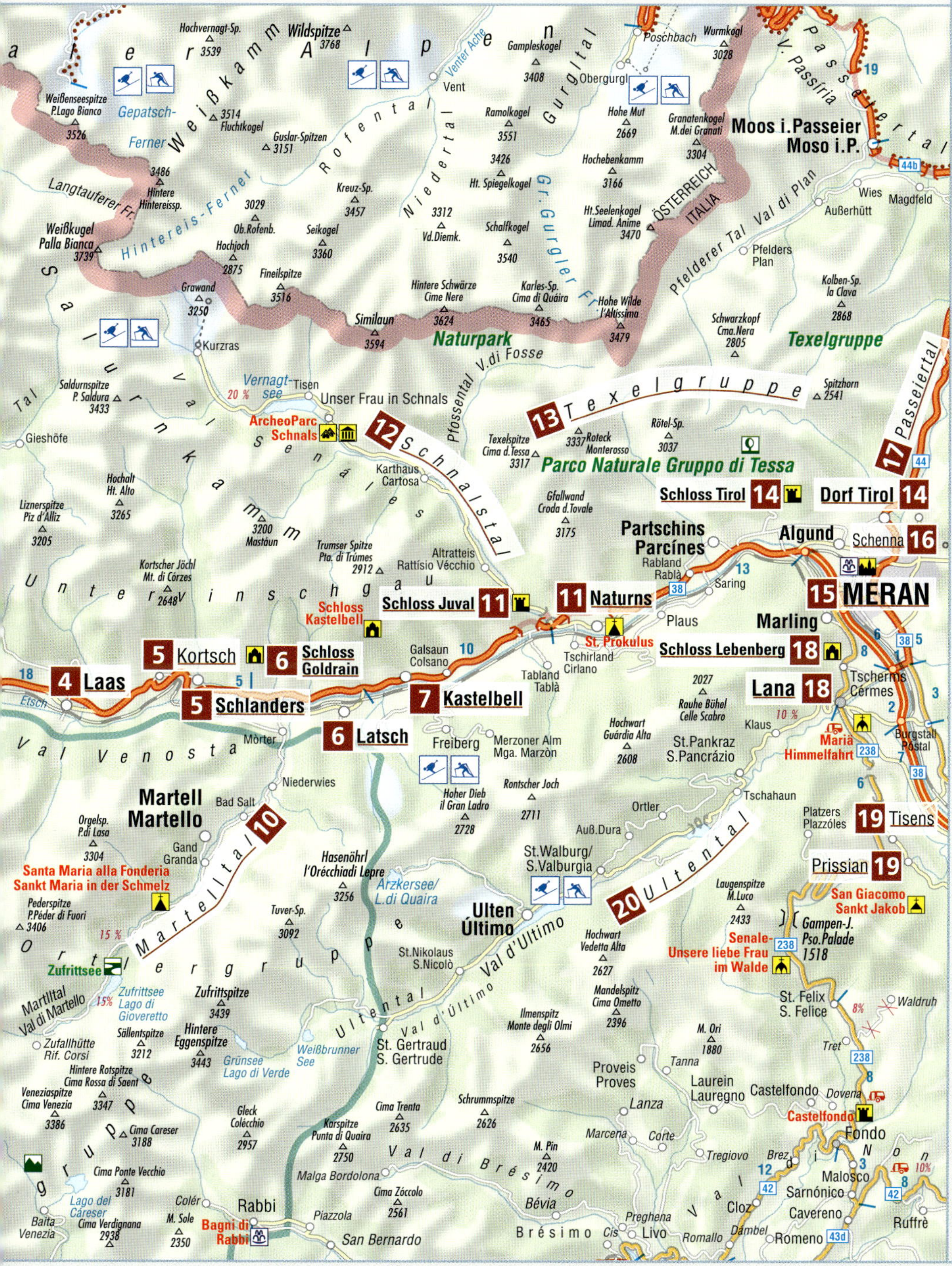

Wildspitze 3768
Hochvernagt-Sp. 3539
Weißkamm
Ötztaler Alpen
Weißenseespitze P.Lago Bianco 3526
Gepatsch-Ferner
3514 Fluchtkogel
Guslar-Spitzen 3151
Rofental
Vent
Venter Ache
Gampleskogel 3408
Obergurgl
Gurgltal
Poschbach
Wurmkogl 3028
V. Passiria
Passeiertal
Moos i.Passeier
Moso i.P.
19
44b
Ramolkogel 3551
Hohe Mut 2669
Granatenkogel M.dei Granati 3304
3426
Ht. Spiegelkogel
Hochebenkamm 3166
Niedertal
Gr. Gurgler Fr.
3486 Hintere Hintereissp.
Langtauferer Fr.
Hintereis-Ferner
Kreuz-Sp. 3457
3029 Ob.Rofenb.
3312 Vd.Diemk.
Schalfkogel 3540
Ht.Seelenkogel Limad. Anime 3470
ÖSTERREICH
ITALIA
Wies
Magdfeld
Außerhütt
Pfelderer Tal Val di Plan
Pfelders Plan
Weißkugel Palla Bianca 3739
Seikogel 3360
Hochjoch 2875
Fineilspitze 3516
Grawand 3250
Hintere Schwärze Cime Nere 3624
Karles-Sp. Cima di Quáira 3465
Hohe Wilde l'Altissima 3479
Kolben-Sp. la Clava 2868
Schwarzkopf Cma.Nera 2805
Texelgruppe
Similaun 3594
Naturpark
Kurzras
Salurnkamm
Pfossental V.di Fosse
Vernagt-see
Tisen
20 %
Unser Frau in Schnals
Saldurnspitze P. Saldura 3433
Tal
Gieshöfe
ArcheoParc Schnals
12 Schnalstal
Senales
13 Texelgruppe
Texelspitze Cima d.Tessa 3317
3337 Roteck Monterosso
Rötel-Sp. 3037
Spitzhorn 2541
17 Passeiertal
44
Parco Naturale Gruppo di Tessa
Karthaus Cartosa
Hochalt Ht. Alto 3265
Liznerspitze Piz d'Alliz 3205
3200 Mastáun
Gfallwand Croda d.Tovale 3175
Schloss Tirol 14
Dorf Tirol 14
Partschins Parcínes
Algund
Schenna 16
Trumser Spitze Pta. di Trúmes 2912
Altratteis Rattísio Vécchio
Rabland Rablà
13
Saring
38
15 MERAN
Kortscher Jöchl Mt. di Corzes 2648
Unterer Vinschgau
Schloss Kastelbell
Schloss Juval 11
11 Naturns
Plaus
Marling
St. Prokulus
Schloss Lebenberg 18
5 Kortsch
6 Schloss Goldrain
Galsaun Colsano
10
Tschirland Cirlano
Tabland Tablà
18
4 Laas
5 Schlanders
7 Kastelbell
Etsch
2027 Rauhe Bühel Celle Scabro
Lana 18
Tscherms Cermes
10 %
Klaus
Maria Himmelfahrt
Burgstall Postal
6 Latsch
Mörter
Freiberg
Merzoner Alm Mga. Marzòn
Hochwart Guárdia Alta 2608
St.Pankraz S.Pancrázio
238
Val Venosta
Niederwies
Hoher Dieb il Gran Ladro 2728
Rontscher Joch 2711
Tschahaun
Martell Martello
Bad Salt
Ortler
Platzers Plazzóles
19 Tisens
Orgelsp. P.di Lasa 3304
Gand Granda
10 Martelltal
Hasenöhrl l'Orécchiadi Lepre 3256
Auß.Dura
St.Walburg/ S.Valburgia
20 Ultental
Prissian 19
Santa Maria alla Fonderia Sankt Maria in der Schmelz
Arzkersee/ L.di Quaira
Laugenspitze M.Luco 2433
San Giacomo Sankt Jakob
Pederspitze P.Péder di Fuori 3406
Tuver-Sp. 3092
Ulten Último
Val d'Ultimo
Gampen-J. Pso.Palade 1518
Senale-Unsere liebe Frau im Walde
15 %
Hochwart Vedetta Alta 2627
Zufrittsee
St.Nikolaus S.Nicolò
Ortlergruppe
Martlltal Val di Martello
15%
Zufrittsee Lago di Gioveretto
Zufrittspitze 3439
Ultental
Mandelspitz Cima Ometto 2396
St. Felix S. Felice
8%
Waldruh
Zufallhütte Rif. Corsì
Säßlenspitze 3212
Hintere Eggenspitze 3443
Weißbrunner See
Grünsee Lago di Verde
St. Gertraud S. Gertrude
Ilmenspitz Monte degli Olmi 2656
M. Ori 1880
Tret
Hintere Rotspitze Cima Rossa di Saent 3347
Veneziaspitze Cima Venezia 3386
Proveis Proves
Tanna
Laurein Lauregno
Castelfondo
Dovena
Cima Trenta 2635
Schrummspitze 2626
Lanza
Castelfondo
Fondo
Gleck Colécchio 2957
Cima Caresèr 3188
Karspitze Punta di Quaira 2750
Val di Brésimo
Marcena
Corte
M. Pin 2420
Tregiovo
Brez
Val di Non
Malosco
Sarnónico
Cima Ponte Vecchio 3181
Malga Bordolona
Cima Zóccolo 2561
Bévia
Cloz
Caveneno
Ruffrè
Lago del Cáreser
Cima Verdignana 2938
M. Sole 2350
Colér
Rabbi
Bagni di Rabbi
Piazzola
San Bernardo
Brésimo
Cis
Preghena
Livo
Romallo
Dambel
Romeno
43d
42
12
10%
Baita Venezia

SEHENSWÜRDIGKEITEN: VINSCHGAU, BURGGRAFENAMT

Kirchen und altehrwürdige Heiligenfiguren prägen die Wege des leichtesten Alpenübergangs (kleine Bilder links). Markant ragt der Kirchturm des im Jahr 1950 gefluteten Dörfleins Graun (oben) aus dem Reschensee. Barock in großem Format: Stift Marienberg (großes Bild).

INFO Panorama

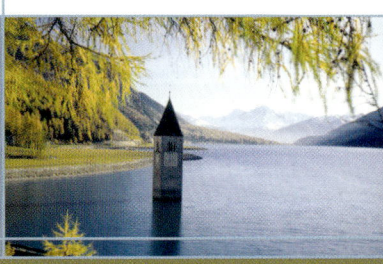

Von der Talstation Watles erreicht man mit dem Sessellift das Hochplateau mit traumhaftem Blick von 2150 Meter Höhe. Markierte Wege laden zu Wanderungen ein.

Info bei der Touristik & Freizeit AG, Tel. (04 73) 83 11 99, Lift 11. Juni–11. Okt., tgl. 9–12.30 und 13.30-17 Uhr.

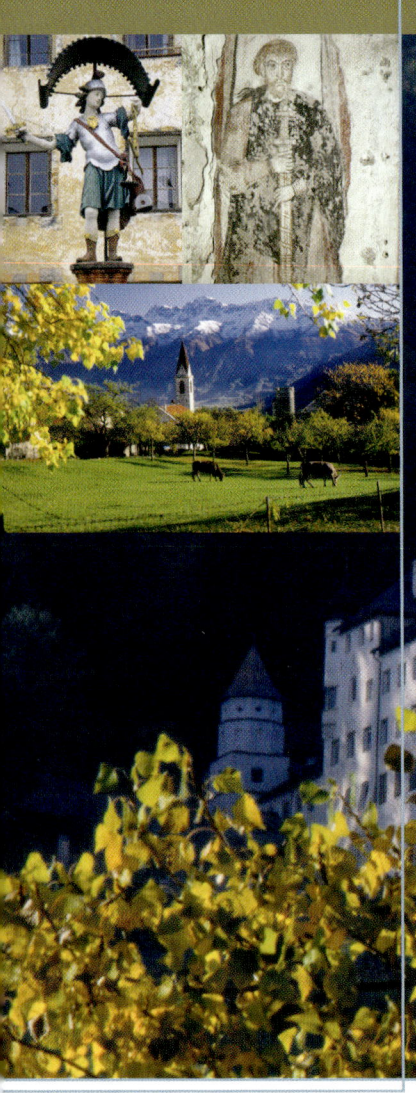

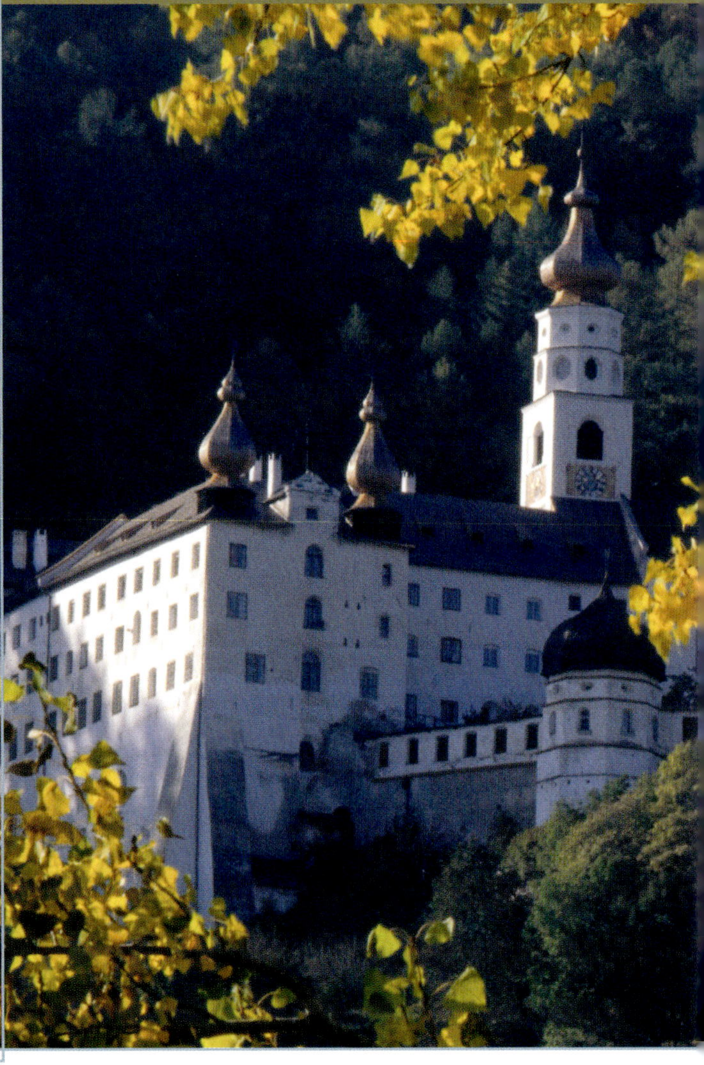

Wenn der berüchtigte Vinschger Wind besonders stark über den Reschenpass und die Malser Haide bläst, inspiriert das die Obervinschgauer zu einem Schmunzeln. Die erheiternde Begründung dafür kann nur von einem echten Vinschger in rauem Vinschger Dialekt geliefert werden und eignet sich kaum für schriftliche Wiedergabe. Nur so viel: Weil das Gesagte derb ist, wird danach um Vergebung gebeten. Dazu bieten sich die romanischen Kirchen von Mals, dem Hauptort, und Burgeis an – oder, erhabener, weil hoch am Berghang thronend, die Krypta der Abtei Marienberg. Von hier aus übten die Priester einst ihren Einfluss über das rätische Tal aus. Von der Höhe herab ist ein einzigartiger Landstrich zu überblicken: Er reicht von der Etschquelle über den Reschenstausee und die Malser Haide das Haupttal hinab nach Meran und wiederum bis hinauf zu den weiß funkelnden Gletschern des Ortlers.

SEHENSWÜRDIGKEITEN: VINSCHGAU, BURGGRAFENAMT

INFO Vintschger Museum

Der Handel gewährte einst den Bewohnern der Kleinstadt Glurns (oben) bescheidenen Wohlstand. Die Macht aber blieb in Händen des Klerus vom Stift Marienberg und der Familie derer von Trapp. Ihr gehört die Churburg über Schluderns (Bild links), wo vor allem die Rüstkammer (großes Bild) sehenswert ist.

Das Museum bietet einen interessanten Einblick in die Geschichte und Kultur des Vinschgaus von der Archäologie bis zum hiesigen lebendigen Brauchtum.
Meraner Str. 1, 39020 Schluderns, Tel. (04 73) 61 55 90, Ostern–Okt. Di–So 10–12, 15–18 Uhr, Juli–Sept. auch Mi 20.30–22 Uhr.

Im Jahr 1519 machten die Stadtherren von Glurns ihren Mäusen den Prozess. Anklage und Verteidigung hatten das Wort, dann mussten einer Überlieferung zufolge diese lästigen Nager aus den mittelalterlichen Stadtmauern »in freiem Geleit« in die Schludernser Leitn hinüberziehen. In Schluderns war man darüber nicht erfreut, doch gegen die Bürger von Glurns und die über dem Ort ansässigen Herren der Churburg hatten die Bauern keine Einwände vorzubringen. Die Macht von Glurns wurzelte im Salzhandel, dessen Wege entlang der Etsch gen Norden über den Reschenpass und nach Westen zu in die Schweiz führten. Mit Mäusen finden sich die Schludernser mittlerweile ab. Sind die Glurnser auf ihr Städtchen und den herbstlichen »Seala-Markt«, den Seelenmarkt, stolz, so sind es die Dörfler auf ihre Burg, die sich seit über 500 Jahren in Händen der Adelsfamilie Trapp befindet.

TIPP »Marmor & Marillen«

Im 19. Jahrhundert war der Laaser Marmor bei Architekten und Steinbildhauern weltweit begehrt. Heute gibt es in Laas neben dem Marmorwerk noch zwei Betriebe, die diesen Stein verarbeiten (oben). Die Bergbauern betreiben an den Hanglagen vor allem Milchwirtschaft (großes Bild). Unten rechts: Ortlermassiv.

Von Ende Juli bis Anfang August feiert Laas jedes Jahr seine bekannten Spezialitäten mit einem bunten Festprogramm. Umrahmt von Südtiroler Volksmusik, gibt es viel Kunsthandwerkliches, Marmor-Führungen – und Marillen in feinster Zubereitung. *Information vom Tourismusverein, Tel. (04 73) 73 70 50*

Vor wenigen Jahren beglückten die Gastbetriebe im Mittelvinschgau ihre Urlauber im Sommer mit einer Sonnengarantie: Weniger als zwei Tage Regen pro Woche oder Geld zurück! Die Aktion wurde nach verregneten Monaten abgesetzt, doch der trocken-karge Sonnenberg steht weiterhin in malerischem Kontrast zur bewaldeten Südseite des Haupttals, welches zu den vergletscherten Spitzen der Ortlergruppe hochführt. Wenn in jedem Frühjahr um Kortsch und den Hauptort Schlanders herum die Blüte von Apfel- und Marillenbäumen das von riesigen Murenkegeln geprägte Landschaftsbild verzaubert, dann hält an Pracht nur noch eines dagegen: das Weiße Gold von Laas. Der weltberühmte Laaser Marmor nämlich – vielen bildenden Künstlern gilt er als der schönste überhaupt – ist allerorten anzutreffen. Die Steinmetzschule von Laas kennt man weit über die Landesgrenze hinaus.

SEHENSWÜRDIGKEITEN: VINSCHGAU, BURGGRAFENAMT

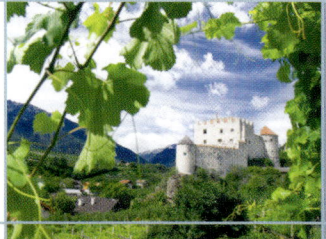

Stolze Burgen, dazu Wein, Tracht und Tradition – so präsentiert sich der mittlere Vinschgau. Schlösser wie Goldrain (großes Bild) und Kastelbell (oben) erinnern an feudale Zeiten. Auf eine genussreiche Lebenseinstellung der Vinschgauer deuten Rebstöcke und die Erntedankfeste mit ihren Tänzen hin (kleines Bild links).

INFO Schlossführungen

Neben vielerlei Konzerten, Weindegustationen und Lesungen finden sommers im Schloss Kastelbell auch Führungen statt. Besonders sehenswert sind die sogenannte alte Kuchl und die historischen Säle im Palast.

Schlossweg 1, 39020 Kastelbell-Tschars, Tel. (04 73) 62 41 93, Juni bis Ende Sept. Mi–Sa 14, 15 und 16 Uhr.

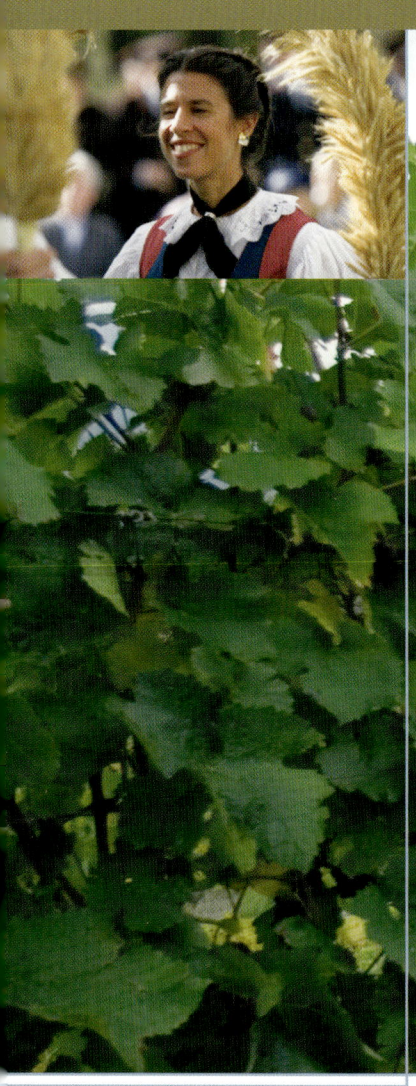

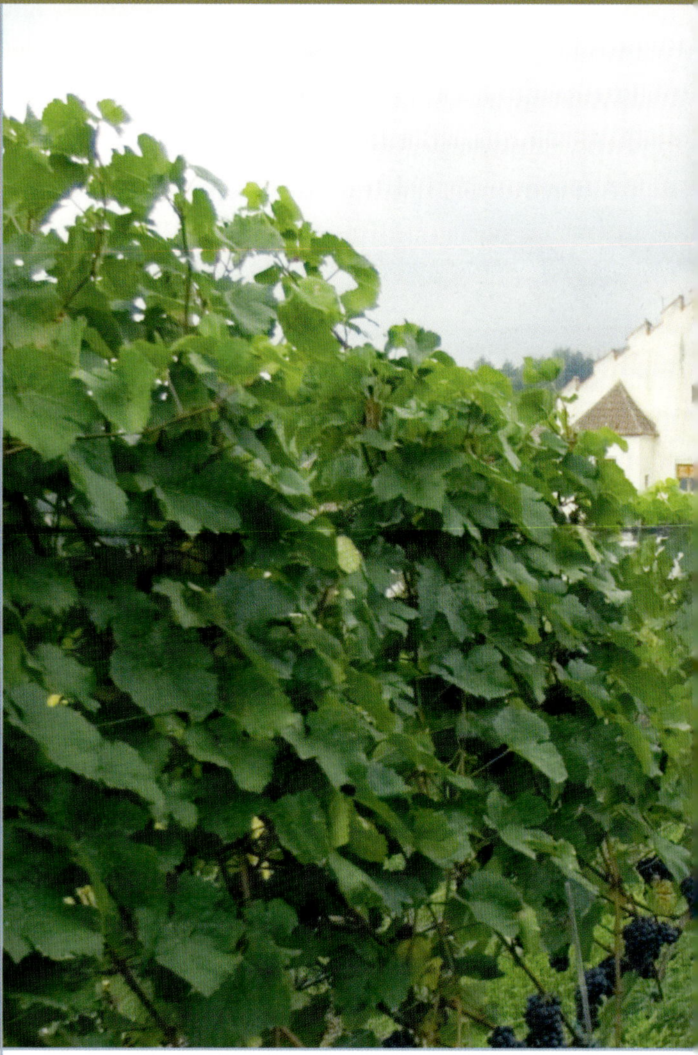

Wer Straßen sät, wird Verkehr ernten – davon wissen die Kastelbeller ein Lied zu singen. In den Dörfern kommt zum Stehen, was auf den Ausbaustrecken dazwischen zur Raserei neigt. Dem Verkehr widmet sich auch die Dauerausstellung »Via Claudia Augusta« im Schloss Kastelbell. Alle paar Kilometer galt es im Mittelalter entlang der einstigen römischen Hauptstraße Zoll zu zahlen – auf dass Adel und Klerus sich Schlösser bauen konnten. Ein weiteres solches steht westlich von Latsch inmitten von Obst- und Rebanlagen: Schloss Goldrain. Wer in diesem baulichen Kleinod ein Sommernachtskonzert genießt, wird hoffentlich den Abend mit einem Gläschen Weißwein vom benachbarten Vezzan ausklingen lassen. Ausgenüchtert, bleibt die Wahl: eine Rafting-Tour auf der Etsch oder die Begutachtung des von Jörg Lederer in der Spitalkirche errichteten Flügelaltars – Spätgotisches vom Feinsten.

SEHENSWÜRDIGKEITEN: VINSCHGAU, BURGGRAFENAMT

Im Nationalpark Stilfser Joch darf Natur noch nach Lust und Laune gedeihen – z. B. mit Frühlingskuhschelle, Kugelhauswurz, Gletscherhahnenfuss und Alpenklee (Bildleiste von links). Das Land hat viele Gesichter: Blockfichtenwald (großes Bild) gibt's, Wasserfälle (im Rabbital, Bild links) und Gletscherschliffe (oben).

INFO Historische Tour

Ein Ausflug in die Vergangenheit führt zum venezianischen Sägewerk und zur Molkerei von Somrabbi, wo Traditionen und Werkzeuge bäuerlicher Kultur präsentiert werden.

Besucherzentrum Rabbi, Viale Marconi 7, 38027 Malè, Tel. (04 63) 98 51 90, 15. Juni–10. Sept. Di und Fr 14–17.30 Uhr.

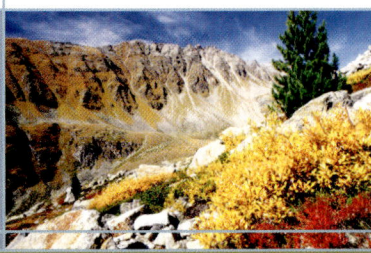

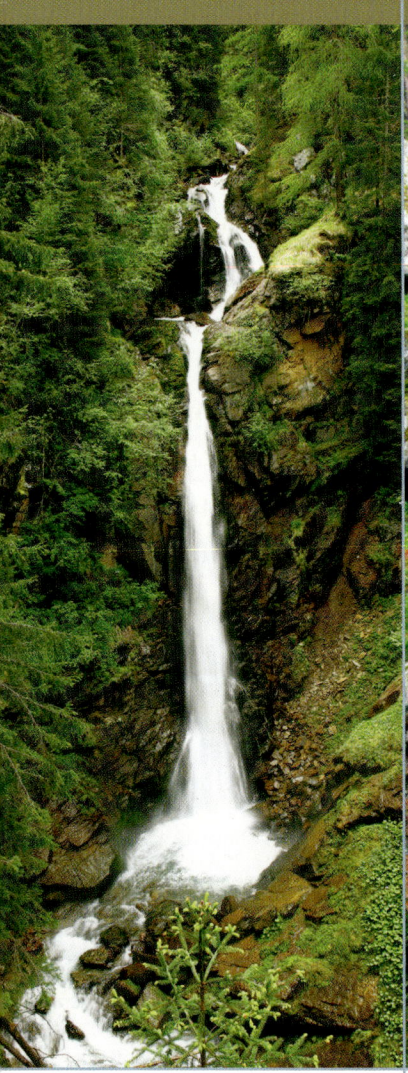

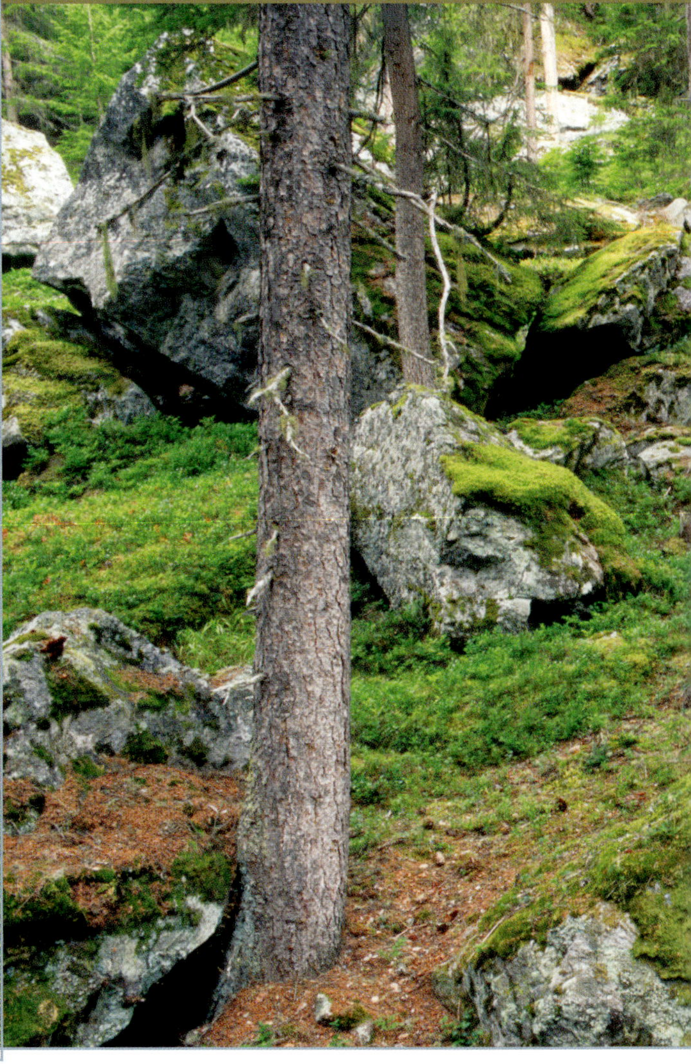

Steinböcke springen, Gämsen grasen, Murmeltiere pfeifen, Bäche rauschen, Gletscher funkeln, Alpenrosen leuchten: Willkommen in einem der größten Naturparks Europas, dem 134 600 Hektar umfassenden und bereits 1935 gegründeten Nationalpark Stilfser Joch. Der Adler, sein Wahrzeichen, kreist hier über vier Provinzen: Südtirol, Trentino, Sondrio und Brescia. Flora und Fauna entfalten sich hier relativ ungestört, selbst ein Bär hat sich in jüngster Zeit wieder blicken lassen. Wegen der von ihm gerissenen Schafe ist er jedoch nicht unbedingt ein gern gesehener Gast. Von den 650 Meter hoch gelegenen Talböden im Vinschgau bis auf den Gipfel des Ortlers (3905 m) weist der Park alle alpinen Klimazonen auf. Und weil er an andere große Naturparks angrenzt, wird sich hoffentlich bald ein weiterer ehemaliger Bewohner wieder einfinden: der Wolf. Die Jagd ist im Park verboten.

SEHENSWÜRDIGKEITEN: VINSCHGAU, BURGGRAFENAMT

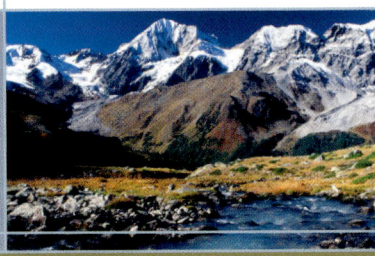

Mächtige Gipfel bilden das Dreigestirn über dem Suldental. Sie heißen Königsspitze, Zebrù und Ortler (Bild oben und links). Der mit seinen 3905 Metern höchste Berg der Ostalpen, der Ortler, wird meist über seine vergletscherte Nordseite bestiegen (großes Bild). Eindrucksvoller ist es über den Hintergrat.

INFO Alpine Curiosa Museum

In einer winzigen ehemaligen Bergsteiger-Unterkunft, dem sogenannten Flohhäuschen, vermittelt der Extrembergsteiger Reinhold Messner anhand vielerlei Kuriositäten eine sehr menschliche Geschichte der Alpinistik und ihrer Berühmtheiten.
Beim Hotel Post, Hauptstraße 24, 39029 Sulden, tgl. 9–19 Uhr.

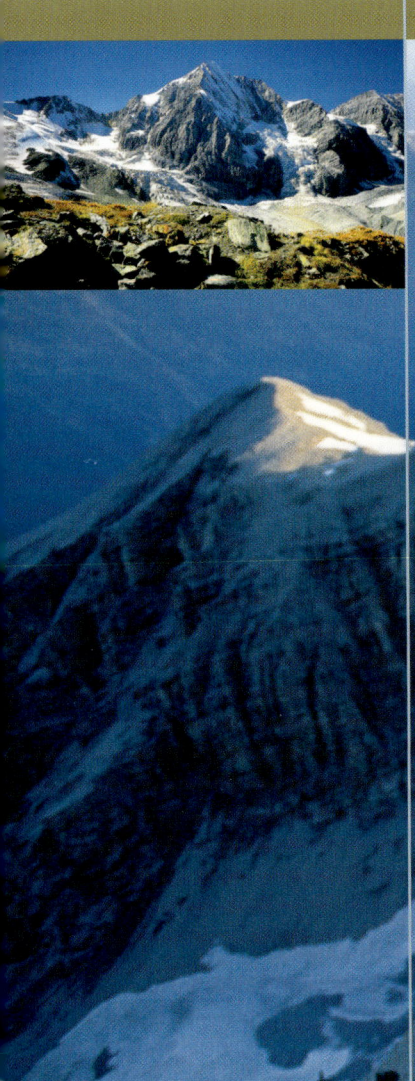

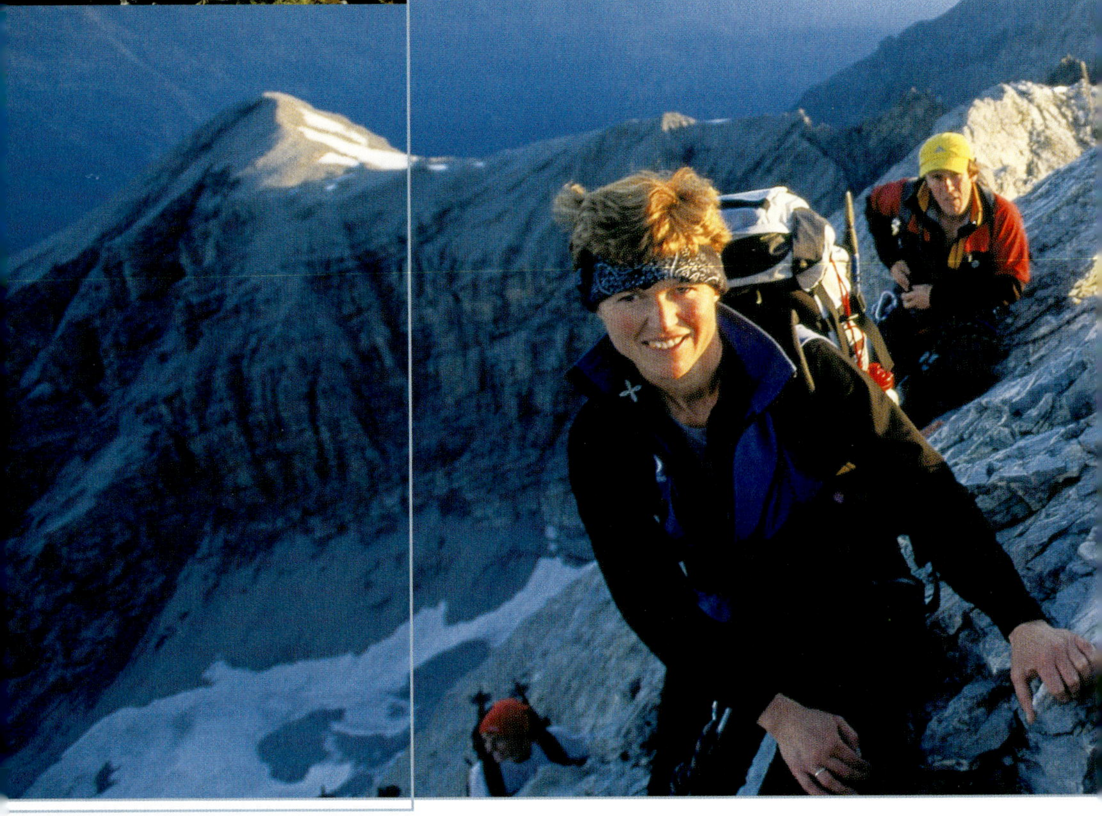

Klaustrophobisch darf man in Sulden nicht veranlagt sein, sonst drückt einem der laut Sage schlafende Riese des Ortlers aufs Gemüt und ängstigt die Menschen im Tal. War der in gut 1900 Meter Höhe gelegene Weiler vor 50 Jahren noch Heimat einiger weniger bäuerlicher Großfamilien, so verfügt er als moderne Skihochburg heute über 2000 Gästebetten, heißt Tagestouristen willkommen, beherbergt eines von Reinhold Messners fünf Bergmuseen und bietet der Yakherde des berühmten Bergsteigers ihren Lebensraum. In den Ort zu Füßen des höchsten Bergs der Ostalpen kommt man der schneesicheren Lage, der schier endlosen Wanderwege und der grandiosen Kulisse wegen: rund 70 Dreitausender und über 100 Gletscher! 1804 erklomm der Passeirer Josef Pichler als Erster den Gipfel des Ortlers, über den 113 Jahre später die höchstgelegene Frontlinie des Ersten Weltkriegs verlief.

SEHENSWÜRDIGKEITEN: VINSCHGAU, BURGGRAFENAMT

Im Martelltal sammelt der Zufrittstausee das Gletscherwasser der Ortlergruppe (oben). Auf seiner Wasseroberfläche spiegeln sich einige der mehr als 100 die Szenerie umgebenden Dreitausender. Der Monte Cevedale (mit Schneespitze auf allen Bildern) gilt als höchster Skitourenberg der Ortlergruppe.

INFO Erdbeerfest

Seit 50 Jahren gedeihen in Martell Erdbeeren – auf 1700 Meter Höhe! Beim alljährlichen Erdbeerfest feiert man sie mit Spezialitäten und Kuriositäten, darunter z. B. eine Riesentorte.

Nationalparkhaus culturamartell, Trattla 246, 39020 Martell
Auskünfte: Tourismusverein Tel. (04 73) 62 31 09, Ende Juni.

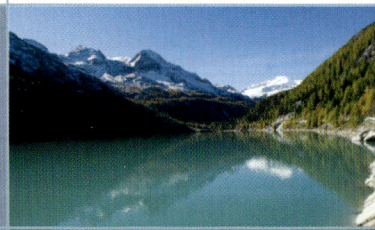

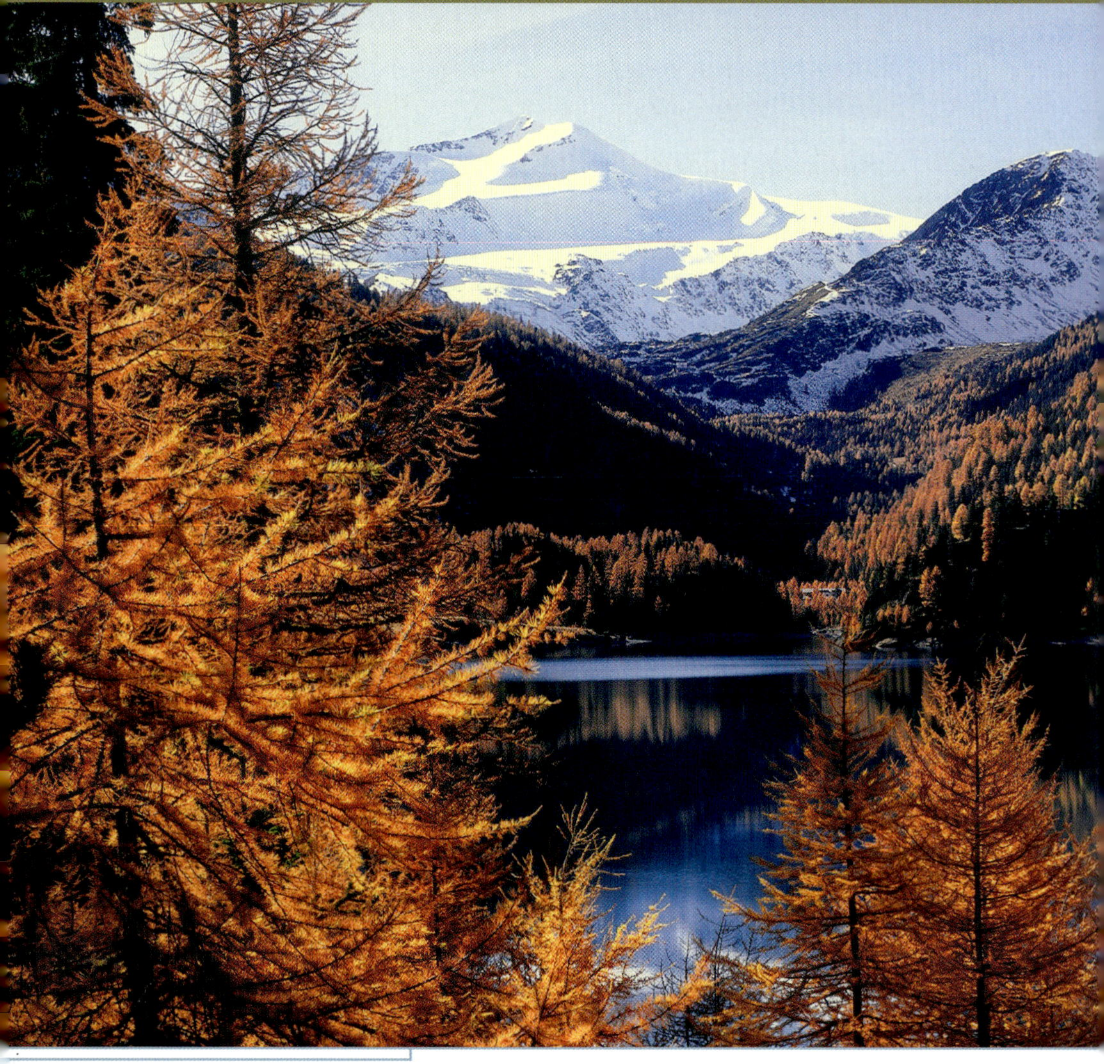

Eingerahmt von den hohen Bergspitzen der westlichen Ortlergruppe, hat das Martelltal wie kaum ein anderes Tal Südtirols seinen ländlichen Charakter bewahrt. Unterhalb des Zufrittstausees und des eindrucksvollen Cevedale-Gletschers leben gerade einmal 900 Einwohner, die sich heute teilweise auf den Gemüseanbau spezialisiert haben. 50 Bauern produzieren hier im mit bis zu 1800 Metern über Meereshöhe höchstgelegenen Erdbeeranbaugebiet Europas im Jahr 900 Tonnen der begehrten Frucht. Wenn in Italien die Erdbeersaison vorbei ist, werden die roten Früchtchen hier in dieser Bergregion erst reif – und erzielen dann gute Preise. Im Winter, wenn die Felder unter einer dicken Schneedecke ruhen, heißt das Tal immer mehr Skitourengeher willkommen. Die Dreitausender links und rechts locken dann mit herrlichen Pulverschneefahrten.

Am Eingang des Schnalstals gelegen, vereint Naturns Kunst und Natur – Reinhold Messners Bergmuseum auf Schloss Juval (oben) beweist es. In der Prokuluskirche, unten im Tal, gilt es frühmittelalterliche Fresken zu bewundern, die zu den ältesten im deutschsprachigen Kulturraum zählen.

TIPP Törggelepartie

Ein berühmtes Genießer-Ritual zelebriert man in jedem Oktober am Dorfbrunnen von Naturns: Zu heimatlichen Klängen werden »Keschten« (Kastanien) gebraten, und »Sußer«, der junge Wein, fließt in Strömen.

Tourismusverein Naturns, Rathausstr. 1, 39025 Naturns, Tel. (04 73) 66 60 77, 7.–28. Okt. Mi ab 15.30 Uhr.

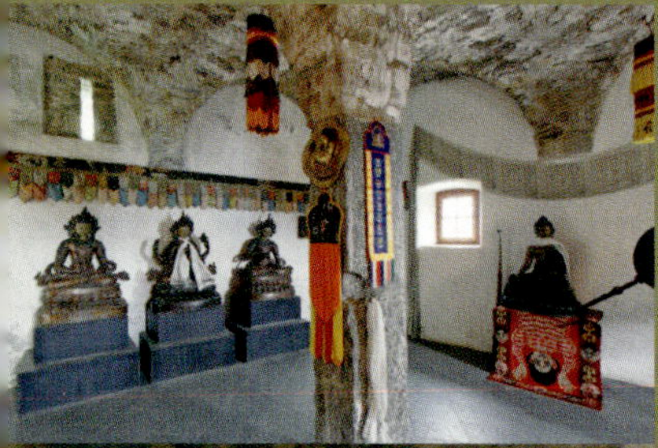

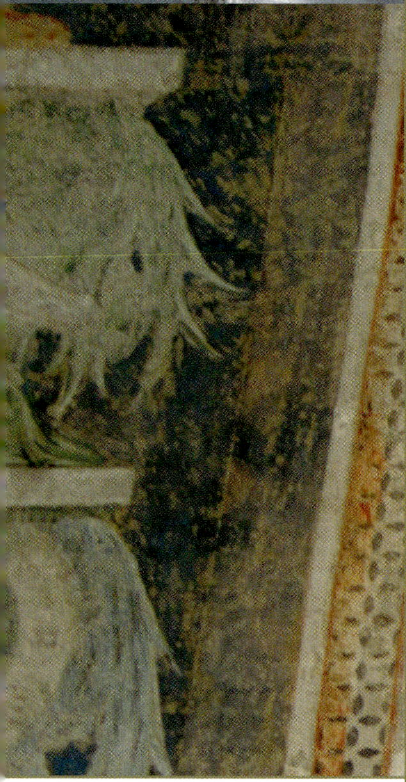

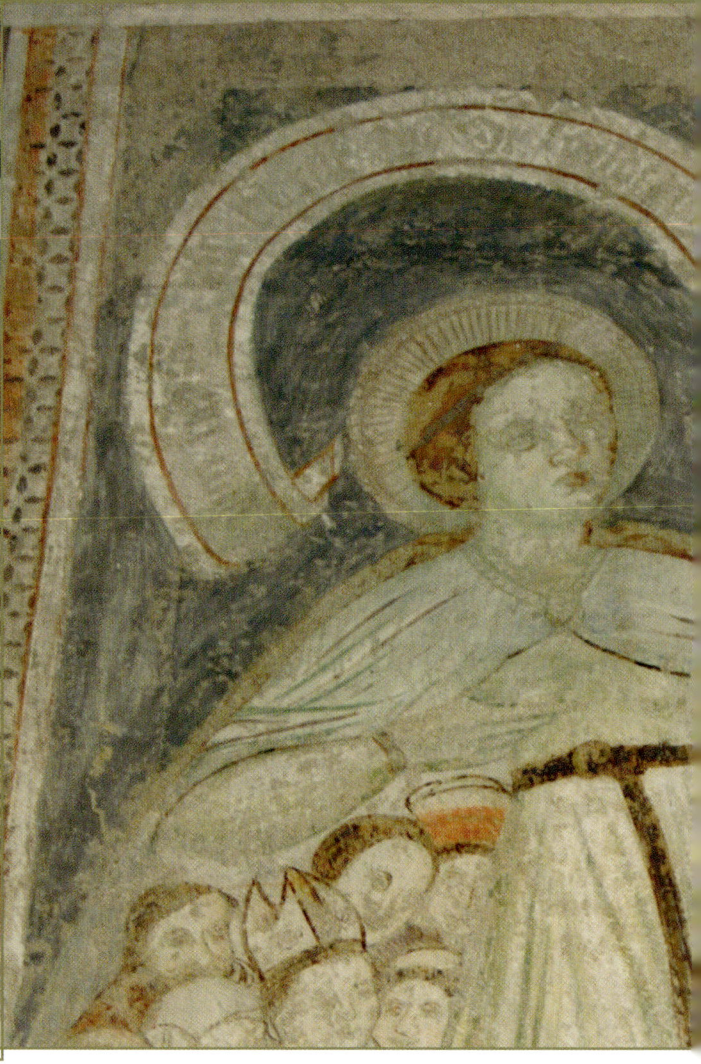

Umgeben von frühmittelalterlichen Kirchenschätzen, von Ruinen historischer Siedlungsstätten sowie intakten Burgen und Schlössern, ist Naturns ein Ort, wo Kultur zum Erlebnis wird. Die Fresken in der Kirche St. Prokulus zählen zu den bedeutendsten vorkarolingischen Bildwerken in Mitteleuropa.

Oberhalb der Gemeinde fasziniert ein Zusammenspiel von Kultur und Natur: Burgherr Reinhold Messner hat hier seine Sammlungen, u. a. Kunstschätze aus Tibet und Masken aus aller Welt, der Öffentlichkeit zugänglich gemacht. »Die Natur der Berge und Kulturgut aus der ganzen Welt bewahren und

pflegen«, umreißt der legendäre Bergsteiger seine Vision, die Schloss Juval selbst im burgenreichsten Fleckchen Europas einzigartig macht. Glückliche Fügung: Juval liegt direkt am Eingang des Schnalstals, mitten im Lebensraum der berühmten, über 5000 Jahre alten Gletschermumie »Ötzi«.

SEHENSWÜRDIGKEITEN: VINSCHGAU, BURGGRAFENAMT

Zweimal jährlich, im Juni und im September, werden vom Vinschgau aus Tausende von Schafen 44 Kilometer weit über 3200 Meter Höhe hinweg durch das Schnalstal über den Ötztaler Hauptkamm zu den Sommerweidegebieten im Venter Tal (Nordtirol) getrieben (oben). Hoch oben auf einem Felsen thront die Pfarrkirche von Katharinaberg (großes Bild).

INFO Ötzi-Express

Mit einem Raupenfahrzeug kommt man dem ewigen Eis zum Anfassen nahe. Vorbei an Gletscherbrüchen und Moränen fährt der »Ötzi-Express« bis in die Gletscherhöhle.

Bergstation Gletscherbahnen, Kurzras 111, 39020 Schnalstal, Tel. (04 73) 66 21 18, tgl. 11 Uhr Mitte Juni–Mitte Sept.

Das Schnalstal und der »Ötzi« – sie sind nicht zu trennen. Hier fand ein deutsches Ehepaar 1991 zufällig die wohlkonservierte Leiche jenes Zeitgenossen der Vorgeschichte, der seither als Mann aus dem Gletschereis Weltberühmtheit erlangt hat. Aber das meisterschlossene Tal des Vinschgaus ist mehr als lediglich der »ArcheoParc Schnals«, mehr als ein großes Museum mit Freigelände. Am Talende, hinter den fast 2000 Meter hoch gelegenen Kornhöfen von Kurzras, findet sich direkt an der Waldgrenze das erste Sommer-Gletscherskigebiet Südtirols. Etwas tiefer wirkt der riesige Vernagtstausee zum einen als Energiespender, aber auch als Bedrohung für Lieb und Leib talabwärts. Er sammelt alles Wasser, das von den Ötztaler Alpen hier bergab fließt – und früher über ein ausgeklügeltes System an Schloss Juval am Talausgang vorbei weit in den trockenen Vinschgau geleitet wurde.

SEHENSWÜRDIGKEITEN: VINSCHGAU, BURGGRAFENAMT

Lodner, Texelspitze, Tschigat – das sind die klingenden Namen der Texelgruppe, in deren Tälern sich farbige Wälder und leuchtende Seen verstecken (großes Bild) – genauso wie die Bergziegen, die hier an saftigem Gras reißen (oben). Ein Kennenlernen gibt es nur zu Fuß und über zahlreiche steile Steige.

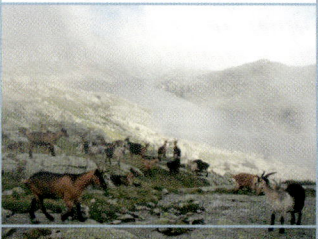

INFO Seilbahn Hochmuth

In wenigen Minuten schwebt man per Seilbahn hinauf zur Hochmuth, wo sich ein herrlicher Ausblick bietet. Hier beginnen auch Wanderungen – vom leichten Abstieg bis zur Rundtour im Texelgebirge.

Seilbahn Hochmuth, 39019 Dorf Tirol, Tel. (04 73) 92 34 80, tgl. 7.30–12, 13–18 Uhr (Juli–Sept. 19 Uhr).

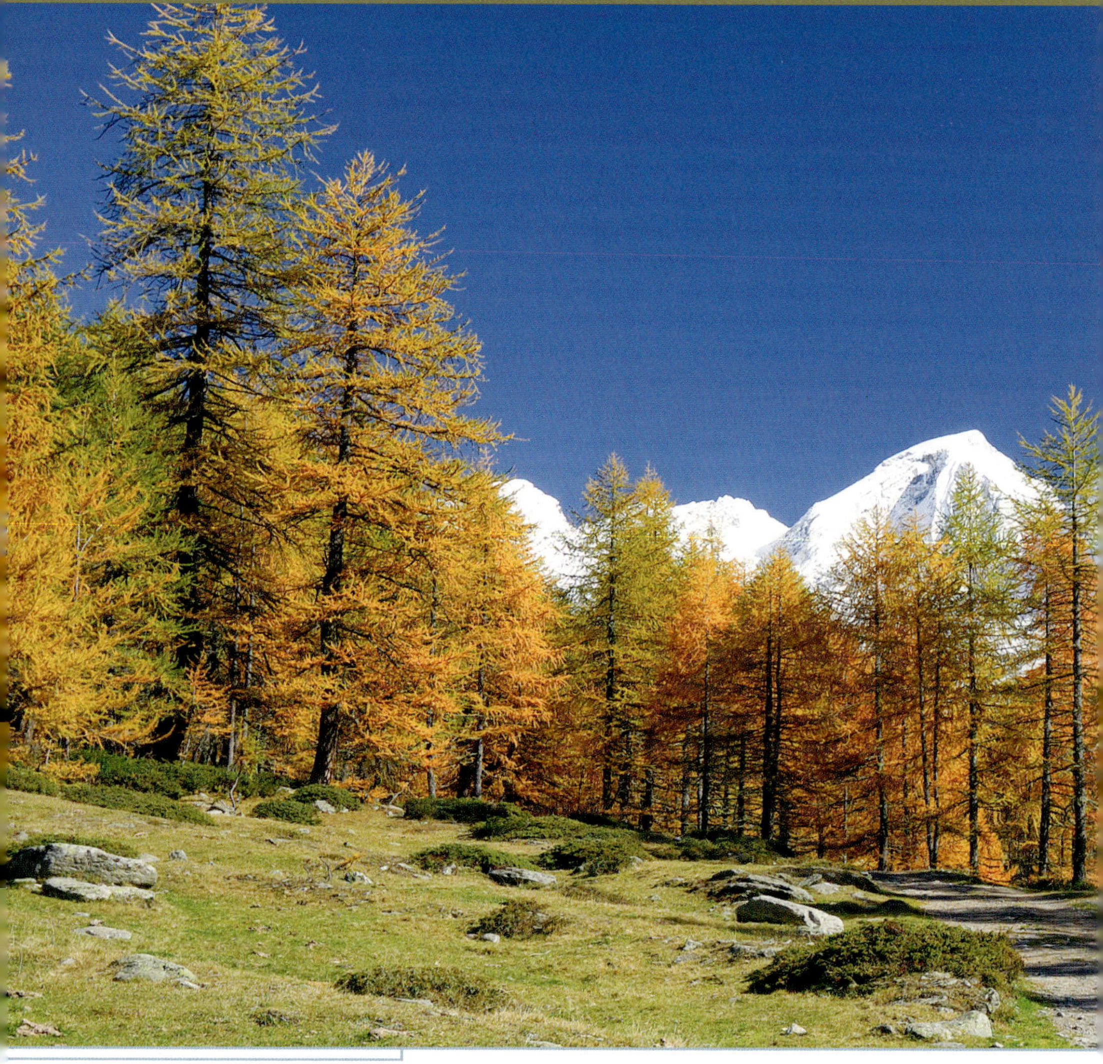

Spricht man vom größten Naturpark Südtirols, ist schnell von »Wasser und Licht« die Rede. Der Kontrast nämlich – hier die trockenen, sonnendurchfluteten Lärchenwälder im Süden und Westen, dort die schattigen Fichtenwälder im niederschlagsreicheren Norden und im Osten – kennzeichnet die Texelgruppe. Doch genauso machen die strahlend blauen Seen und der wolkenlose Himmel die Vielfalt des Naturparadieses aus. Oder ist es eher der formenreiche Gegensatz von jener submediterranen Talstufe um Meran, die lediglich eine Höhe von 200 Metern aufweist, zur Hochgebirgsregion um Roteck und Hohe Weiße, beides über 3300 Meter hoch? Erleben kann man dies alles am besten per Wandertour auf dem Meraner Höhenweg. Die Wege entlang der »Waale« genannten Bewässerungsgräben und die alpinen Steige garantieren neben saurem Schweiß einen wahren Naturgenuss.

SEHENSWÜRDIGKEITEN: VINSCHGAU, BURGGRAFENAMT

INFO Volksmusik

Der Tiroler Kulturfrühling bietet echte alte, aber auch zeitgenössische Volksmusik – mit locker gemischtem Programm in verschiedenen traditionellen Gaststätten und an anderen Schauplätzen dargeboten.

Tourismusverein Dorf Tirol, Hauptstraße 31, 39019 Dorf Tirol, Tel. (04 73) 92 33 14, Mitte Apr.– Mai.

Hoch über Meran thront in einmaliger Lage Schloss Tirol (großes Bild). Eine erste Burganlage wurde schon vor dem Jahr 1100 errichtet, doch Bedeutung erhielt sie erst im 13. Jahrhundert durch den Landesherrn Graf Meinhard II. von Tirol-Görz. Bedeutend sind die Fresken der Burgkapelle, davor das Triumphkreuz (oben).

Die Namen Süd- und Nordtirol kennt fast jeder, ihren Ursprung dagegen fast niemand. Maßgeblich für die Benennung des späteren Landes war ein gleichnamiges Adelsgeschlecht. Nachdem im hohen Mittelalter die mächtigen Grafen von Hocheppan vom Kaiser entmachtet worden waren, traten die Grafen von Vinschgau ins Licht der Geschichte. Vor dem 11. Jahrhundert hatten diese in der Nähe von Dorf Tirol, der ältesten Siedlung im Land an der Etsch, ihren Herrensitz errichtet und Mitte des 12. Jahrhunderts auch den Namen Tirol angenommen. Im 13. Jahrhundert entstand unter Meinhard III. das Land Tirol, das sogleich eine Blütezeit erlebte. Meran, unterhalb der Burg gelegen, wurde Hauptstadt. 1420 fiel das Gebiet an das Haus Habsburg. Heute ist Schloss Tirol Sitz des Südtiroler Landesmuseums für Kultur- und Landesgeschichte und mit Dorf Tirol ein wahrer Besuchermagnet.

SEHENSWÜRDIGKEITEN: VINSCHGAU, BURGGRAFENAMT

Meran ist ein guter Ort zum Arbeiten, aber ein noch schönerer zum Bummeln – sei es durch die verträumte Altstadt mit ihrer Laubengasse (große Bilder), sei es in den Gärten von Schloss Trauttmansdorff, wo Blauweiderich, Mohnblumen und Armenischer Storchschnabel (oben und Bildleiste von links) blühen.

TIPP Santer Klause

In den stimmungsvollen Stuben der Alt-Meraner Gaststätte mundet die regionale Küche besonders gut. Vor allem die originellen Knödelgerichte werden gerühmt. Dazu serviert man – natürlich – regionale Weine.

Passeirergasse 36, 39012 Meran, Tel. (04 73) 23 40 86, Fr–Mi 11–23 Uhr, Feb. geschl.

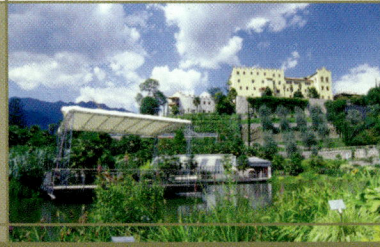

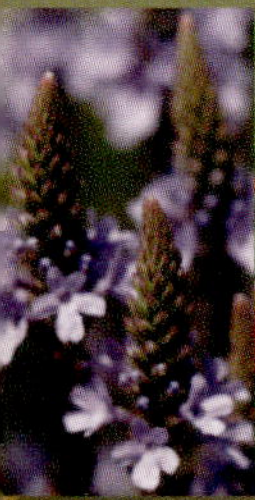

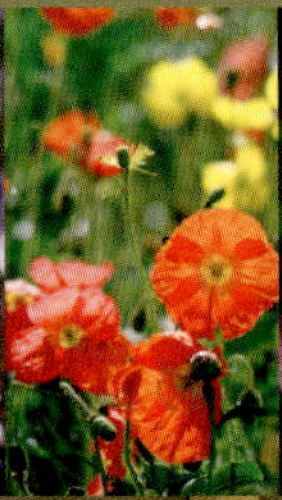

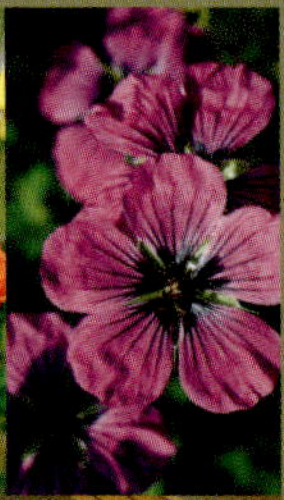

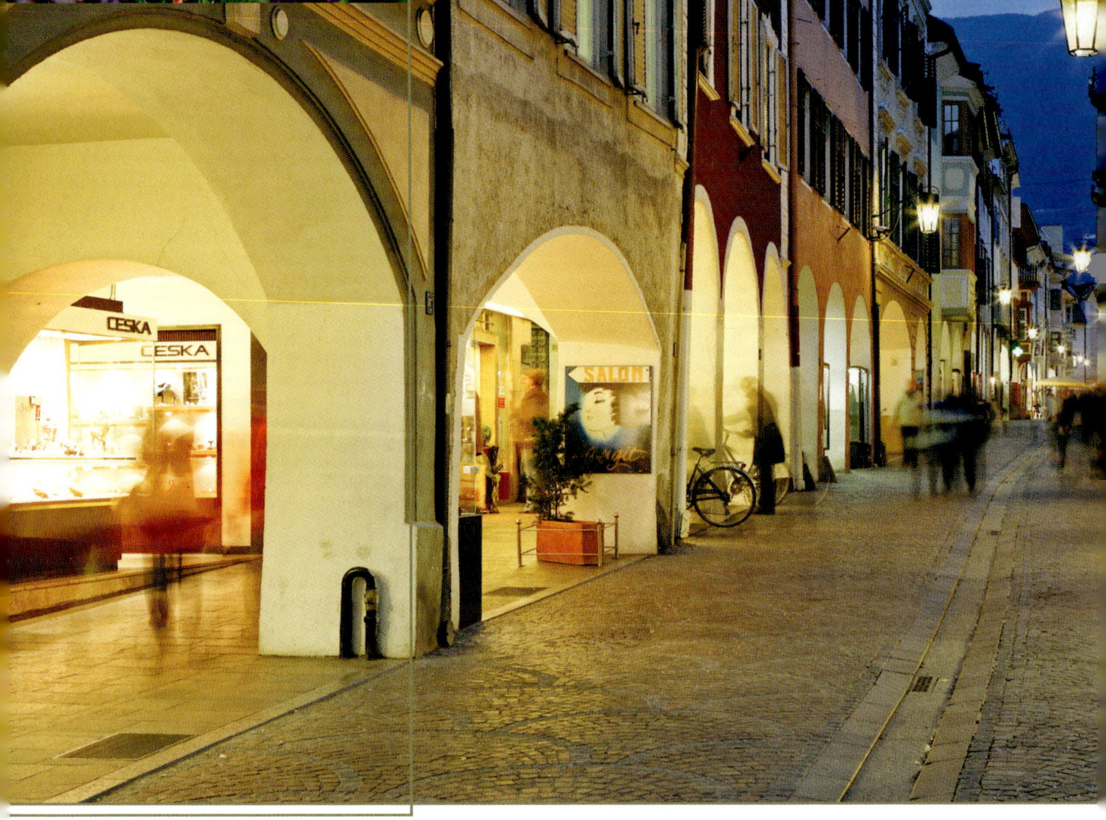

An der Pfarrkirche steht lebensgroß der heilige Nikolaus und deutet mit erhobenem Finger durchs Bozner Tor hinaus zur Passer, als wolle er sagen: »Bürger von Meran, passt auf ihre Fluten auf!« Die Schäden, die der Fluss einst verursacht hat, sind vergessen, seit flussaufwärts Staubecken die Wassermengen regulieren. Die eleganten Laubengeschäfte stammen aus der Zeit um 1420, als Meran Tirols Landeshauptstadt war, und lassen kaum ahnen, dass sich hier früher Kuhställe befanden. Entlang der Passer wird jetzt sorglos promeniert, in den nahen Geschäften gestöbert, im Kursaal getanzt und im Jugendstiltheater applaudiert. Ein mediterranes Klima verwöhnt die 37 000 Einwohner zählende Stadt, deren Vorzüge schon Persönlichkeiten wie Kaiserin Elisabeth genossen haben. »Sisi« residierte in Schloss Trauttmansdorff – inmitten des wunderbaren Botanischen Gartens. (s. S. 18, 73)

Mildes Klima, gute Luft und wohltuendes Kuren: In Meran gilt es zu tun, was hier schon Kaiserin Elisabeth (»Sisi«) zu tun pflegte: die Passerpromenaden entlangspazieren (großes Bild), die schönen Thermalbäder genießen, entspannen, den Gaumen verwöhnen und im Kurhaus (unten links) einzigartiges Flair erleben.

MERAN – KUREN UND PROMENIEREN

Ist kein Thermalwasser da, dann wird eben danach gebohrt, so tief und kostspielig wie nur eben nötig, und wenn es bis zur Magma reichen sollte. Schließlich ist Geld für Südtirols Verwaltung kein Problem, und das heilende Wasser für die Kurstadt Meran ein Muss. Das Kuren begann hier, aufgrund der Empfehlung eines Habsburger Leibarztes, bereits im Jahr 1837. Und nicht um irgendein Wasser ging es hier von Anfang an. Denn Trinkkuren waren in Meran anders: Molke und Trauben, vor allem aber das milde Etschtalwetter vermittelten damals adligem Körper und Geist ein wahres Wohlempfinden. Man reiste, seit 1850, mit der Bahn an. Gefragt waren Licht-, Luft- und Dampfbäder, Diät- und Mineralwasserkuren, Massage und Heilgymnastik, Inhalations- und pneumatische Therapien. Am wichtigsten wurden (und sind nach wie vor) sogenannte Terrainkuren, die bei Herzkrankheiten und Gelenkbeschwerden Anwendung finden – z. B. Wandern. Auf den vielen Spazierwegen und Promenaden zeigte sich immer mehr großstädtisches Kurpublikum, unter ihnen Dichter wie Rainer Maria Rilke, Franz Kafka und Stefan Zweig. In prächtigen Hanggärten und, je nach Vorliebe, an schattigen oder auch sonnigen Flussufern entlang promenieren täglich Hunderte von Erholung Suchenden. Sie bewundern dabei die mediterranen Pflanzen, die in Meran so üppig wachsen und unbeschadet die Wintermonate überdauern.

TIPP Thurnerhof

Die Ortschaft Schenna (unten rechts) wird vor allem ihres herrlich gelegenen Schlosses wegen (oben) gerühmt. Weit weniger frequentiert ist die Kirche St. Georg im Ortsteil St. Georgen. Dieser Rundbau war früher Kapelle der Burg Alt-Schenna. Großes Bild: die gut erhaltenen Fresken aus dem 14. Jahrhundert.

In einem der schönsten, ältesten und am besten erhaltenen Bauernhöfe Schennas hat sich ein Wirtshaus mit schattigem Garten eingerichtet. Es wird Bodenständiges aus der Tiroler Küche serviert.
Verdinser Str. 26, 39017 Schenna, Tel. (04 73) 94 57 02, Di–So 10–24 Uhr.

Auf dem vorgeschobenen Rücken des Burggrafenamts lebt es sich vorzüglich. Ein weiter Blick über das Etschtal lädt zum Träumen ein. Passeirer und Vinschger Wind hielten auch früher schon die Mücken der Talbodensümpfe fern und sorgen im Sommer auch heute für angenehme Luft. In dieser einmaligen Landschaft schmiegen Dorf und Schloss Tirol sich an die Südhänge der Texelgruppe, östlich des Flusses Passer finden Dorf und Schloss Schenna Halt an den Gebirgsausläufern von Ifinger und Hirzer. Besitzer von Schloss Schenna sind die Grafen von Meran, Nachkommen vom Habsburger-Erzherzog Johann (1782–1859), der im nahen Mausoleum beigesetzt ist. Die zahlreichen Besucher des Schlosses erfahren dort alles über den weitverzweigten Stammbaum des Adelsgeschlechts und können eine spannende Ausstellung über Tirols Freiheitsheld Andreas Hofer (1767–1810) bestaunen.

Am katholischen Glauben führt in Südtirol kein Weg vorbei. An mit Geranien geschmückten Bauernhäuser prangen allenthalben Kruzifixe (großes Bild), allerlei Kapellen stehen an Wegkreuzungen, und jeder Weiler hat sein Kirchlein (Bild oben: St. Johann im Wansertal).

INFO Kummersee Rundweg

Der Rundweg um den sagenumwobenen Kummersee im Hinterpasseier ist Naturerlebnis und Geschichtsunterricht in einem. An acht Raststationen wird Tiroler Historie vermittelt. Die ca. 3,5-stündige Tour beginnt im Ort Moos beim Gasthaus Lanthaler. *Info: Tourismusverein, Tel. (04 73) 65 61 88*

Das Jahr 1810 ist das Todesjahr des Tiroler Freiheitshelden schlechthin. Andreas Hofer, als bärtiger Kämpfer im Gedächtnis geblieben, war Gastwirt und stammte vom heute noch bewirtschafteten Sandhof im Passeiertal zwischen Sarntaler Alpen und Texelgruppe. Mehrmals befehligte er erfolgreich die Bauernschützen gegen die einfallenden Heere der Franzosen und Bayern zu napoleonischer Zeit. Als Tirols Kurzzeitregent mit Sitz in Innsbruck verbot der konservative Hofer den Frauen die Zurschaustellung unbedeckter Haut und setzte Sittenwächter zur Kontrolle ein. Entmachtet und verfolgt, versteckte er sich auf der heimischen Pfandler Alm, bis er aufgrund von Verrat verhaftet und dann zur Erschießung nach Mantua gebracht wurde. Sein Heimattal hat außer einer großen Erinnerung eine wunderschöne Landschaft zu bieten, die bis zu den alten Bergstollen der Stubaier Alpen reicht.

SEHENSWÜRDIGKEITEN: VINSCHGAU, BURGGRAFENAMT

Über 400 historische Burgen und Schlösser zählt Südtirol, die meisten finden sich im Etschtal und im Dreieck der Gemeinden Lana, Tisens und Prissian. Im Bild: Schloss Lebenberg (oben), die Leonburg und die Wehrburg in Prissian (kleine Bilder von oben).

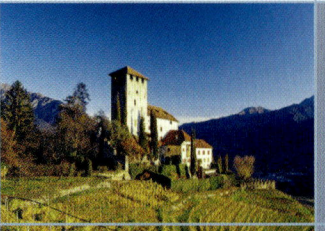

INFO Freilichtspiele Lana

Seit fast 20 Jahren zeigt der engagierte Kulturverein von Lana immer im Juli und August volkstümliches Autorentheater in stets wechselnden Kulissen. Ein Rahmenprogramm aus Konzerten, Kabarett und Kunst rundet das feine kleine Festival ab.

Kartenreservierung: Tel. (349) 739 66 09, www.freilichtspielelana.eu

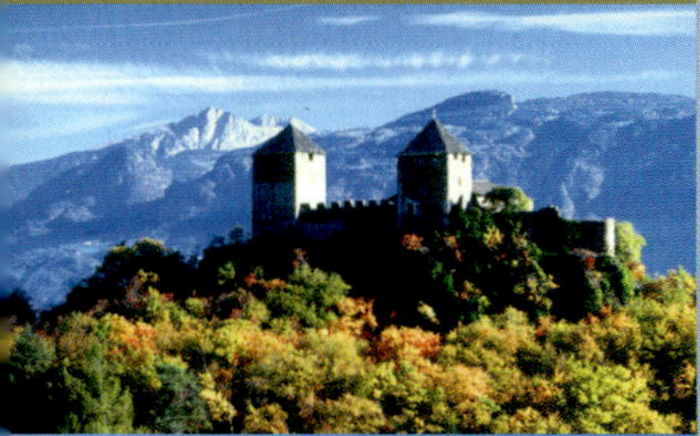

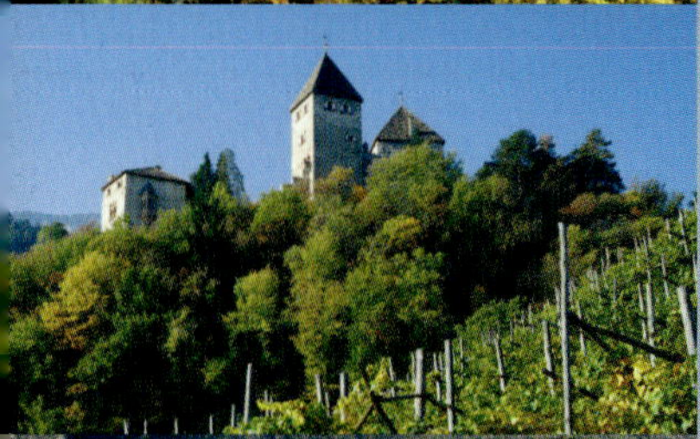

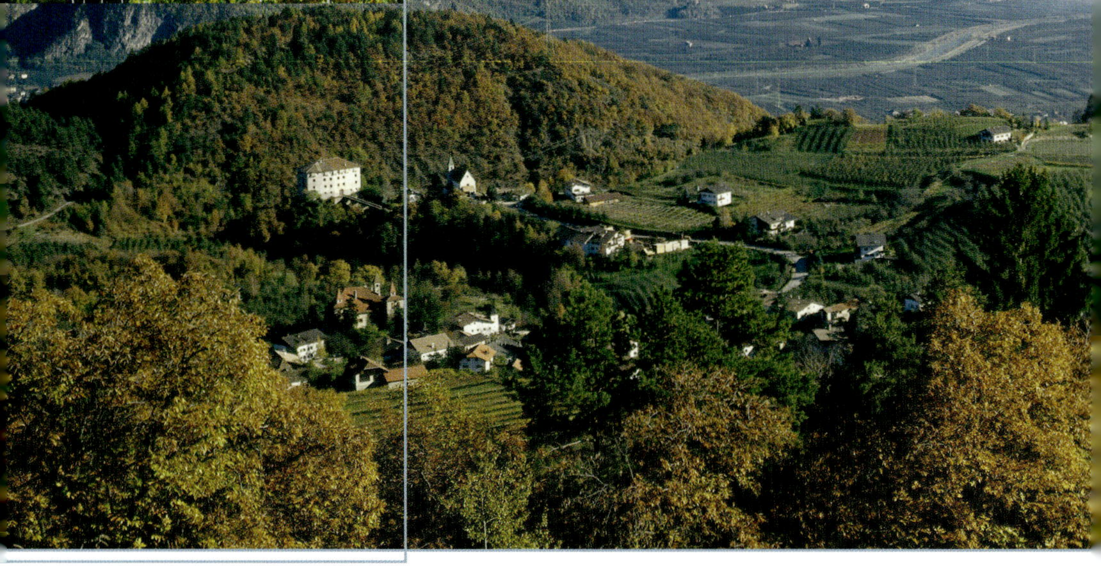

LANA, SCHLOSS LEBENBERG 18
TISENS, PRISSIAN 19

Von 100 Südtiroler Äpfeln reifen zehn in Lana. Hier, in den Etschauen, die im Wesentlichen beim Bau der Bahnlinie Bozen–Meran um 1850 trockengelegt wurden, gedeihen die Bäume prächtig. Daher ist es kein Wunder, dass sich Südtirols Obstanbaumuseum mit Dauerausstellung zum Wandel des Etschtals im Ort befindet. Den besten Blick über das heutige Tal bietet die Fahrt über den Gampenpass. In der von oben klein wirkenden Pfarrkirche von Niederlana hat Hans Schnatterpeck 1503 den größten gotischen Flügelaltar Tirols geschaffen. Weiter oben streift die Panoramastraße die Rebanlagen und Kastanienwälder von Tisens und Prissian, wo im Herbst zum Törggelen gerufen wird. Und noch weiter nördlich thronen am selben Hang oberhalb von Lana und Marling die Fragsburg sowie das Schloss Lebenberg, eine imposante mittelalterliche Anlage mit Baubeginn im 13. Jahrhundert.

SEHENSWÜRDIGKEITEN: VINSCHGAU, BURGGRAFENAMT

Wo das Ultental nach 40 Kilometern bei der rund 1500 Meter hoch gelegenen Ortschaft St. Gertraud in die Ortlergruppe übergeht, herrscht Beschaulichkeit (oben). Weiden und Wälder bieten ein ideales Gelände für die Haflinger-Pferde, die ihren Namen dem Gebirgsdorf Hafling verdanken (großes Bild).

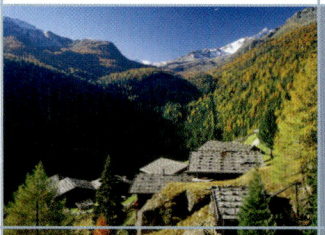

INFO Ultner Höfeweg

Eine Wanderung mit volkskundlichen Eindrücken und gemütlichen Pausen führt in fünf Stunden von Kuppelwies nach St. Gertraud und zurück. An der Strecke liegen Schänken und historische Gehöfte. Auf dem Rückweg passiert man die berühmten Urlärchen.

Tourismus Ultental,
Tel. (04 73) 79 53 87

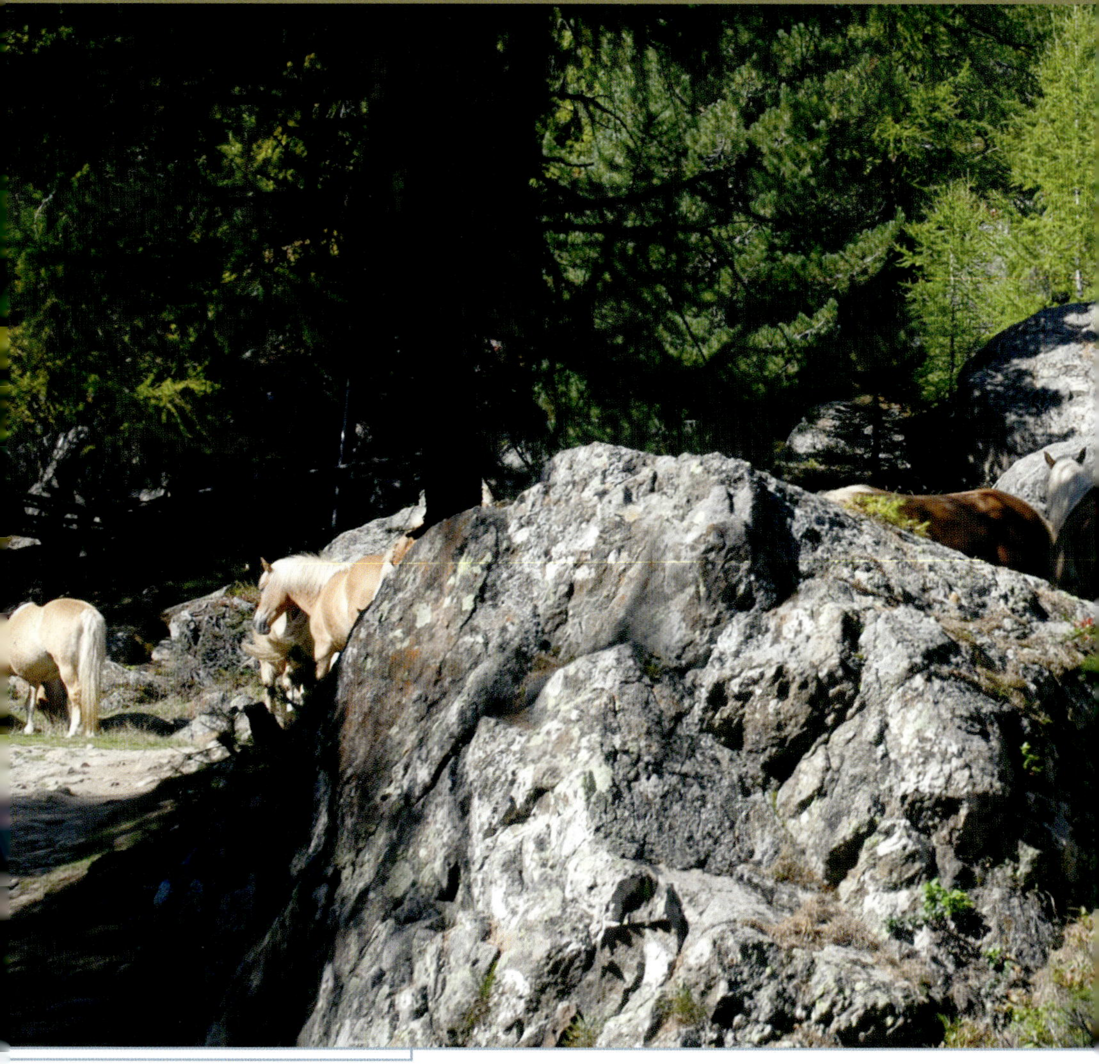

Einem ersten Blick vom Tal aus präsentieren sich endlose Wälder, Wiesen und hochalpine Almen, die bis tief ins Herz der Ortlergruppe reichen. Zauberhafte Weiler, von denen sich St. Gertraud am Talschluss als besonders urig hervortut, funkelnde Seen und ein Skigebiet bietet Ulten dem Besucher. Tiefer im Wald versteckt aber schlummern wahrhaftige, ganz besondere Perlen: knorrige Urlärchen am Talschluss, die mit rund 850 Jahren zu den ältesten Bäumen der Alpen zählen. Bei St. Pankraz schmiegt sich unten am Bach ein altes Bauernhaus an einen großen Felsbrocken. Der restliche Hofbestand fiel im Jahr 1882 einer gewaltigen Überschwemmung zum Opfer. St. Walburg weist eine herausragende archäologische Fundstelle aus der La-Tène-Zeit, ein halbes Jahrtausend vor Christus, auf. Und hinter den Bergen, um Proveis, Laurein und St. Felix, liegt höchst idyllisch der Deutschnonsberg.

Algund-Vellau

❌ **Oberlechner**
Vellau liegt auf einer Terrasse am Steilhang bei Meran. Vor dem gastlichen Haus genießt man, vor Wind geschützt, einen wunderbaren Blick auf die Stadt tief im Tal. Auf der Speisekarte steht gediegene Hausmannskost.
Vellau 7, Tel. (04 73) 44 83 50.

Cavalese

📷 **Banco della Rason**
Unter den tausendjährigen Linden im Tal von Cavalese steht der »Tisch der Weisheit« samt steinerner Rundbank mit einem ehrwürdigen Alter von 1400 Jahren. Auf dieser Thingstätte wurde einst nach jahrhundertealter Tradition alljährlich die Versammlung des Gemeinderats abgehalten. Auch der Pranger prangte an dieser Stelle.
Via Conti Firmian.

📷 **Cavalese West**
Der Wilde Westen kommt nach Cavalese im Fleimstal! Country-Musik, typisches US-Essen, Sänger und Tänzer bilden den zünftigen Rahmen zu spannenden Wettbewerben im Westernreiten.
Tel. (04 62) 34 14 19,
www.visitfiemme.it

Dorf Tirol

🏛 **Schloss Tirol – Museum für Kultur- und Landesgeschichte**
Auf der Stammburg der Grafen von Tirol, die in dominierender Position am Berghang hoch über Meran thront, führt dieses Museum in die wichtigsten Themen vor allem der mittelalterlichen Geschichte der alten Kulturregion ein.

Schlossweg 24,
Tel. (04 73) 22 02 21,
www.schlosstirol.it, Mitte März–Mitte Nov. Di–So 10–17, Aug. 10–18 Uhr.

📷 **Greifvogelstation**
Im Pflegezentrum direkt am Burghügel kümmert man sich mit Sachverstand und viel Liebe um verletzte Vögel. Mehr als 20 Volieren auf dem Areal geben einen Einblick in die hiesige Vogelfauna, ein Lehrpfad liefert zusätzlich Informationen zur Pflanzenwelt der Region. Sehr beeindruckend für Jung und Alt sind vor allem die spannenden Flugvorführungen mit Greifvögeln – vom Adler bis zum Bussard.
Tel. (04 73) 22 15 00,
www.gufyland.com, April bis Nov. Di–So 10.30–17 Uhr, im Winter tgl. 13.30–16.30 Uhr, Flugvorführungen: Sommer tgl. 11.15, 15.15 Uhr, Winter nur So 15 Uhr.

Hafling

ℹ️ **Tourismusverein Hafling**
Saftige Almen, Lärchen- und Fichtenwälder säumen den schönen Ort und laden zu erlebnisreichen Wandertouren ein. Weltberühmt indes wurde das Dorf am östlichen Rand des Meraner Talkessels durch die legendäre Pferderasse, der es den Namen gab. Die gutmütigen und zähen Haflinger mit ihren blonden Mähnen werden in ganz Südtirol als Reitpferde wie auch in der Forstwirtschaft eingesetzt. Von der Hauptstraße führt ein Sträßlein zur Kirche St. Kathrein, dem Wahrzeichen des Ortes, von dem aus sich ein herrlicher Blick nach Meran hinunter bietet.

St.-Kathrein-Str. 2b,
Tel. (04 73) 27 94 57,
www.hafling.com

🛏 **Residence Hotel Meran 2000**
Hier verschmelzen Komfort und Service eines First-Class-Hotels mit den Vorzügen einer gemütlichen Ferienwohnung. Das »Natural Anti Aging Programm« des Hauses bildet einen entsprechenden Rahmen, was ein gestresster Körper zu schätzen weiß, wenn er wieder ins Lot kommen will.
Falzebenstr. 225,
Tel. (04 73) 37 80 70,
www.residence-meran2000.com

Kastelbell-Tschars

🏛 **Messner Mountain Museum Juval**
Auf dem Schlosshügel von Juval am Eingang des Schnalstals hat Reinhold Messner das Renaissanceschloss Juval restauriert und umgebaut. Präsentiert werden eine Tibetika- und Maskensammlung sowie allerlei aufregende Bergbilder. Nur mit Führung.
Tel. (04 71) 63 12 64,
www. messner-mountain-museum.it, Palmsonntag bis 30. Juni, 1. Sept.–Anf. Nov. Do–Di 10–16 Uhr.

Kurzras/Schnals

📷 **Schnalstaler Gletscherbahn**
Die Gletscherbahn ist keineswegs nur bei Skifahrern – angesichts der guten Sommerskibedingungen der Gegend – beliebt. Immerhin geht es am Drahtseil stracks auf 3212 Meter hinauf, mitten hinein in eine faszinierende Gletscherwelt, worin, ganz in der Nähe, der »Ötzi« gefunden wurde.

Tel. (04 73) 66 21 71,
www.schnalstal.com

Laas-Eyrs

♻️ **OVEG – Obervinschgauer Erzeuger-Genossenschaft**
Die Höhenlagen des Obervinschgaus kommen nicht zuletzt dem Gemüseanbau zugute: Von der Qualität der Sorten kann man sich bei der Obervinschgauer Erzeuger-Genossenschaft überzeugen.
Moosburg 52,
Tel. (04 73) 73 99 32,
www.vip.coop/oveg

Lana

🏛 **Südtiroler Obstbaumuseum**
Das Museum ist auf dem mittelalterlichen Ansitz Larchgut, unweit der Pfarrkirche, untergebracht. Auf rund 2000 Quadratmeter Fläche wird alles Wissenswerte rund um den Obst- und Weinanbau in dieser Region gezeigt, wobei ein Themenschwerpunkt der Apfel ist. Neben Informationen über Sorten, Bewässerungssysteme und Geräte bietet die Ausstellung auch Einblicke in die Geschichte.
Brandis-Waalweg 4,
Tel. (04 73) 56 43 87,
www.obstbaumuseum.it, Ostern–Ende Okt. Di–Sa 10–12 und 14–17, So 14–18 Uhr.

Mals

🏅 **Sportwell**
Der Name sagt's schon: Nicht nur Wellness, auch Sport wird hier großgeschrieben. Die nahe Sportschule ist die Kaderschmiede von Italiens Wintersportlern, doch werden hier auch Leichtathletikwett-

Burgähnliche Villa am Ufer des Reschensees; in Moos in Passeier steht das Hotel Stullerhof; Meran: Außenbecken der Therme, daneben das neugotische Schloss Trauttmansdorff (von links).

Die hier aufgeführten Expertentipps ergänzen die auf den Seiten 34 bis 71 beschriebenen Sehenswürdigkeiten.

kämpfe ausgetragen. Ferner im rundum attraktiven Angebot: Hallenbad, Freibad, Rutschen, Saunaland und Solarium, aber auch Kegelbahnen, eine Tennishalle sowie Sportplätze.
Glurnser Str. 7,
www.sportwell.it

🌲 Sennerei Burgeis
Die Sennerei in der Ortsmitte wird von den Vinschger Bauern beliefert. Artgerechte Tierhaltung kennzeichnet deren Arbeit ebenso wie der Verzicht auf Silofutter. Für hohe Qualität hiesiger Molkereiprodukte sorgen die gehaltvollen Kräuter der Bergwiesen dieser Gegend. Ein Renner ist der Stilfser Käse.
Burgeis 77,
Tel. (04 73) 83 12 20,
www.sennereiburgeis.it

🌲 Bäckerei-Konditorei Schuster
Die Palabirne ist eine Vinschger Sorte von intensivem Aroma, Bäcker und Schnapsbrenner gleichermaßen schätzen ihren Geschmack. Für das Palabirnbrot werden die saftigen Früchte in Spalten geschnitten, gedörrt und als getrocknete »Birn-Schnitz« in den Brotteig gemengt. Die Bäckerei Schuster erhielt für ihr Palabirnbrot bereits Auszeichnungen.
Laatsch 139,
Tel. (04 73) 83 13 40.

Martell

ℹ️ Tourismusverein Latsch-Martell
Hoch oberhalb des 1312 Meter hohen Talbodens, etwas abseits der Hauptstraße, breitet sich auf dem Sonnenhang der Hauptort der Talgemeinde aus. Die Dorfkirche St. Walpurg stammt in den Ursprün-

gen aus dem 13. Jahrhundert. Im Naturparkhaus zeigt eine Ausstellung, wie hart das Leben der Bergbauern einmal war. Heute verführt die Bergwelt zum Wandern. Einen Abstecher lohnt der Stallwieser, einer der am höchsten gelegenen Höfe von Südtirol (1950 m); mit Gaststätte.
Latsch, Hauptstr. 38a,
Tel. (04 73) 73 70 30 oder 62 31 09, www.latsch-martell.it

🌲 MEG – Marteller Erzeugergenossenschaft
Das Martelltal ist bekannt für seine Bergerdbeeren, die auf einer Höhe von immerhin 900 bis 1800 Metern unvergleichliche Aromen entwickeln.
Ennewasser 249,
Tel. (04 73) 74 47 00.

Meran

ℹ️ Stadtgemeinde Meran
Die zweitgrößte Stadt Südtirols liegt wunderschön in einem Talbecken. Stattliche Bürgerhäuser mit Laubengängen und Kuranlagen prägen das heutige Ortsbild.
Lauben 192,
Tel. (04 73) 25 01 11,
www.gemeinde.meran.bz.it

🏛️ Schloss Trauttmansdorff und Touriseum
Ein Muss im Meraner Raum sind die Gärten von Schloss Trauttmansdorff. Man kann Pflanzen aus aller Welt bestaunen; Spazierwege schlängeln sich durch die blühende Anlage. Im Schloss selbst erzählt das Museum für Tourismus höchst unterhaltsam Geschichtliches und Geschichtliches zum Thema Fremdenverkehrstradition in Tirol.
St.-Valentin-Str. 51a,
Tel. (04 73) 23 57 30,

www.trauttmansdorff.it,
Ostern–15. Nov. 9–18 Uhr
(im Sommer bis 21 Uhr).

🏇 Haflinger Galopprennen
Die Wettkampfsaison beginnt mit den Rennen der Haflingerpferde am Ostermontag. Am Vormittag vor dem Spektakel traben Ross und Reiter, Letztere farbenfroh gewandet, durch Meran.
Kurverwaltung,
Freiheitsstr. 45,
Tel. (04 73) 27 20 00,
www.meran.eu

🏇 Tappeinerweg
Der reizvolle, manch herrliche Aussicht bietende Spazierweg beginnt beim altehrwürdigen Steinernen Steg, führt weiter zum Pulverturm, schlängelt sich am Küchelberg entlang und endet an der Talstation des Küchelberg-Sessellifts.
Kurverwaltung,
Freiheitsstr. 45,
Tel. (04 73) 27 20 00,
www.meraninfo.it

🌲 Therme Meran
Vom Herzstück der Thermenanlage, einem riesigen gläsernen Kubus, richtet sich der Blick auf die ganze imposante, im Winter schneebedeckten Bergwelt. Der Kurbetrieb wird mit radonhaltigem Wasser aus den nahen Bergen gespeist; Fitness-, Spa- und Vital-Center sorgen für wahres Wohlbefinden.
Thermenplatz 6,
Tel. (04 73) 25 20 00, www.thermemeran.it, Pools: 9–22 Uhr, Außenpools: Mai–Sept. 9–20 Uhr, Sauna: Mo–Fr 13 bis 22, Sa und So 9–22 Uhr.

🛏️ Villa Tivoli
In diesem Haus aus der altösterreichischen Glanzzeit Me-

rans, am westlichen Stadtrand unterhalb der Flanierpromenade Tappeinerweg gelegen, gibt es stilvolle Zimmer und Suiten. Dazu gehören ein großes Freibad (Felsenlagune) und der schöne Garten mit seiner mediterranen Flora.
Verdistr. 72,
Tel. (04 73) 440 62 82,
www.villativoli.it

Mölten

🌲 Sektkellerei Arunda
Hier, in 1200 Meter Höhe, reifen in den weitläufigen Kellern eines ausgebauten Bauernhauses nach traditionellen französischen Methoden erlesene Weißweine aus der Terlaner, der Überetscher und der Salurner Gegend zu Arundasekt von einer hervorragenden Qualität heran.
Dorfstr. 53,
Tel. (04 71) 66 80 33,
www.arundavivaldi.it

Moos in Passeier

ℹ️ Tourismusverein Passeiertal
Der ruhige Ferienort mit seiner gotischen Kirche aus dem 15. Jahrhundert liegt rund 1000 Meter hoch im Talgrund im Hinterpasseier und ist ein guter Ausgangspunkt für verschiedene Touren und Ausflüge. Zwischen Moos und Platt stürzt der Stieber Wasserfall in mehreren Kaskaden in eine tiefe Schlucht. Das Pfelderer Tal, das sich in südwestlicher Richtung erstreckt, wird von gewaltigen Bergen umgeben und ist ein beliebtes Wander- und Skigebiet. Gern wird vom Passeiertal aus die Bergwelt der Texelgruppe erkundet.
St. Leonhard, Passeirer Str. 40, Tel. (04 73) 65 61 88,
www.passeiertal.it

🛏 Hotel Stullerhof

Der Stullerhof liegt in markanter Steillage über Moos in Hinterpasseier. Wanderer werden nicht nur mit gutem Essen versorgt, sie können hier auch gut übernachten.
Stuls 2a, Tel. (04 73)64 95 43,
www.stullerhof.it

Naturns

🏛 Prokuluskirche und Museum

Im Kirchlein am Ortsrand von Naturns finden sich die ältesten mittelalterlichen Fresken im deutschsprachigen Raum. Die berühmten Kunstwerke stammen aus dem 7. Jahrhundert, also noch aus vorkarolingischer Zeit. Gleich nebenan macht ein unterirdisches modernes Museum mit 1500 Jahren Historie der hier ansässigen Menschen vertraut.
Tel. (04 73) 66 73 12 (Kirche),
Tel. (04 73) 67 31 39 (Museum), www.prokulus.org,
April–Nov. Mo–So 9.30–12,
14.30–17.30 Uhr.

🏊 Erlebnisbad Naturns

Die Badelandschaft trägt den Namen Erlebnisbad zu Recht: zwei Riesenrutschen im Frei- und Hallenbad, Strömungskanal, Solebecken, Whirlpool, Kinderspielbereich, mehrere Saunen, eine Tropenregen-Nebeldusche, Massagen, Solarium – was will man mehr!
Feldweg 5,
Tel. (04 73) 66 80 36,
www.erlebnisbad.it

🏊 Moser

Seit 1974 steht die Firma Moser für Speck, Kaminwurzen und andere Südtiroler Spezialitäten von bester Qualität.
Stein 17,
Tel. (04 73) 67 10 00,
www.moser.it,

Mo–Fr 8–12.30,
13.30–18 Uhr.

🏊 Vinschger Bauernladen

Engagierte Bauern aus dem Vinschgau haben sich in einer Genossenschaft zusammengeschlossen – und sie bieten hier eine große Bandbreite bester Naturprodukte an. Für alle qualitätsbewussten Konsumenten ein Muss!
Juval, Hauptstr. 78,
Tel. (04 73) 66 77 23,
www.bauernladen.it

Partschins

ℹ Tourismusverein Partschins, Rabland und Töll

Oberhalb einer Schlucht liegt auf einer Anhöhe Partschins, ein Dorf, auf dessen vor Wind geschützten Südlagen Obst und Wein gut gedeihen. Das Ortszentrum bilden die spätgotische Pfarrkirche St. Peter und Paul und einige sie harmonisch umgebende Häuser. Nahebei macht das Schreibmaschinenmuseum mit der Geschichte mechanischer Bürogeräts vertraut und erinnert an den in Partschins geborenen Erfinder Peter Mitterhofer (1822–1893), der maßgeblich und bahnbrechend in diesem Technikfeld tätig war. Weitere Attraktionen des Ortes sind z. B. die Stachlburg mit massigem Wehrturm als einstiger Sitz der Ortsherren sowie der mächtige, fast 100 Meter hohe Wasserfall zum Eingang des Zieltals.
Spaureggstr. 10,
Tel. (04 73) 96 71 57,
www.partschins.com

🛏 Onkel Taa

Die Museumsstube von Onkel Taa steht als echte Rarität für

sich. Bilder, Fotos und Erinnerungsstücke füllen die Wände. Der Chef des Hauses, Karl Platino, betreibt auch ein Restaurant – seine Süßspeisen vor allem sind verlockend.
Töll, Bahnhofstr. 17,
Tel. (04 73) 96 73 42.

🛏 Hanswirt

Wer das Gebäude sieht, denkt zunächst, es handele sich um einen klassischen Gasthof. Jedoch zeigt sich im Innern eine gelungene Kombination aus Tradition und Moderne. Einige Zimmer und Suiten sind nach Feng-Shui-Richtlinien ausgestattet. In manchen stehen gar Himmelbetten, doch ausnahmslos verfügt jeder Raum über eine moderne technische Einrichtung. Entspannung für Körper und Geist findet man im Wellnessbereich mit Freibad, Whirlpool, Sauna und anderem. Und für das leibliche Wohl sorgt das gepflegte Restaurant mit regionaler und mediterraner Küche.
Geroldplatz 3,
Tel. (04 73) 96 71 48,
www.hanswirt.com

Prad am Stilfser Joch

ℹ Tourismusverein Ortlergebiet

Die Marktgemeinde am Rande des Nationalparks Stilfser Joch liegt im Schatten majestätischer, fast 4000 Meter hoher Berge. Im Naturparkhaus Aquaprad kann man – vor 14 Aquarien – geradezu in den Lebensraum der hier heimischen Wasserwelt eintauchen und viel über die wunderschöne und zu schützende Naturlandschaft erfahren. Am Ortsrand ist die romanische Kirche St. Johann sehenswert; sie stammt ebenso aus dem

13. Jahrhundert wie die Ruine der einst so mächtigen Burg Lichtenberg. St. Georg, die ehemalige Pfarrkirche des Ortes, steht im nicht weit entfernten Agums und geht auf das 14. Jahrhundert zurück.
Sulden, Hauptstr. 72,
Tel. (04 73) 61 30 15,
www.ortlergebiet.it

Prad/Lichtenberg

✕ Weisses Rössl

Holzgetäfelte Gaststuben, alte Gewölbe und raffiniert verwendete moderne Elemente kennzeichnen neben der kreativen Küche dieses sehr angenehme Lokal.
Marktweg 8,
Tel. (04 73) 61 82 84,
www.weisses-roessl.it

St. Felix

ℹ Tourismusverein Nonsberg

Eigentlich ist der Nonsberg ein Hochtal, dessen Hauptort im Talgrund (1225 m) abseits der großen Verkehrsrouten liegt und kaum von Touristen besucht wird – doch gerade das macht ihn für nach Ruhe und Entspannung Suchende interessant. Die im 18. Jahrhundert erbaute Kurtialkirche wird von Bauernhöfen an den umliegenden Hängen umrahmt. Ein leicht ansteigender Wanderweg führt von hier zum idyllischen Tretsee.
Laurein, Tel. (04 73) 53 00 88,
www.ultental-
deutschnonsberg.info

St. Martin in Passeier

🏊 Sport- & Wellnessresort Quellenhof

Ein wahres Dorado für Körper, Geist und Seele, in schönste

Schroff im Abendrot: die Felswände der Brentagruppe; Oase in Partschins: Hotel Hanswirt; die Gotische Stube im Gasthof Weisses Rössl in Lichtenberg; naturnahes Domizil: das Hotel Lamm in Taufers im Münstertal (von links).

VINSCHGAU, BURGGRAFENAMT

Die hier aufgeführten Expertentipps ergänzen die auf den Seiten 34 bis 71 beschriebenen Sehenswürdigkeiten.

Natur eingebettet, eine riesige Urlaubsoase! Allein die Beauty- und Wellnessanlage im Quellenhof erstreckt sich über 5000 Quadratmeter Fläche. Tennisplätze und eine Golf Driving Range ergänzen das reichhaltige und vielfältige Freizeitangebot.
Tel. (04 73) 64 54 74,
www.quellenhof.it

St. Pankraz

🛈 **Tourismusverein Ultental/Proveis**
Im Hauptort des Ultentals lohnt der Besuch der Pfarrkirche mit ihrer gotischen bzw. neugotischen Ausstattung. Der Sage nach haben hier und in benachbarten Dörfern einst so viele böse Geister und Teufel ihr Unwesen getrieben, dass die Orte unter die Obhut jener Heiligen gestellt werden mussten, denen die heutigen Dörfer schließlich ihren Namen verdanken.
St. Walburg, Hauptstr. 104,
Tel. (04 73) 79 53 87,
www.ultental.it

Schenna

🔱 **Südtirol Classic**
Jedes Jahr im Sommer treffen sich hier auf dem Raiffeisenplatz Oldtimerbegeisterte aus ganz Europa mit ihren Fahrzeugen, um eine gemütliche Rallye abzuhalten. Auf dem Programm stehen mehrere Etappen, so etwa eine Tour durchs Meraner Land sowie eine Dolomitenrundfahrt. Natürlich werden unterwegs immer wieder Pausen eingelegt, um gemütlich und gepflegt einzukehren.
Südtirol Classic Club,
Tel. (04 73) 94 56 69,
www.suedtirolclassic.com,
Anf. Juli.

Schlanders

🛏 **Vier Jahreszeiten**
Harmonisches Ambiente von moderner und rustikaler Eleganz. Die weitläufige Palmen- und Gartenlandschaft schafft eine Insel mediterranen Lebensgefühls; bei diesem Mitgliedsbetrieb der »Chaîne des Rôtisseurs« sind auch Gourmets gut aufgehoben.
Andreas-Hofer-Str. 8,
Tel. (04 73) 62 14 00,
www.vierjahreszeiten.it

Schluderns

🏛 **Churburg**
Im oberen Vinschgau grüßt hoch über Schluderns die zinnengekrönte Churburg. Von den Bischöfen von Chur im 1253 erbaut, gehört sie seit 1504 den Grafen von Trapp. Durch den im 16. Jahrhundert erfolgten Umbau erhielt sie ihr Renaissancegepräge. Berühmt sind die Loggia im ersten Stock sowie die Rüstungssammlung. Nur mit Führung.
Tel. (04 73) 61 52 41,
www.churburg.com,
Mitte März–31. Okt.

Sella

🔱 **Sella Ronda Bike Day**
Mitte Juli sind die vier Dolomitenpässe Sella- und Grödnerjoch, Pordoi- und Campolongopass rund um das Sella-Massiv für den ambitionierten Radfahrer reserviert. Gestartet wird gleichzeitig an vier verschiedenen Orten jener drei Provinzen, die Anteil an diesen Tälern haben, nämlich Gröden, Hochabtei, Arabba und Canazei.
Tourismusverband Gröden,
Tel. (04 71) 77 77 77,
www.valgardena.it

Sexten

🔱 **Naturpark Sextener Dolomiten**
Dieser Naturpark bietet eine Mischung mehrererlei Naturformen, wie Dolomitwände, Schuttkare oder verträumte Lärchenwiesen. Das Wiesental des Fischleinbodens umrahmt die berühmte Sextener Sonnenuhr. Bester Aussichtspunkt ist der per Seilbahn erreichbare Helm (2433 m).
Tourismusverein,
Dolomitenstr. 45,
Tel. (04 74) 71 03 10,
www.sexten.it

Sulden

🛈 **Tourismusverein Ortlergebiet**
Am Ende des Suldentals gelangt man in einen der wichtigsten Wintersportorte der Region. Im Sommer ist der Ort mit Blick auf den Ortler Ausgangspunkt für anspruchsvolle Bergtouren. Bergsteigerlegende Reinhold Messner besitzt hier zwei Museen, nämlich das Alpine Curiosa und das Museum MMM Ortles, gleich neben seiner Schenke »Yak & Yeti«. In der Grundschule des Ortes gibt das Museum für das Ortlergebiet Einblick in die Vergangenheit des Gebirgsdorfe.
Hauptstr. 72,
Tel. (04 73) 61 30 15,
www.ortlergebiet.it

✕ **Yak & Yeti**
Dieser prächtige alte Hof überrascht seine Gäste, wie es der Name schon erahnen lässt. Die Bauernstuben sind mit allerlei tibetanischen Utensilien ausgeschmückt, und die Speisekarte hat neben regionalen Gerichten eine weitere Überraschung parat: nämlich Yakfleisch. Die Ausrichtung und der Stil des

Hauses lassen keinen Zweifel: Hier hat Reinhold Messner seine Hand im Spiel!
Sulden 55,
Tel. (04 73) 61 32 66,
tgl. Mi–Mo 11–23 Uhr.

Taufers im Münstertal

🛏 **Hotel Lamm**
Abgeschieden, an der Grenze zur Schweiz, liegt das vom einfachen Dorfgasthaus zu einem komfortablen Wellnesstempel umgebaute Hotel. Reiterhof, Manege, Reitausflüge, Ponys für die Kleinen – viel ist hier drin. Auf den Tisch kommen hausgemachte Produkte.
St.-Johann Str. 37,
Tel. (04 73) 83 21 68,
www.vitalhotel-lamm.com

Terlan

✕ **Kellerei Terlan**
Nicht nur seiner Weißweine wegen ist Terlan eine Adresse, auch dank des Spargels, der in den Etsch-Auen im feinen Sand beste Gedeihbedingungen findet, schätzt man es. Anbau, Ernte und Verarbeitung koordiniert die »Arbeitsgemeinschaft Spargelbau Terlan« im Zusammenwirken mit der örtlichen Kellerei.
Silberleitenweg 7,
Tel. (04 71) 25 71 35,
www.kellerei-terlan.com

Tisens

✕ **Zum Löwen**
In Tisens hat sich ein Lokal etabliert, das über die Grenzen Südtirols hinaus bekannt ist. Die Sterne- und Haubenköchin Anna Matscher bietet Kochkunst auf hohem Niveau.
Hauptstr. 72,
Tel. (04 73) 92 09 27,
www.zumloewen.it

WIPPTAL, EISACKTAL

Wipptal und Eisacktal sind für die meisten Reisenden aus dem deutschen Sprachraum so etwas wie das klassische Tor zum Süden. Wenn Schlechtwetterfronten von Norden an den Alpenhauptkamm drücken, ist es südlich des Brenners, in Höhe Sterzing, vielleicht noch bewölkt. Etwa ab Brixen aber scheint dann – zumeist – die Sonne. Der Eisack sprudelt dahin, entlang der sie begleitenden einstigen Handelsrouten verstecken sich mit uralten Klöstern und markanten Schlössern allerlei lohnende Besucherziele. So sollte der Reisende nach Möglichkeit den Rat beherzigen: Einfach einmal herunter von der Autobahn und hinein in die Seitentäler!

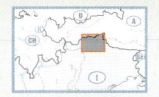

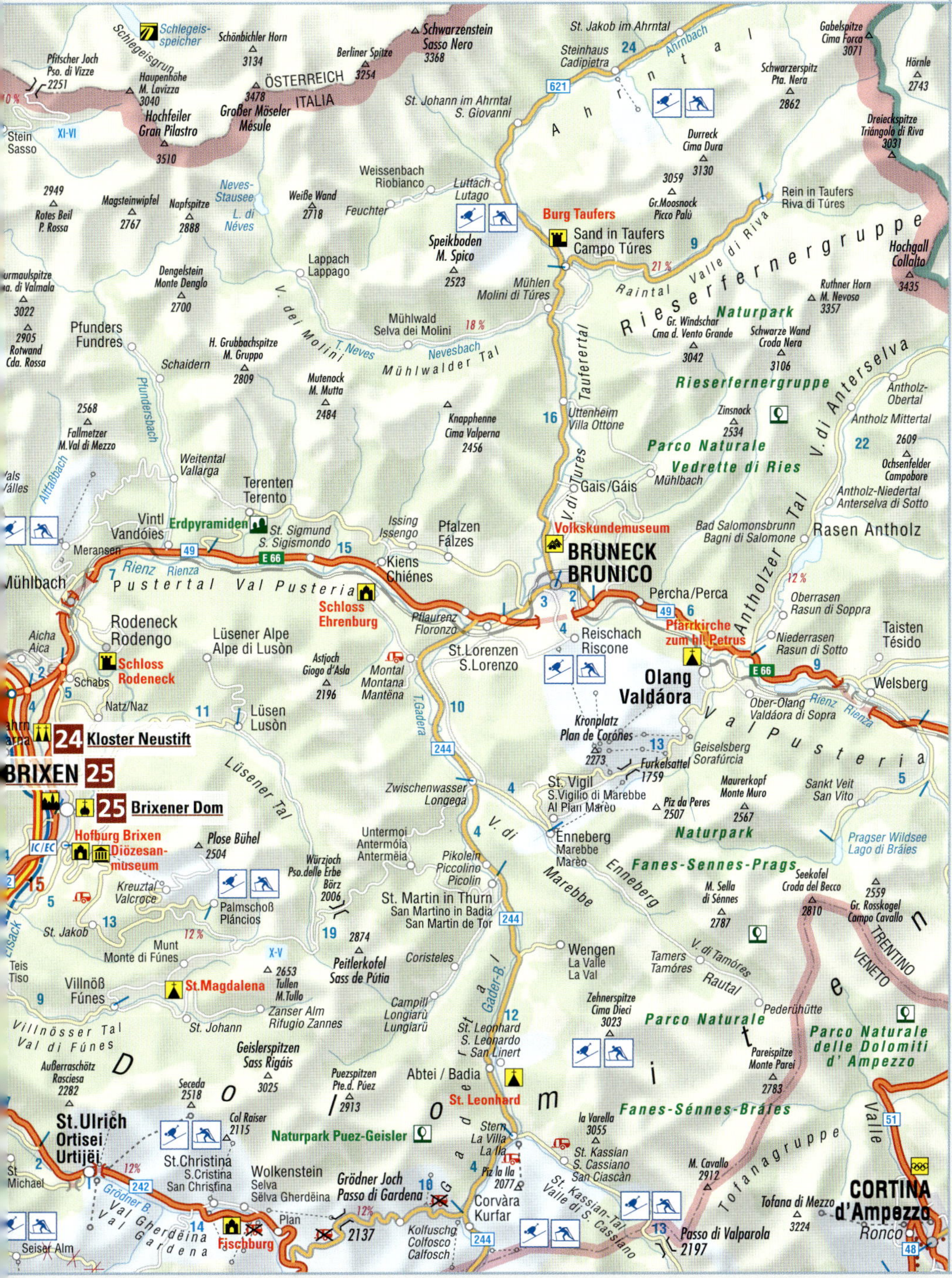

Schlegeis-speicher
Schlegeisgrund
Schönbichler Horn 3134
Schwarzenstein Sasso Nero 3368
Berliner Spitze 3254
Pfitscher Joch Pso. di Vizze 2251
Hochfeiler Gran Pilastro 3510
Haupenhöhe M. Lavizza 3040
3478 Großer Möseler Mèsule
ÖSTERREICH
ITALIA
Stein Sasso
XI-VI
St. Jakob im Ahrntal
Steinhaus Cadipietra
24
Ahrnbach
621
Ahrntal
St. Johann im Ahrntal S. Giovanni
Gabelspitze Cima Forca 3071
Hörnle 2743
Schwarzerspitz Pta. Nera 2862
Dreieckspitze Triángolo di Riva 3031
Durreck Cima Dura 3130
3059 Gr.Moosnock Picco Palù
Rein in Taufers Riva di Túres
Weissenbach Riobianco
Luttach Lutago
Feuchter
Neves-Stausee L. di Néves
Weiße Wand 2718
Napfspitze 2888
Magsteinwipfel 2767
2949 Rotes Beil P. Rossa
Burg Taufers
Sand in Taufers Campo Túres
9
21 %
Hochgall Collalto 3435
Speikboden M. Spico 2523
Lappach Lappago
Dengelstein Monte Denglo 2700
Mühlen Molini di Túres
Raintal
Valle di Riva
Rieserfernergruppe
Ruthner Horn M. Nevoso 3357
Naturpark
Gr. Windschar Cma d. Vento Grande 3042
Schwarze Wand Croda Nera 3106
Pfunders Fundres
Mühlwald Selva dei Molini
18 %
V. dei Molini
T. Neves
Nevesbach
Mühlwalder Tal
Tauferertal
H. Grubbachspitze M. Gruppo 2809
Schaidern
Pfundersbach
Mutenock M. Mutta 2484
Knapphenne Cima Valperna 2456
16
Uttenheim Villa Ottone
Rieserfernergruppe
Zinsnock 2534
Antholz-Obertal
Antholz Mittertal
V. di Anterselva
2609 Ochsenfelder Campobore
22
2568 Fallmetzer M.Val di Mezzo
Weitental Vallarga
Altfaßbach
Parco Naturale Vedrette di Ries
Mühlbach
Gais/Gáis
V. di Tures
Antholz-Niedertal Anterselva di Sotto
Terenten Terento
Vintl Vandóies
Erdpyramiden
St. Sigmund S. Sigismondo
Issing Issengo
Pfalzen Fálzes
Volkskundemuseum
Bad Salomonsbrunn Bagni di Salomone
Rasen Antholz
Meransen
49
E 66
15
Kiens Chiénes
BRUNECK BRUNICO
Mühlbach
Rienz
Pustertal
Val Pusteria
Schloss Ehrenburg
Pflaurenz Floronzo
Percha/Perca
49
6
12 %
Oberrasen Rasun di Soppra
Antholzer Tal
Rodeneck Rodengo
Lüsener Alpe Alpe di Lusòn
Pfarrkirche zum hl. Petrus
Niederrasen Rasun di Sotto
Taisten Tésido
Aicha Aica
Schloss Rodeneck
Astjoch Giogo d'Asla 2196
Montal Montana Mantèna
St.Lorenzen S.Lorenzo
Reischach Riscone
E 66
9
Olang Valdáora
Welsberg
Schabs
Natz/Naz
11
Lüsen Lusòn
10
T.Gadera
Kronplatz Plan de Corónes
Ober-Olang Valdáora di Sopra
Rienz
Val Pusteria
24 Kloster Neustift
BRIXEN 25
25 Brixener Dom
Lüsener Tal
244
2273
13
Furkelsattel 1759
Geiselsberg Sorafúrcia
Zwischenwasser Longega
4
St. Vigil S.Vigilio di Marebbe Al Plan Marèo
Piz da Peres 2507
Maurerkopf Monte Muro 2567
Sankt Veit San Vito
5
Hofburg Brixen
Diözesan-museum
Plose Bühel 2504
IC/EC
Untermoi Antermóia Antermëia
V. di Marebbe
Enneberg Marebbe Marèo
Naturpark
Prags Wildsee Lago di Bráies
Würzjoch Pso.delle Erbe
Pikolein Piccolino Picolin
Ennebergtal
Fanes-Sennes-Prags
Seekofel Croda del Becco 2810
2559 Gr. Rosskogel Campo Cavallo
15
Kreuztal Valcroce
Börz 2006
M. Sella di Sénnes 2787
5
Palmschoß Pláncios
St. Martin in Thurn San Martino in Badia San Martin de Tor
244
TRENTINO
VENETO
St. Jakob
13
12 %
19
2874
Wengen La Valle La Val
Tamers Tamóres
V. di Tamóres
Rautal
Munt Monte di Fúnes
X-V
Peitlerkofel Sass de Pútia
Coristeles
Teis Tiso
2653 Tullen M.Tullo
Villnöß Fúnes
St.Magdalena
Zanser Alm Rifugio Zannes
Campill Longiarü Lungiarü
Zehnerspitze Cima Dieci 3023
Pederühütte
9
St. Johann
12
Parco Naturale
Parco Naturale delle Dolomiti d' Ampezzo
Villnösser Tal
Val di Fúnes
St. Leonhard S. Leonardo San Linert
Geislerspitzen Sass Rigáis 3025
Pareispitze Monte Parei 2783
Außerraschötz Rasciesa 2282
Puezspitzen Pte.d. Púez 2913
Abtei / Badia
St. Leonhard
Seceda 2518
Dolomiten
Fanes-Sénnes-Bráies
Col Raiser 2115
St.Ulrich Ortisei Urtijëi
Naturpark Puez-Geisler
Stern La Villa La Ila
la Varella 3055
51
Valle
Gadertal
St. Kassian S. Cassiano San Ciascàn
M. Cavallo 2912
Tofanagruppe
St.Christina S.Cristina San Christina
Wolkenstein Selva Sëlva Gherdëina
Grödner Joch Passo di Gardena
10
Piz la Ila 2077
St. Kassian-Tal Valle di S. Cassiano
Tofana di Mezzo 3224
CORTINA d'Ampezzo
St Michael
242
12 %
Corvàra Kurfar
Val Gherdëina
Val Gardena
Grödner B.
14
Fischburg
Plan
2137
Kolfuschg Colfosco Calfosch
244
13
Passo di Valparola 2197
Ronco
48
Seiser Alm

SEHENSWÜRDIGKEITEN: WIPPTAL, EISACKTAL

INFO Marmorschlucht

Unterhalb der schroffen und teils vergletscherten Gipfel von Zillertaler und Stubaier Alpen überraschen im Wipptal vier Täler mit traumhaft gelegenen Weilern. Neben dem Ratschingstal wären da das Ridnauntal (oben), das Pflerschtal (großes Bild) und das Pfitscher Tal mit St. Georgen (Bild unten).

Ein grandioses Naturschauspiel bietet die Gilfenklamm bei Stange im Ridnauntal: Ein Wasserfall stürzt in die tiefe, schmale Schlucht, die in reinweißen Marmor eingeschnitten ist. Die Zeit hat den Stein dunkelgrün schimmernd gefärbt, und das Wasser gab ihm den blanken Schliff. Mai–Ende Okt.

Warum in die Schweiz fahren, liegt das Matterhorn doch direkt hinter dem Brenner! Den Beinamen »Südtiroler Matterhorn« hat der Pflerscher Tribulaun, und wer den schroffen Klotz vom Taleingang aus erblickt, wird zustimmen: So einen Berg muss man gesehen haben! Seine Grate sind oft schneegepeitscht wie in den Anden, der Aufstieg ist entsprechend schwierig. Dafür tummeln sich desto mehr Skitourengeher auf den gegenüberliegenden Gipfeln über den Stubaier Gletschern, sodass im Tal folglich Parkplatznot herrscht. Nicht so auf der anderen Seite des Wipptals. Dort, im Pfitschtal, unter Zillertaler Alpenspitzen und Hochfeiler, geht es eher ruhig zu. 25 Kilometer Loipen erlauben Langläufern entspanntes Gleiten im durch Reif verzauberten Talboden. Im Sommer erwartet Geologen hier ein seltener Reichtum an Mineralien, darunter blauer Beryll.

Gleich hinter dem Brennerpass liegt Sterzing, Hauptort des Wipptals und 948 Meter über Meeresspiegelhöhe thronend. Der Bergbau machte die Stadt einst reich, was sich im Erscheinungsbild der Neustadt zeigt (große Bilder). Schloss Reifenstein im Sterzinger Moos ist eine mittelalterliche Burg in Originalzustand (oben).

INFO Multschermuseum

Der »Sterzinger Altar« des Ulmers Hans Multscher gilt als richtungweisendes Meisterwerk der Spätgotik. Vier berühmte Tafeln mit Szenen des Marienlebens und der Passion Christi sind im Museum zu sehen.

Deutschhausstr. 11, 39049 Sterzing Tel. (04 72) 76 64 64, April–Ende Okt. Di–Sa 9.30–12.30, 14–18 Uhr.

Weil es von Richtung Brennerpass hier rasch bergab geht, rauschen die meisten Autobahnbenutzer an Sterzing vorbei – was schade ist, denn das mittelalterliche Städtchen und auch seine unmittelbare Umgebung sind reich an Sehenswürdigkeiten. Da thronen drei Schlösser, da stehen mehrere historische Kirchen, da begeistern Zwölferturm und Rathaus und, unter anderem, das Multschermuseum mit dem berühmten Sterzinger Altar. Unweit der Stadt hat sich der Gilfenbach eine spektakuläre Schlucht gegraben: Weltweit einzigartig ist die Gilfenklamm dadurch, dass sie tief in weißen Marmor eingeschnitten ist. Reich wurde Sterzing dank seiner Lage. Hier mussten alle Kaufleute durch, egal, ob sie von Venedig über die Alemagna, von Bozen über das Eisacktal oder das Penser Joch oder von Meran über den Jaufenpass kamen. Auch vom Bergbau profitierte man enorm. (s. S. 24, 96)

INFO Jagd- und Fischereimuseum

Die Prunkräume von Schloss Wolfsthurn bei Brixen vermitteln einen Eindruck vom adeligen Leben des 18. und 19. Jahrhunderts (oben). Alle Möbel, Gemälde und Tapeten gehören zum Originalinventar der Anlage (Bild unten). Wunderschön barock zeigt sich die dem Schloss angegliederte Kapelle (großes Bild).

Das Museum legt viel Wert auf kulturhistorischen Kontext und ist deshalb für jedermann interessant. Der 2. Stock zeigt die Prunkräume im Originalzustand mit kunstvollen Stuckarbeiten und aufwändig bemalte Tapeten.
Kirchdorf 25, 39040 Ratschings/ Mareit, Tel. (04 72) 75 81 21, 1. Apr.– 15. Nov. Di–Sa 9.30–17.30 Uhr.

Zwischen 1727 und 1741 entstand mit Schloss Wolfsthurn einer der prächtigsten barocken Profanbauten Südtirols. Der Name geht auf die früheren Besitzer des Schlosses zurück, Rudolfus Lupus aus dem »Geschlecht der Wölfe«. 1727 erwarb die aufstrebende Adelsfamilie von Sternbach das alte Schloss in Mareit bei Sterzing und baute es unter Anwendung barocker Stilelemente um. Heute dient es als Sitz des Landesmuseums für Jagd und Fischerei. Ein Besuch des Schlosses ist eine Exkursion in die barocke Lebenswelt: Alles hier erinnert an Feste und Bälle, an Jagdpartien, an Musik. Fast der gesamte Komplex, die Prunkräume inbegriffen, ist zugänglich. Auffallend auch die zweitürmige Fassade an der Talseite. Wie es heißt, hat die herrschaftliche Anlage genau 365 Fenster, eines für jeden Tag im Jahr. Im Zeitalter des Barock liebte man es, solcherart Zahlenspiele in die Planung einfließen zu lassen.

Kloster Neustift (oben) bei Brixen, im Mittelalter gegründet, präsentiert sich im Gesamteindruck weitgehend barock – als großartig inszeniertes Fest für die Sinne. Seine prunkvolle Basilika (unten rechts) und die lichtdurchflutete Bibliothek (großes Bild) beweisen es.

INFO Führung

Die interessante Führung durch die Basilika, die Bibliothek und den gotischen Kreuzgang endet in einer genussvollen Verkostung der Weine aus der Stiftskellerei und dem Genuss von Südtiroler Spezialitäten.
Stiftstr. 1, 39040 Vahrn, Tel. (04 72) 83 61 89, Mo–Sa 10, 11, 14, 15, 16 Uhr, Juli–Sept. auch 12 und 13 Uhr.

Das Augustiner-Chorherrenstift Neustift, 1142 vom Brixner Bischof Hartmann gegründet, war von Anfang an ein viel besuchtes Hospiz und eine Raststätte für Pilger auf der Reise ins Heilige Land oder nach Rom. Schon ihre Lage machte die Abtei somit zu einem wichtigen Scharnier geistig-geist-lichen Austauschs in Europa. Davon zeugen die berühmte Stiftsbibliothek und auch der bis heute gern besuchte Klosterkeller. Wirtschaftlich war (und ist) das Stift dank seiner Güter weitgehend selbstständig. Wälder, Felder und Weinberge gehörten seit jeher dazu, ebenso Sägewerk und Mühle. Die in der Abtei lebenden Augustiner-Chorherren betreuen immerhin 20 Pfarrgemeinden in Süd- und Osttirol. Im Miteinander von klösterlichem Leben und aktiver Arbeit in den Pfarreien wird eines der Grundanliegen des Ordens deutlich: die Verbindung von Gemeinschaft und Seelsorge.

SEHENSWÜRDIGKEITEN: WIPPTAL, EISACKTAL

Blick auf die Pfarrkirche St. Michael in der Brixener Altstadt. Die herrlichen barocken Deckengemälde (großes Bild) im Dom schuf Mitte des 18. Jahrhunderts der Tiroler Paul Troger. Mit dem mittelalterlichen Domkreuzgang (siehe übernächste Seite) stellt das Gotteshaus ein geistliches Highlight Tirols dar.

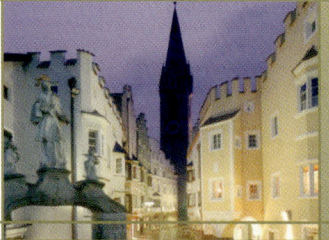

TIPP Fink

In der heimeligen holzgetäfelten Eisacktaler Stube wird auf hohem Niveau vielerlei Traditionelles aus dem Tal zubereitet. Zur Kochkunst von Antonia und Georg Fink passt die Karte erlesener Weine.

Kleine Lauben 4, 39042 Brixen, Tel. (04 72) 83 48 83, Do–Di 11.30–14.15 und 18.30–21.15 Uhr, Di nur Mittag.

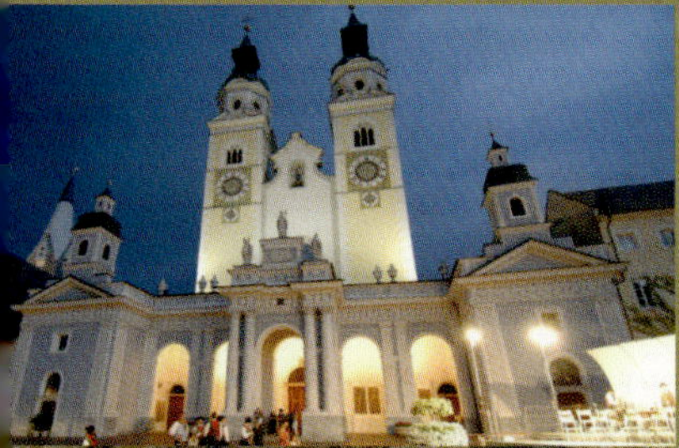

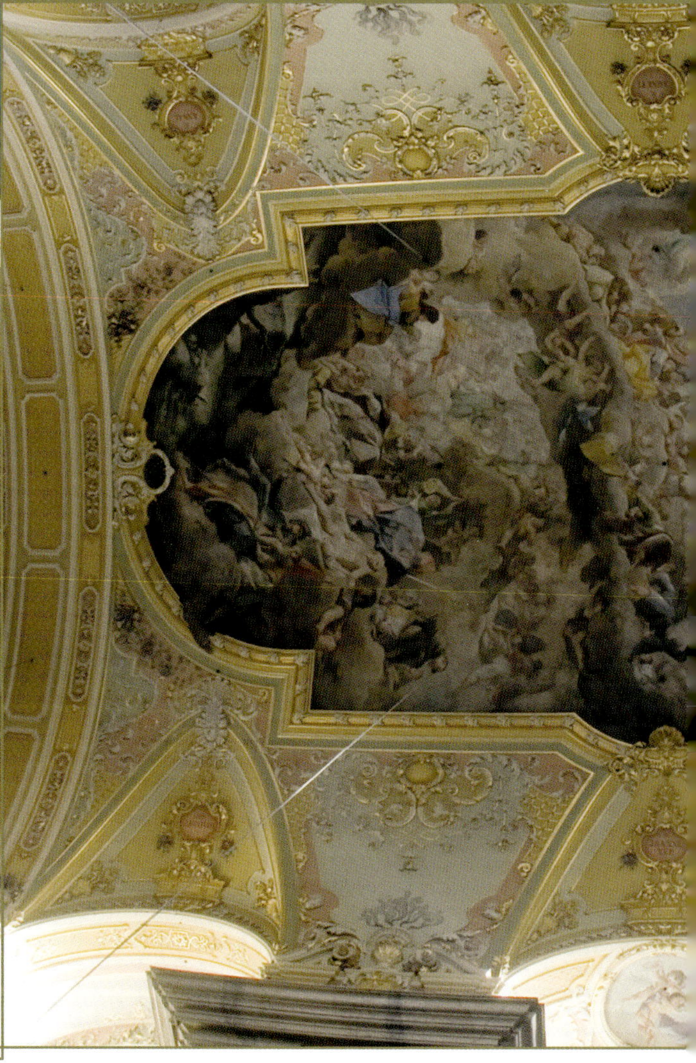

Brixen liegt am Zusammenfluss von Eisack und Rienz. Die über 1000 Jahre alte Stadt mit ihren Lauben und dem weithin sichtbaren Dom verzaubert vom ersten Anblick an. Im 16. Jahrhundert war das kleine Städtchen ein bedeutender Bischofssitz am Übergang von Oberitalien zu Süddeutschland und blieb es bis 1964. Als Außensitz der Universität Bozen ist Brixen seit 2001 akademische Lehrstätte – doch studentisches Leben gibt es hier schon viel länger: Die Theologische Hochschule Brixen, gegründet 1607 als Priesterseminar, ist die älteste universitäre Einrichtung des historischen Tirol. Außer auf Bildung und Religion konnten die Brixner wegen der verkehrstechnisch günstigen Lage der Stadt am Eingang des Pustertals immer schon auf ihren regen Handel verweisen. Die Legende erzählt, schon der antike Feldherr Hannibal mit seinen Elefanten habe hier Halt gemacht. (s. S. 22, 94)

Der eindrucksvolle Brixner Kreuzgang wurde im Mittelalter unter Leitung mehrerer Bischöfe angelegt und erweitert (oben). Seine Wände sind mit hochbedeutenden Fresken verziert (großes Bild), im Bild rechts ist Christus als Gärtner zu sehen. Die Fresken mussten in den letzten Jahren immer wieder restauriert werden.

BRIXNER KREUZGANG

Das Kernstück der Brixner Altstadt bildet die Münsteranlage mit dem Kreuzgang im Zentrum, der Domkirche Mariä Himmelfahrt im Norden, dem westlich gelegenen Bischofshof, dem Domherrenhof im Osten sowie, im Süden, Kapitelsaal, Domschule und Hofkapelle. Die Anlage entstand ab dem 10. Jahrhundert, bis in die Barockzeit hat man daran gebaut. Brixens Hauptsehenswürdigkeit ist somit ein Kunst- und Kulturdenkmal höchsten Ranges. Der Kreuzgang mit seinen zierlichen Doppelsäulen aus der Zeit um 1200 und dem gotischen Kreuzgratgewölbe aus dem 14. Jahrhundert sucht im ganzen Ostalpenraum seinesgleichen. Sein reicher Freskenschmuck, entstanden im 14. und 15. Jahrhundert, verrät Einflüsse sowohl des deutschen Nordens als auch Italiens. Die Bildmotive mit Darstellungen aus Altem und Neuem Testament in den Arkaden sind inhaltlich nicht aufeinander bezogen. Sie spiegeln gleichwohl gut nachvollziehbar und alle Sinne ansprechend die stilistischen Entwicklungsstufen mittelalterlicher Malerei. Die südöstlichen Arkaden des Kreuzgangs wurden nie bemalt und waren den Domschülern und Wanderhändlern vorbehalten.

Die St.-Johannes-Kapelle an der Südwestecke, im Ursprung doppelgeschossig, diente bereits seit dem 13. Jahrhundert als Baptisterium (Taufkirche). Sie birgt einen weiteren kostbaren Schatz: wunderschöne romanische und gotische Fresken des 13. und 14. Jahrhunderts.

SEHENSWÜRDIGKEITEN: WIPPTAL, EISACKTAL

Sind im Herbst die Trauben verlesen und die Kastanien gereift, pilgert man etwa zum Törggelen nach Klausen (oben) und zu den Gasthöfen der Umgebung. Nach solider Stärkung bietet sich eine Wanderung zu den Benediktinerinnen auf dem Säbener Burghügel (große Bilder) oder zur Trostburg im Grödnertal (unten) an.

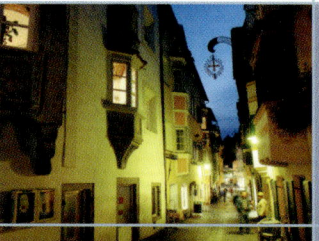

INFO Gufidaun

Auf der Talterrasse zwischen Klausen und Brixen herrscht in 750 Meter Höhe dörfliche Idylle: Gufidaun ist ein zauberhaftes Ensemble historischer Gebäude mit schönen Ausblicken. Gern kehrt man hier beim Turmwirt im altehrwürdigen Gerichtsschreiberhaus (sehr feine Küche!) ein.
Tel. (04 72) 84 40 01

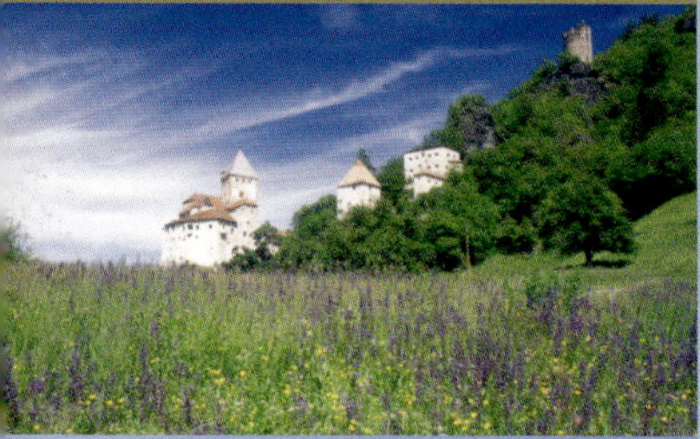

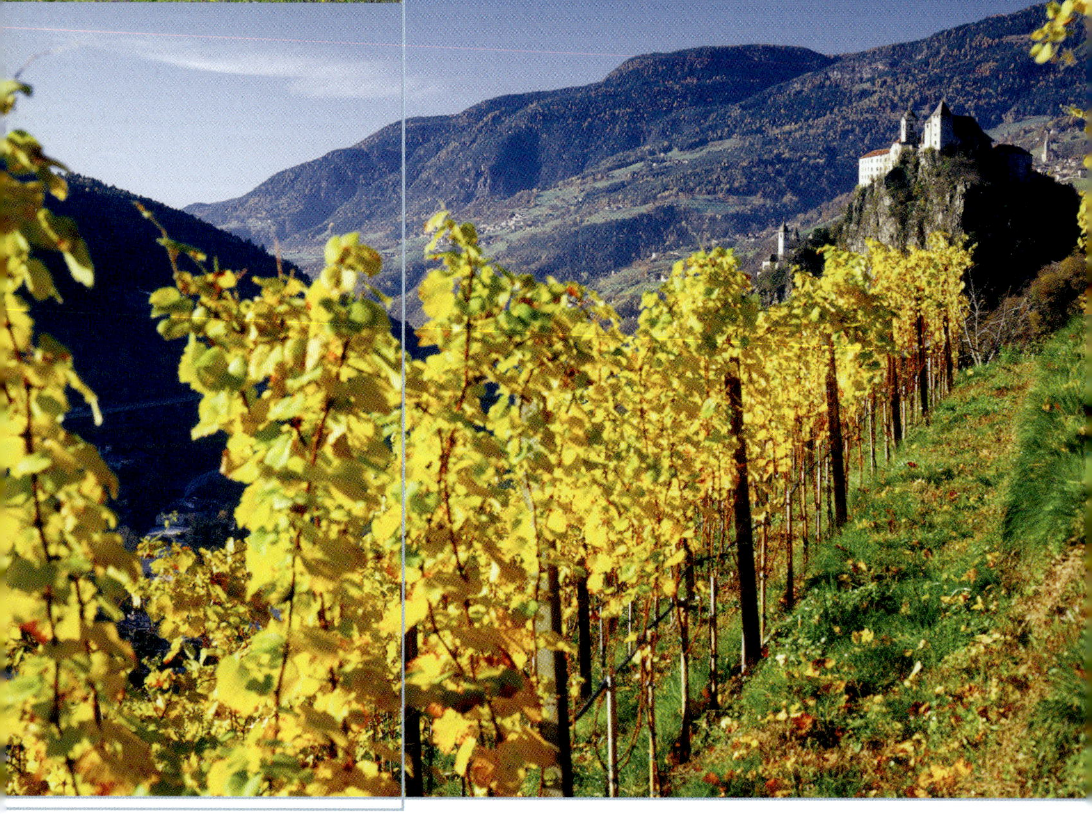

KLAUSEN 26
KLOSTER SÄBEN 27

Das im Eisacktal eingeklemmte Klausen ist eigentlich »nur« eine schöne, lange mittelalterliche Gasse. Seinen Aufstieg zum Handelsstädtchen verdankte der Ort den ungebremsten Fluten des Eisack, der im engen Haupttal weiter unten den Bau einer Straße bis zum 15. Jahrhundert verhinderte. Bald hinter Klausen mussten sich die Fuhrleute früher über die steilen Hänge zum Ritten und dann jäh hinab nach Bozen quälen. So boten sich Rast und Übernachtung in einem Klausener Quartier an. Man pflegte – und pflegt – hier besonders vehement den Südtiroler »Törggelen« – die urige, lustvoll zelebrierte Weinverkostung nebst Genuss heimischer Speisen, heute oft mit einer Wanderung verbunden. Seit 1687 leben Schwestern des Benediktinerordens im Kloster Säben, hoch auf dem Burgfelsen über Klausen. Hier befand sich ungefähr vom Jahr 600 bis 1000 Tirols erster Bischofssitz.

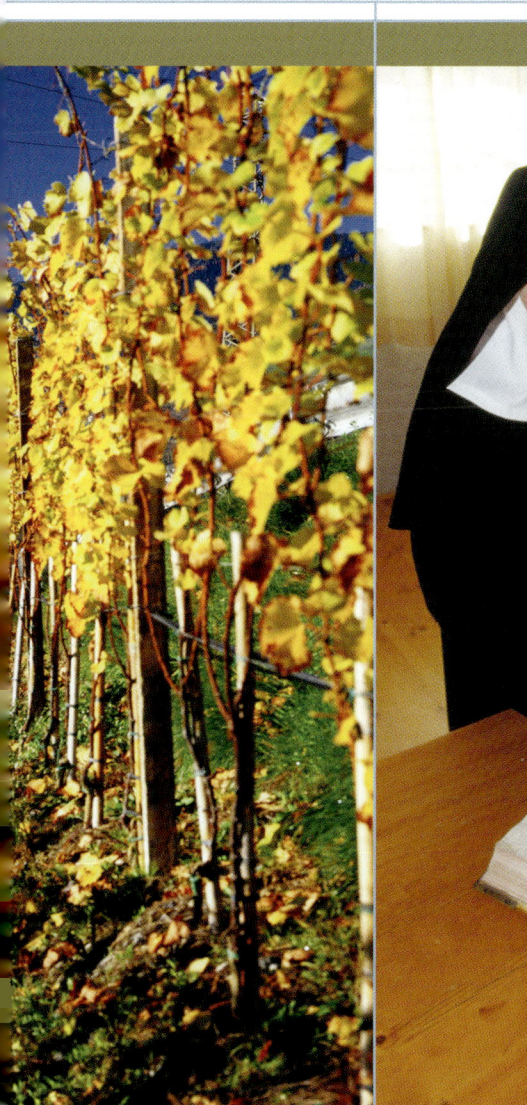

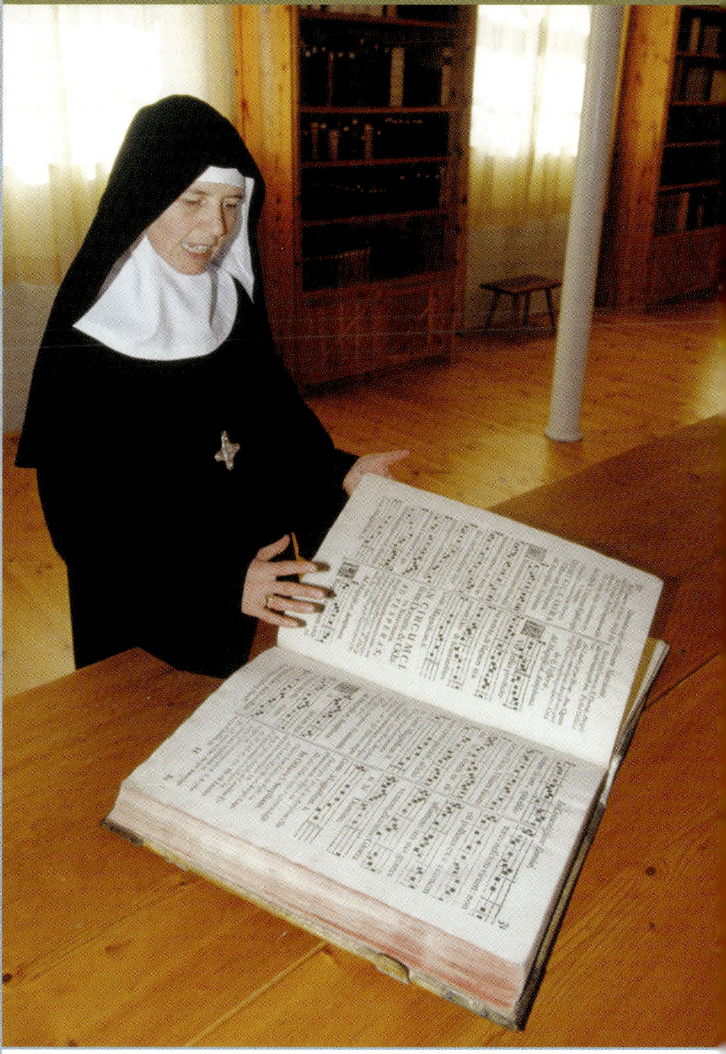

Afens/Pfitsch

🛏 Pension Bacherhof
Die meisten der zwölf geräumigen und komfortabel eingerichteten Zimmer dieses noch aktiven Bauerhofe bieten einen herrlichen Blick auf das Tal und die Berge. Das reichhaltige Bauernfrühstück mit hausgemachten Süßigkeiten und Produkten aus eigener Herstellung garantiert einen guten Tagesbeginn. Am Abend kommen leckere Südtiroler Gerichte auf den Tisch. Wegen seiner Lage ist der Hof ein idealer Ausgangspunkt für Touren in die Umgebung.
Afens 279,
Tel. (04 72) 64 60 57.

Barbian/
Bad Dreikirchen

ℹ Infobüro Barbian
Wahrzeichen des auf einer Höhenterrasse (830 m) gelegenen Barbian ist der schiefe Turm der Pfarrkirche, dessen Neigung es durchaus mit der des Turms von Pisa aufnehmen kann. Von hier aus führt ein steiler Wanderweg hinauf zu einem ehemaligen Heilbad, dessen drei dicht beieinanderstehende Kirchen ihm seinen Namen gaben. In St. Nikolaus (15. Jh.) und St. Magdalena (16. Jh.) kann man spätgotische Flügelaltäre bewundern, während in St. Gertraud (16. Jh.) herrliche Fresken beeindrucken. Es wird vermutet, dass bereits zu prähistorischen Zeiten der Ort als Heiligtum galt. Neben den Kirchen und ein paar schmucken Häusern gibt es im Weiler außerdem zwei recht gute Gasthöfe.
St. Jakob 41,
Tel. (04 71) 65 44 11,
www.barbian.it

🛏 Pension Briol
Originelles Berggasthaus, das 1928 von dem später als Hitler-Verherrlicher bekannt gewordenen Architekten und Maler Hubert Lanzinger in spartanisch-modernem Stil erbaut wurde. Es ist bis in die Details unverändert geblieben und nur zu Fuß oder mit dem Jeep der Wirtsfamilie zu erreichen.
Str. Jakob 13,
Tel. (04 71) 65 01 25,
www.briol.it,
im Winter geschl.

Brixen

ℹ Tourismusverein
Brixen
Die alte Bischofsstadt und die nähere Umgebung mit ihren kulturellen Sehenswürdigkeiten sind unbedingt einen Besuch wert. Gut ausgestattete Läden und eine Gastronomie auf hohem Niveau laden zum Shoppen, Verweilen und Genießen ein.
Bahnhofstr. 9,
Tel. (04 72) 83 64 01,
www.brixen.org, Mo–Fr
8.30–12.30 und 14.30–18,
Sa 9–12.30 Uhr.

♨ Acquarena
Ein großes Spaß- und Sportbad lädt mit seinen verschiedenen Wasserbecken zum Baden und Planschen ein. Und wer es sportlich mag, der zieht seine Bahnen im Sportbecken oder übt sich beim Sprung vom Turm. Der weitläufige Außenbereich mit einer Liegewiese und Sportmöglichkeiten wie auch die Saunalandschaft sorgen für ein großes Wellness- und Fitnessangebot für Jung und Alt.
Altenmarktgasse 28b,
Tel. (04 72) 82 36 66,
www.acquarena.com

⛰ Casa del formaggio
Den schönsten Käseladen von ganz Südtirol gibt es in der alten Bischofsstadt. Kaum ein in Südtirol produzierter Käse, der hier nicht zu finden wäre.
Große Lauben,
Tel. (04 72) 83 60 68.

🛏 Goldene Krone
Die Goldene Krone gab es bereits 1717 – als eine Pferdestation und Buschenschenke. Restaurant und Bar sind im Stil einer italienischen Piazza gestaltet, in der »Regenbogenwelt« kann der Gast über den Dächern von Brixen Wellnessangebote wahrnehmen.
Stadelgasse 4,
Tel. (04 72) 83 51 54,
www.goldenekrone.com

🛏 Hotel Dominik
Unweit der Altstadt steht dieses kleine, komfortabel eingerichtete Urlaubshotel. Von den meisten Zimmern ist das Rauschen des nahe gelegenen Eisack zu hören. Entspannung findet man im Solarium oder in der Sauna, vom hoteleigenen Hallenbad hat man einen schönen Blick auf den Garten und auf die Berge im Hintergrund. Das Restaurant kombiniert regionale und internationale Küche. Bei schönem Wetter wird auch auf der Terrasse serviert.
Unterdrittelgasse 13,
Tel. (04 72) 83 01 44,
www.hoteldominik.com

🛏 Hotel Grauer Bär
Das kleine freundliche Hotel liegt zentral in der Fußgängerzone. In der gemütlichen Gaststube des Hauses wird gutbürgerliche Küche serviert, bei schönem Wetter auch auf der schattigen Gartenterrasse. Hier kehren die Brixener selber gerne ein.

Altenmarktgasse 27,
Tel. (04 72) 83 64 72,
www.grauerbaer.it

Gossensass

ℹ Tourismusverein
Gossensass
In früheren Zeiten war der Marktort ein wichtiger Rastplatz, denn er liegt auf halber Strecke zwischen Brenner und Sterzing. Im 15. und 16. Jahrhundert brachte der Silberabbau im nahen Pflerschtal eine wirtschaftliche Blüte, von der noch heute einige der stattlichen Bürgerhäuser im Ortskern zeugen. Mit dem Bau der Brennerbahn im 19. Jahrhundert entwickelte sich das Städtchen zu einem beliebten Luftkurort. Zu den Gästen gehörte auch der norwegische Dichter und Dramatiker Henrik Ibsen (1828–1906), der hier mehrere Sommerurlaube verbrachte. Nach ihm wurde der Hauptplatz des Ortes benannt, und eine kleine Ausstellung im Rathaus erinnert ebenfalls an ihn. Weitere Sehenswürdigkeiten sind die gotische Kapelle St. Barbara (1510), in der sich das sogenannte Dürerkreuz befindet, und die spätbarocke Pfarrkirche (1750) mit Deckenfresken von Matthäus Günther.
Ibsenplatz 2,
Tel. (04 72) 63 23 72,
www.gossensass.org

✖ Moarwirt
Wer sich bewusst dafür entscheidet, die alte Brennerstraße zu befahren, kann beim Moarwirt an der Durchgangsstraße einkehren. Während hoch über dem Ort auf der Brennerautobahn der Verkehr gen Sterzing oder zur Passhöhe fließt, lässt es sich bei einfacher traditioneller Küche

WIPPTAL, EISACKTAL

Die hier aufgeführten Expertentipps ergänzen die auf den Seiten 76 bis 93 beschriebenen Sehenswürdigkeiten.

Der Prunksaal der Bibliothek im Brixener Priesterseminar; Hotel Goldene Krone in Brixen: Bar und Außenansicht; etwas abgelegen, oberhalb von Klausen, liegt Gasthof Ansitz Fonteklaus (von links).

hier bestens entspannen. Für Kinder sind reichlich Nudel- und Pizza-Angebote vorhanden. Die in allerlei Variationen zubereiteten Forellen schmecken ganz ausgezeichnet.
Romstr. 11,
Tel. (04 72) 63 21 29,
www.moarwirt.com

🛏 Grand Family Hotel

Traditionreiches Haus, das sich nach einem Umbau ganz den Familien widmet: Kinderbetreuung, Spielplätze, große Räume, z. T. Familienzimmer bzw. Suiten mit bis zu fünf Betten sind im Angebot.
Färberstr. 1,
Tel. (04 72) 63 40 01,
www.grandfamilyhotel.com

Klausen

🏛 Stadtmuseum

Im alten Kapuzinerkloster ist im Obergeschoss der berühmte Schatz aus der benachbarten Loretokirche ausgestellt. Die Sammlung mit sakralen Gemälden und Bildhauerarbeiten spanischer und italienischer Meister geht auf eine Schenkung der spanischen Königin Maria Christina an ihren Klausener Beichtvater zurück. Im Parterre werden Arbeiten einheimischer Künstler sowie Wechselausstellungen gezeigt.
Frag 1, Tel. (04 72) 84 61 48,
Ende März–Juli Di–Sa 10–12,
16–19 Uhr, Aug.–Nov. Di–Sa
9.30–12 und 15.30–18 Uhr.

✕ Huberhof

Hier gibt es zwar »nur« einfache Hausmannskost, dafür aber einen romantischen Garten und eine sehr gemütliche Bauernstube. Ausgeschenkt wird eigener Wein.
Pardell 50,
Tel. (04 72) 85 54 79.

✕ Restaurant Jasmin

Im Restaurant des Hotel Bischofhof ist Martin Obermarzoner der Garant für eine der innovativsten Küchen Südtirols. Wenige Menüs, diese jedoch täglich absolut frisch zubereitet – das kommt gut an, verbinden sich hierbei doch Einflüsse der Molekularküche und Anlehnungen an große Sterneköche – zumeist mit regionalem Impuls. Das Flair ist rustikal, der Service freundlich und familiär. Auf der Weinkarte findet sich zu jedem Gericht ein perfekt passender Tropfen.
Griesbruck 4,
Tel. (04 72) 84 74 48,
www.bischofhof.it,
Di geschl.

🛏 Gasthof Ansitz Fonteklaus

Zum wunderschön oberhalb von Klausen gelegenen Gasthof führen eine kleine Straße und ein Wanderweg hinauf. Auf Wunsch können sich Hotelgäste vom Hauptbahnhof des Ortes abholen lassen. Entspannung und Abkühlung bietet im Sommer der Badeteich mit biologisch gefiltertem Wasser. Die Küche serviert leckere Südtiroler und italienische Gerichte, und im Sommer wird auch im Garten aufgetischt.
Lajen 4, Tel. (04 71) 65 56 54,
www.fonteklaus.it, April bis
Nov. tgl. 8–24 Uhr.

Mauls

🛏 Hotel Stafler

Leider liegt das schöne Hotel mit seinem guten Restaurant unmittelbar an der Brennerbundesstraße, und der Verkehr rollt rund um die Uhr an der alten Poststation vorbei, zumindest am alten Haupt-

haus, dem »Haus Einhorn«. Die meisten Zimmer liegen jedoch ruhig zum Garten und den angrenzenden Wiesen, sodass ein geruhsamer Aufenthalt dennoch möglich ist.
Mauls 10,
Tel. (04 72) 77 11 36,
www.stafler.com,
Restaurant: Mi geschl.

Pflersch

ℹ Tourismusverein Gossensass

Das kleine Dörfchen liegt in einem romantischen Tal, das mit seinen verstreuten Orten und alten Gehöften und natürlich der grandiosen Kulisse des Pflerscher Tribulauns und der Schneespitze (beide über 3000 Meter hoch) zu den schönsten Südtirols zählt. Im Sommer locken viele Wege zum Wandern in die hohen Berge oder auf die beliebte Ladurnsalm, die man auch per Sessellift vom Weiler Ladurns aus erreichen kann. – im Winter ein sehr beliebtes Skigebiet. Ebenfalls attraktiv ist die Route zur Pflerscher Höll, einem Wasserfall, der gut von St. Anton aus erreicht werden kann. Dieses Dörfchen ist zugleich der Hauptort des Tales. In Pflerschtal und seiner Umgebung soll schon in vorgeschichtlichen Zeiten nach Erzen geschürft worden sein. Für den Wohlstand vom Mittelalter bis ins frühe 19. Jahrhundert sorgten die hiesigen Silber- und Bleibergwerke.
Gossensass, Ibsenplatz 2,
Tel. (04 72) 63 23 72,
www.gossensass.org

🛏 Familienhotel Feuerstein

Das freundliche Hotel am Talschluss von Pflersch wird von einer idyllischen Bergland-

schaft umgeben. Hier kommen Groß und Klein auf ihre Kosten. Die Kinder können sich z. B. in der Spielscheune beim Springen ins Heu, an der Kletterwand oder in der Mal- und Bastelwerkstatt vergnügen, während die Eltern vielleicht der Wellnessbereich lockt. Natürlich bietet die Umgebung auch reichlich Möglichkeit für Unternehmungen wie Wandern, Mountainbiking, Klettern und Rafting (im Sommer) bzw. Skifahren und Rodeln im Winter.
Pflersch 185,
Tel. (04 72) 77 01 26,
www.hotel-feuerstein.it

🛏 Hotel Bergkristall

Direkt vor der Haustür befinden sich die neuen Aufstiegsanlagen zum Ski- und Wandergebiet Ladurns. Von den geschmackvoll eingerichteten Zimmern mit Balkon blickt man auf die anliegenden Berge. Nach einem langen Tag tut ein Aufenthalt in der Badelandschaft des Hauses richtig gut. Im Restaurant wird internationale Küche serviert, lecker schmeckt die hausgemachte Pizza.
Pflersch 88,
Tel. (04 72) 77 05 61,
www.bergkristall.it

Ratschings

ℹ Tourismusverein Ratschings

Inmitten eines großen Skigebiets liegt der Hauptort der größten Gemeinde des Wipptals, zu der das Ratschingtal, das Ridnauntal und das Jaufental zählen. Besondere Attraktion an Ratschingsbach sind die Gilfenklamm und die im angrenzenden Wald verborgene Burgruine Reifenegg. Unweit des Ortes liegt im Rid-

nauntal Schloss Wolfsthurn, eine der schönsten Barockanlagen Südtirols. Hier residiert das Landesmuseum für Jagd und Fischerei mit seiner interessanten Sammlung. Schließlich gilt das Jaufental als das ruhigste der drei Täler; allerdings, das muss angemerkt werden, ist die kurvenreiche Straße am Jaufenpass bei Motorradfahrern sehr beliebt.
Gasteig, Tel. (04 72) 76 06 08, www.ratschings.info

Ridnaun

🏛 Bergbauwelt Ridnaun Schneeberg
Wer etwas über die Geschichte des Bergbaus in Tirol erfahren will, ist beim ehemaligen Bergwerk am Schneeberg genau richtig. Der rund 200 Meter lange Schaustollen, originale Transportanlagen und diverses Gerät machen den Besuch zu einem Erlebnis. Die Begehung des Lehrpfades ist mit einer recht anspruchsvollen Wanderung (ca. 4–5 Std.) verbunden und führt zum Montanen Freilichtmuseum, der ehemaligen Knappensiedlung St. Martin. Interessierte können nach Anmeldung an geführten Exkursionen entlang des Lehrpfades teilnehmen (ca. 10 Std.). Die auf dem Weg liegende Schneeberghütte ist von Juni bis Oktober bewirtschaftet.
Maiern 48, Tel. (04 72) 65 63 64, www.bergbaumuseum.it, April–Okt. Di–So 9.30–16.30 Uhr, Exkursionen: Mitte Juni–Okt. Do, Sa, So.

St. Anton in Pflersch

🛏 Haus Alpögger
In der familiär geführten Pension in zentraler, aber ruhiger Lage sind Zimmer mit Frühstück zu mieten. Die insgesamt fünf Doppelzimmer verfügen alle über einen Balkon und sind komfortabel eingerichtet. Das Frühstücksbuffet mit seinen selbst erzeugten Bioprodukten ist lecker und reichhaltig.
St. Anton 164, Tel. (04 72) 77 00 63, www.alpoegger.com

🛏 Hotel Panorama
Das Dreisternehotel in Familienhand liegt in herrrlicher Sonnenlage am Talschluss des Pflerschtals. Die meisten der komfortablen Zimmer bieten einen wunderschönen Ausblick auf das Berg-und-Talpanorama. Die Umgebung lädt zu Wander- oder Klettertouren und im Winter zum Skifahren oder Rodeln ein. Nach einem langen Tag kann man sich dann im Wellnessbereich, in der Sauna oder der Dampfdusche entspannen. Für das leibliche Wohl sorgt das Restaurant mit regionaler, italienischer und internationaler Küche.
Pflersch 176, Tel. (04 72) 77 00 10, www.hotel-panorama.it

St. Jakob

ℹ Tourismusverein Sterzing
Der Hauptort des Pfitscher Tals liegt auf rund 1400 Meter Höhe, seine Häuser und Gehöfte finden sich weit verstreut bis zum Talschluss. Vom Ortszentrum ist es für geübte Wanderer rund 45 Minuten bis zum Weiler Stein und zwei weitere Stunden bis hoch aufs Pfitscher Joch in etwa 2250 Meter Höhe, das mit einer herrlichen Aussicht lockt. In den Wintermonaten wird die Gegend häufig zum Langlauf und Skiwandern besucht.
Sterzing, Stadtplatz 3, Tel. (04 72) 76 53 25, www.infosterzing.it

Steinegg

🔭 Sternwarte Gummer
Nahe Bozen, in Obergummer bei Steinegg, steht auf einer Anhöhe zwischen Eggental und Tierser Tal Italiens größte Volkssternwarte. Besonders bemerkenswert sind auch das Sonnenobservatorium, das ebenso mit modernster computergesteuerter Technik ausgestattet wurde, sowie als weiteres Highlight ein 80-Zentimeter-Spiegelteleskop. Mit Führungen.
Obergummer, Tel. (04 71) 37 65 74, www.sternwarte.it

Sterzing

ℹ Tourismusverein Sterzing
Die alte Fuggerstadt mit ihrem mittelalterlichen Flair, den einladenden Cafés, Weinstuben, Restaurants und Geschäften war schon immer ein zentraler Anlaufpunkt bei der Überquerung der Alpen. Wie seit Jahrhunderten führt die alte Brennerstraße direkt an der Stadt vorbei, während der Hauptverkehrsstrom auf der Autobahn vorbeirollt – wenn er auch bei der großen Mautstelle zumindest einen Kurzstopp einlegen muss.
Stadtplatz 3, Tel. (04 72) 76 53 25, www.sterzing.com, Mo–Sa 8.30–12 und 14.30–18 Uhr.

🔭 Kanu und Rafting
Freunde des Kanusports wie auch des Wildwasserfahrens und Raftings sind auf dem Eisack unterhalb von Sterzing ganz in ihrem Element. Das Revier, nichts für Anfänger, ist weit über die Grenzen Südtirols hinaus bekannt, es war oft schon Austragungsstrecke von Meisterschaften. Eine bekannte Startstelle liegt an der Eisackbrücke zwischen Mauls und Niederried.
Informationen sowie Buchungen bei Rafting Sterzing, Tel. (04 72) 76 56 60, www.raftingsterzing.it

🛏 Hotel Maibad
Nur wenige Meter von der Brennerstraße entfernt, kann man in diesem familiär geführten Haus eine Zwischenstation oder auch einen längeren Aufenthalt einlegen. Das Preis-Leistungs-Verhältnis stimmt. Wer genügend Zeit hat, will vielleicht gleich nebenan mithilfe der Rosskopfbahn das Gipfelpanorama genießen. Nur ein kurzer Spaziergang ist es auch zum Sterzinger Zentrum.
Brennerstr. 6, Tel. (04 72) 76 54 61, www.maibad.com

Vahrn

ℹ Tourismusverein Brixen
Die Ortschaft am Eingang in das Schalderer Tal breitet sich am idyllischen Vahrner See aus, ein beliebtes Gewässer mitten in einem Wald mit hellen Kastanien und dunklen Nadelbäumen. Am Nordufer des Sees gibt es eine frei zugängliche Stelle, die kostenfreies Badevergnügen ermöglicht. Eine Besonderheit hier ist auch die Wassertretanlage zur Kneippkur.
Brixen, Bahnhofstr. 9, Tel. (04 72) 83 64 01, www.brixen.org

Imposant: Kulisse der Dolomiten; das historische Hotel und Restaurant Ansitz zum Steinbock; Haus mit langer Tradition: der Pretzhof; Päuschen in der Mittagssonne: Hotel Panorama in St. Anton in Pflersch (von links).

WIPPTAL, EISACKTAL

Die hier aufgeführten Expertentipps ergänzen die auf den Seiten 76 bis 93 beschriebenen Sehenswürdigkeiten.

🏊 Kneipp-Wassertretanlage

In Vahrn bei Brixen kann jeder in einer Wassertretanlage etwas für Leib und Seele tun. Wer die Kneippkur ernsthaft betreiben will, findet auf einer Tafel fachliche Anweisungen. Wer hingegen im klaren, eiskalten Schalderer Bachwasser schlicht Spaß haben will, darf Kneipp Kneipp sein lassen und einfach nach Herzenslust in den Kanälen und Becken planschen.
Am Schalderer Bach,
Tel. (04 72) 83 64 01
(Tourismusbüro Brixen-Vahrn), www.brixen.org

Villanders

ℹ️ Infobüro Villanders

Den Mittelpunkt des ruhigen Erholungsorts bilden ein paar stattliche Gehöfte und die spätgotische Stephanskirche, die aus dem 15. und 16. Jahrhundert stammt, sowie die Friedhofskapelle mit sehenswerten Grabstätten gleich daneben. Unterhalb des Zentrums befindet sich eine der wichtigsten archäologischen Grabungsstätten in Südtirol. Hier hat man Siedlungsreste des Zeitraums von der Altsteinzeit bis ins frühe Mittelalter geborgen. Im Rücken des Ortes, der auf etwa 900 Meter Höhe liegt, lockt die Villanderer Alm in der wärmeren Jahreszeit Wanderer und im Winter Skilangläufer an.
F.-v.-Defregger Gasse 6,
Tel. (04 72) 84 31 21,
www.villanders.tv

Historisches Silberbergwerk Villanders

Das Silberbergwerk Villanders am Pfunderer Berg bei Villanders ist heute ein Schaubergwerk, das im Rahmen von Führungen des hiesigen Kultur- und Museumsvereins besichtigt werden kann. Es ermöglicht Einblicke in einen im Mittelalter für die Region bedeutenden Wirtschaftszweig: Neben Silber wurden Kupfer-, Zinn- und Bleierze unter Tage gefördert.
www.bergwerk.it, Führungen: Ostern–Okt. Di, Do und So 10 Uhr.

🛏️ Hotel und Restaurant Ansitz zum Steinbock

Mitten in der Gebirgslandschaft der Dolomiten verzaubert dieser wunderschöne Gasthof, der als »Historischer Gastbetrieb 2009 in Südtirol« ausgezeichnet wurde, seine Besucher.
F.-v.-Defregger Gasse 14,
Tel. (04 72) 84 31 11,
www.zumsteinbock.com

Waidbruck (Ponte Gardena)

ℹ️ Tourismusverein Barbian

Der zu den kleinsten Gemeinden Südtirols zählende Ort liegt zwischen Brixen und Bozen, kurz vor dem engsten Teil des Eisacktals. Seit Urzeiten ist er Verkehrsknotenpunkt, kommen hier doch historische Straßen zusammen – wie beispielsweise die Brennerroute oder der alte Erzweg ins Tal. Die einst gotische Dorfkirche St. Jodok wurde in der Frühbarockära und abermals 1930 umgestaltet. Sie ist von einigen alten Bürgerhäusern umgeben, die auch in ihrem Wesentlichen das Ortsbild prägen. Als Wahrzeichen des Ortes grüßt die markant auf einem Felsvorsprung gelegene, mächtige Trostburg. Über großzügig gezogene Serpentinen wird im Norden der höhergelegene Nachbarort Barbian erreicht, wer sich talabwärts wendet, ist bald in Kollmann.
St. Jakob 41,
Tel. (04 71) 65 44 11,
www.barbian.it

🛏️ Albergo Agnello

In diesem kleinen Gasthof kann man einfach eingerichtete Doppelzimmer mit Bad und Dusche mieten. Zur eher schlichten Ausstattung der Zimmer gehört trotzdem auch eine Minibar.
Oswald-von-Wolkenstein-Platz 5, Tel. (04 71) 65 41 23.

Wiesen/Pfitsch

ℹ️ Gemeinde Pfitsch

Die Einheimischen sprechen inoffiziell auch von »Wiesen-Pfitsch«, denn ursprünglich handelt es sich um zwei Gemeinden. Beide liegen im Pfitscher Tal, das mit seinen vielen Weilern und verstreuten Gehöften immer gern als ruhiges Sommerziel zum Wandern und – im Winter – von Skilangläufern besucht wird. Im touristisch geprägten Wiesen zählen das am Ortseingang gelegene Schloss Moos (um 1600 entstanden) und der Turnerhof mit dem Adelsturm (13./14. Jh.) zu den Attraktionen. Imposant ist der Talschluss Richtung Pfitscher Joch an der Grenze zu Österreich, das von den Eisriesen der Zillertaler Alpen beschattet wird. Vom Weiler Stein aus können im Sommer geübte und schwindelfreie Wanderer in knapp drei Stunden das Pfitscher-Joch-Haus (2251 m) und in gut fünf Stunden die Hochfeilerhütte (3510 m) erreichen. Beliebt sind auch die neu angelegten Nordic-Walking-Strecken in Wiesen und im Pfitscher Hochtal.
Wiesen 110,
Tel. (04 72) 76 51 04,
www.gemeinde.pfitsch.bz.it

❌ Pretzhof

Am Berghang, gleich am Eingang des Pfitscher Tals und in Wiesen eingebettet, liegt der auf das 13. Jahrhundert zurückgehende Bauernhof mit seinen beiden gemütlichen Gaststuben. Hier bringt man ausschließlich die traditionellen Südtiroler Gerichte auf den Tisch, liebevoll zubereitet aus den Produkten des eigenen Hofes oder von Höfen der näheren Umgebung. Passend dazu gibt es eine gute Auswahl an Südtiroler, italienischen und österreichischen Weinen. Wegen des großen Andrangs sollte man unbedingt vorab reservieren. Zum Pretzhof gehört auch ein kleiner Laden, der gegendtypische Produkte wie etwa hausgemachten Speck anbietet.
Tulfer 259,
Tel. (04 72) 76 44 55,
www.pretzhof.com,
tgl. außer im Aug. Mo–Di geschl.

🛏️ Hotel Wiesnerhof

Die komfortablen Zimmer und Suiten hier sind modern eingerichtet. Kinder treffen sich am liebsten im Spielzimmer im ersten Stock, die Erwachsenen zieht es vielleicht eher zu einem guten Tropfen in den urigen Weinkeller. Im Restaurant werden Gerichte der regionalen und der mediterranen Küche serviert. Von der Sonnenterrasse aus hat man einen wunderschönen Blick auf die Umgebung. Ein Hallenbad und die Saunalandschaft runden das Angebot ab.
Pfitscher Str. 98,
Tel. (04 72) 76 52 22,
www.wiesnerhof.it

BOZEN, WESTLICHE DOLOMITEN

Bozen und seine weitere Umgebung sind so abwechslungsreich und so voller Kontraste, wie es in wenigen Worten kaum ausgedrückt werden kann. Denn die Region ist vielfältig in mehrfacher Hinsicht: landschaftlich zum einen, mit den schroffen, steinigen Dolomiten und den rebreichen Hügeln. Oder sprachlich, weil hier Idiome ladinischer, deutscher und italienischer Zunge zusammenkommen. Was die Kultur angeht, muss die Besonderheit hiesiger Kunst, Küche oder Musik wohl nicht erst betont werden. Und klimatisch gilt: Im Frühsommer, wenn auf den nahen Bergen noch Schnee liegt, gilt Bozen immerhin als die heißeste Stadt Italiens!

Sarntaler Alpen **32**

BRIXEN
BRESSANONE

Plose
Brixener Dom
Hofburg Brixen
Diözesan-museum
Plose Bühel
Cima di Plose
2504

56
Radelspitze
Cima Rodella
2422
Aberstück
Sonvigo

Unt. Reinswald
Reinswald
San Martino
Valdurna
Gentersberg
Astfeld
Campolastra
Villandesberg
M. Villandro 2509

St. Cyprian
Schloss Reinegg
Sarnthein

Feldthurns
Velturno
Schloss Feldthurns
Kloster Säben
Klausen
Chiusa
Klausen-Grödnertal

Teis
Tiso
St. Jakob
Villnöß
Fünes
St. Magdalena

Villnösser Tal **33**

St. Johann
Zanser Alm
Rifugio Zannes

Würzjoch
Pso.delle Erbe
Börz 2006
Palmschoß
Pláncios
19 2874
Peitlerkofel
Sass de Pútia

Kreuztal
Valcroce
Munt
Monte di Fúnes
12%

Millan
Milano

Eisack

Villanders
Villandro
Barbian
Barbiano
Waidbruck
Ponte Gardena
Trostburg
Rotwand

Außerraschötz
Rasciesa
2282
Geislerspitzen
Sass Rigáis
Puezspitzen
Pte.d. Puez
2913

Grödnertal **35**

St.Ulrich

Naturpark Puez-Geisler **34**

Ritten **28**

Sarntal **32**

Oberinn
Auna di Sopra
Lengstein
Longomoso
Erdpyramiden
Sc
liar

St. Christina
S.Christina
San Christina

Seceda
2518

Grödnerjoch **35**
12%
Fischburg
il Castello
14
2137

Klobenstein
Collalbo
Atzwang
Campodazzo
Isarco
Völs
Fiè
Völser
Weiher
2563

Seis
Siusi
Seiser Alm
Val Gherdëina
Floralpina

Seiser Alm **39**
Langkofel **36** **37** Sellagruppe
Piz Boè
3152
Pordoijoch
2239

Schlern **40**
Kastelruth **39**

Roterdspitzen
Cima di Terrarossa
2655
Palaccia
2297
Sellajoch/Passo di Sella
2240

Erdpyramiden
Schloss
Runkelstein
Wolfsgruben
Costalovara
Unterinn
Auna di Sotto
Prösels
Présule
Schloss Prösels

Naturpark Schlern

Campitello di Fassa
Ciampedel
Gries
Canazei
Cianacei
Penia
Lorenz

30 BOZEN

Rentsch
Bozen-Nord
Bolzano-Nord
Runeid
Corneid all'Isarco
St.Heinrich
Kohlern Stadlegg
Colle
St. Jakob
S. Giácomo
Airport Bozen-Dolomiten
Aiport Bolzano-Dolomiti

Breien
Brie
Steinegg
Collepietra
Gummer
S. Valentino in Campo
Große
Dolomitenstr.

Leifers
Láives
Branzoll
Bronzolo

Eggental
Val d'Ega
Wölfl
Lupicino
Welschnofen
Nova Levante
Birchabruck
Ponte Nova

Deutschnofen
Nova Ponente
St. Nikolaus-Eggen
S. Nicolò d'Ega

St.Cyprian
S. Cipriano
Tiers
Tires
Tie
rser Tal

Nigerpass
Pso.Nigra
1688
Rif.
Gardeccia
Ronch

Mazzin/Mazin
2436
Pera
Pozza di Fassa
Poza di Fascia

Val
di
Fassa

Marmolada

Rosengarten **41**

Karersee **42**

Weissenstein
Pietralba
Obereggen
S. Floriano
Bewaller
Rauth
Novale
Petersberg
M. S. Pietro
Schönrast
1791

Karersee
Carezza al Lago
Karerpass
Pso. di Costalunga
1745
Vigo di Fassa
Vich
Rotwand
2806
Vallonga
Tamion
Soraga

San Giovanni
San Jan
Ciampiè
Val di S. Nicolò
Vallaccia
2637

Monzoni
2645

Passo di
S. Pellegrino
1918

Aldein
Aldino
Kaserhof
Maso Casera

Oberradein
Redagno
Weißhorn
2317
Pala di Santa
2488
Lavazejoch
1805
Alpe di Pampeago
la Rocca
2439

43 Látemar Moena

Valsorda
Forno

Val di S. Pellegrino
Someda
Fango
346
Col. Márgherita
2483
M. Pradazzo
2276

Hohlen
Olmi
Unterradein
Jochgrimm
Passo di Oclini
2439
Schwarzhorn
2439
1989
M. Agnello
Mezzavalle
Viézzena
2490
Le Cune
2380
Cima Bocche
2745

Parco
Regionale
Passo di Valles
2033

Truden
Tródena
Montan
1563
S. Lugan
Lugano
Fontanefredde
Kaltenbrunn
Osteria
alla Chiusa
1431
Passo di Pramadiccio
2358
Stava
Bellamonte
Paneveggio
T. Travignolo
2174
Passo della
Costazza

Cavalese
Varena
Cerin
Predazzo
Forte Buso
50
Passo di Rolle
1972
Colbricón
2603
S. Martino
di Castrozza

Altrei
Predáia
Molina
Castello-
Molina di Fiemme
Tésero
Panchià
Masi di
Cavalese
Lago
di Cavalese
Zanon
Roda
Ziano
di Fiemme
Val
di
Stramentizzo
Lago di Stramentizzo
Cavelonte
Cima di Cese
2754
Paneveggio

SEHENSWÜRDIGKEITEN: BOZEN, WESTLICHE DOLOMITEN

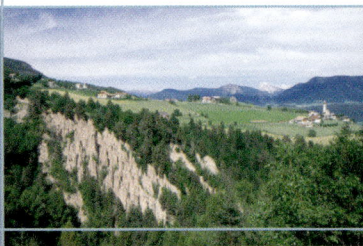

Wollen die Bozner der Sommerhitze entfliehen, stehen ihnen drei Seilbahnen zur Auswahl, welche direkt von der Stadt nach Kohlern, Jenesien oder Oberbozen führen. Am eindrucksvollsten ist der Rittner Rücken mit seinen bizarren Erdpyramiden (oben) unter der atemberaubenden Kulisse der Dolomiten (große Bilder).

INFO Rittner Schmalspurbahn

Schon vor 100 Jahren transportierte die Rittner Bahn Touristen von Bozen auf den Ritten. Auf dem Hochplateau blieb die Schmalspurbahn erhalten – und verkehrt als letztes »Bahnl« von Südtirol im Stundentakt zwischen Klobenstein und Oberbozen.
Abfahrt Klobenstein
tgl. 6.35–20.10 Uhr stdl.

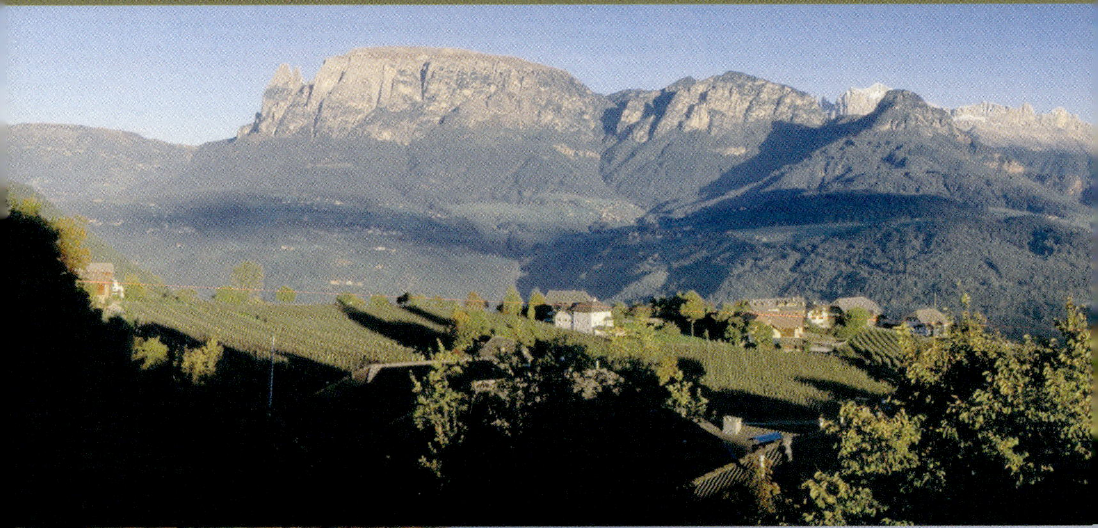

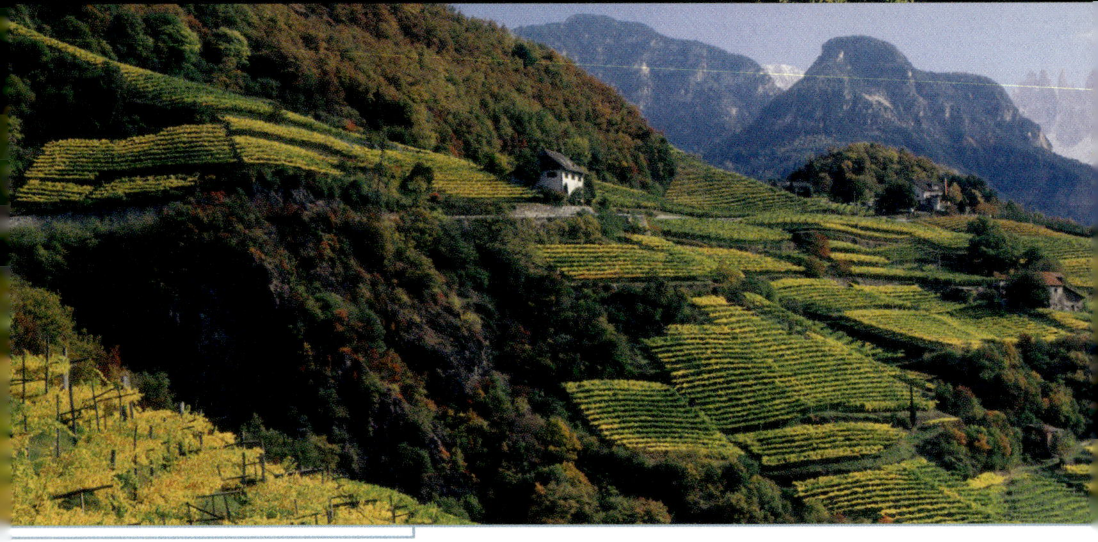

Der Sommerhitze auf rund 250 Meter Meereshöhe entflieht der Bozner auf die rund 1000 Meter höher gelegene Ebene des Ritten. Die Rittner Bahn ist eine elektrisch betriebene Schmalspur-Eisenbahn: Das »Bahnl«, wie man sie liebevoll im Volksmund nennt, verbindet die Orte Maria Himmelfahrt, Ober-bozen, Wolfsgruben, Lichtenstern und Klobenstein am Rittner Hochplateau. Die Aussicht verschlägt einem schier den Atem. Wer hier wandert, der sollte öfter einmal innehalten und sich der Schönheit dieses Fleckchens Erde bewusst werden. Die wohlhabenden Bürger hatten den Ritten im 19. Jahrhun-dert eben nicht nur wegen der Sommerfrische für sich entdeckt. Erst viel später genossen die Bozner selber Aussicht und Kühle auch jenseits der Sarnerschlucht, auf dem Salten. Oberhalb von Jenesien breiten sich dort traumhafte Lärchenwälder aus, und aus der Ferne grüßt die Ortlergruppe.

SEHENSWÜRDIGKEITEN: BOZEN, WESTLICHE DOLOMITEN

In Bozen liegen die größten Promenaden an den Ufern der Talfer. Viel Flair strahlt der Waltherplatz (großes Bild) nicht nur abends aus, wenn es in den kleinen Straßen wie der Gerbergasse (rechts) zumeist schon recht gemächlich zugeht. In Bozens Passagen residieren Traditionsbetriebe wie die Madonna-Apotheke (unten).

TIPP Weißes Rössl

In einer der typischen Altstadtstraßen wird 400-jährige Gasthaustradition zelebriert. Nach altem Brauch sitzt man mit anderen Gästen zusammen an den Tischen und wählt von der deftig bestückten Karte. Ein Geheimtipp sind die Leberknödel.
Bindergasse 6, Tel. (04 71) 97 32 67, Mo–Sa 11–22 Uhr, Sa nur mittags.

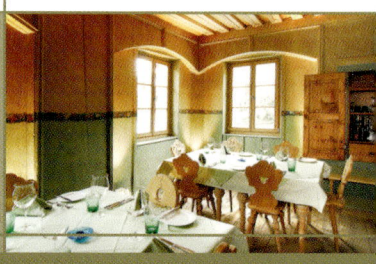

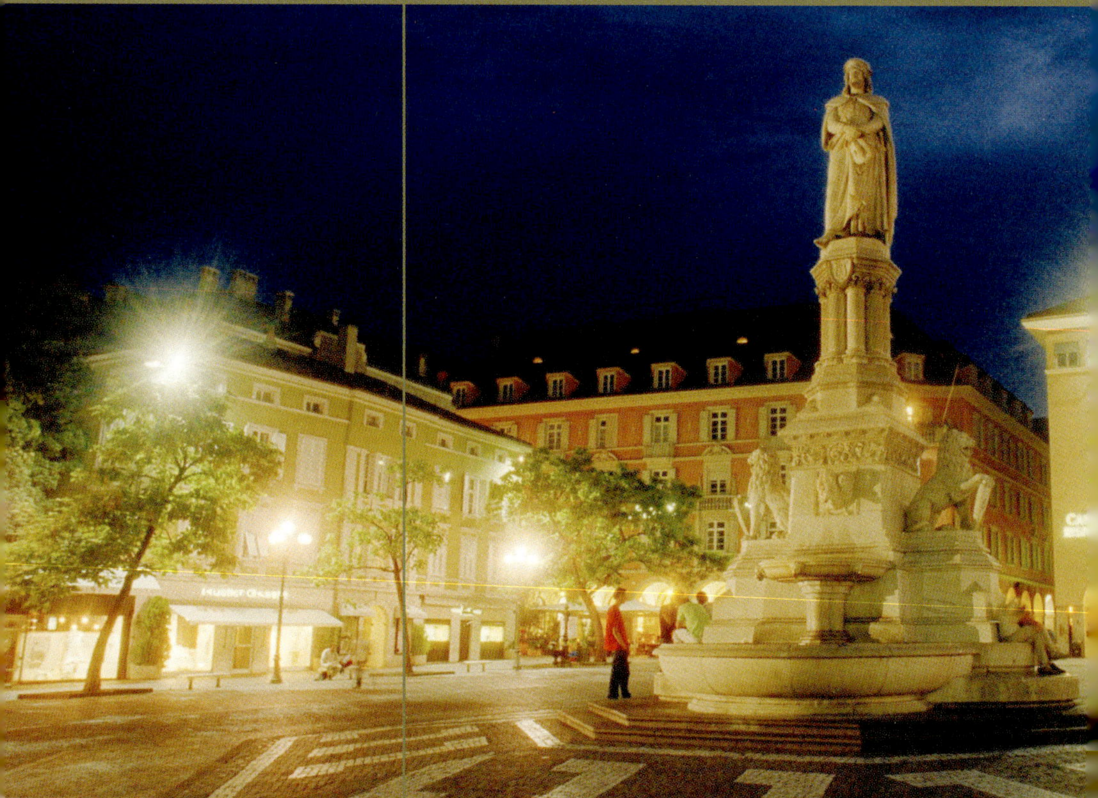

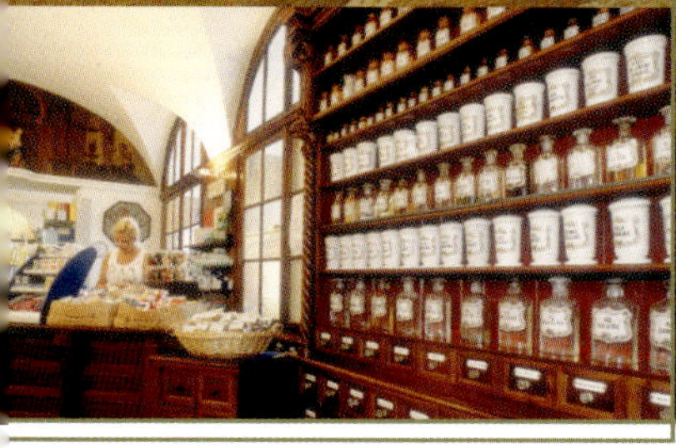

Bozen – das ist auch Bolzano. Südtirols Landeshauptstadt, wo am Waltherplatz im Sonnenschein Cappuccino getrunken wird, wo man zur Passeggiata, dem Bummel über die Talferpromenaden oder durch die Lauben, seine schönste Garderobe auswählt, wo bei den Dominikanern in der Johanneska-pelle das Italienische, in der Franziskanerkirche Deutsch zu hören ist: Ist sie nicht ein Musterbeispiel für den Dualismus verschiedener Kulturen, am Ende vielleicht gar für »Multikulti«? Wenn Südtiroler beider Sprachgruppen jahrein, jahraus zufrieden zusammenleben, so findet das in der Öffentlichkeit selten Aufmerksamkeit. Denn die um die 100 000 Einwohner zählende und zu rund 80 Prozent italienischsprachige Handelsstadt, sonnenüberflutet am Schnittpunkt von drei Tälern gelegen, ist ganz einfach ein entspanntes Gemeinwesen, wo sich solche Fragen kaum (mehr) stellen. (s. S. 20, 132)

Die Weinbautradition in Südtirol reicht bis weit in die rätische Vorzeit zurück. Die Räter legten schon tausend Jahre vor der römischen Eroberung die ersten Weinberge an. Heute kann man Südtiroler Weine vielerorts auf der Welt kaufen. Großes Bild: am Kalterer See.

TIPP Weinstraßenwochen

Von Mitte Mai bis Mitte Juni überbieten sich die 15 Anbaugemeinden der Weinstraße mit vielerlei Genuss-Veranstaltungen. Es gibt Weinseminare, Ausstellungen, Verkostungen und zuletzt eine »Nacht der Keller«, in der 40 Kellereien zur Einkehr locken.

Auskünfte: Tel. (04 71) 86 06 59

Ein guter Tropfen wird entlang der Südtiroler Weinstraße schon seit Jahrtausenden produziert. Böse Zungen behaupten, das Wasser des Kalterer Sees werde im Weinort Kaltern als Tafelwein ausgeschenkt. Wahr ist, dass es sich im größten und wärmsten Badesee des Landes herrlich schwimmen lässt, dass in den 15 Weinanbaugemeinden von Nals bis Salurn, mit Bozen, Eppan und Kurtatsch, viele Rebanlagen in sogenannter Pergola-Form zu finden sind – der Wein rankt sich hier über eine Art Laubenkonstruktion. Charakteristisch für die Region sind die sehr gerbstoffreichen Vernatschreben. Kalterer-See-Wein wird von den Bauern mit Schürze gelesen und gekeltert. Gegen null Promille im Straßenverkehr hört man hier vielerlei Einwände. Wie von Tirols Mittelalter-Barden Oswald von Wolkenstein kann der Gewürztraminer auch einfach nur besungen werden – nüchtern ist die Gegend ja herrlich genug!

SEHENSWÜRDIGKEITEN: BOZEN, WESTLICHE DOLOMITEN

Kaum zugänglich war das Sarntal bis vor wenige Jahrzehnte – Brauchtum und Trachten blieben hier daher besonders urtümlich (Bilder rechts unten). In die sanfte Berglandschaft der Sarntaler Alpen eingebettet, liegt die Kirche von Durnholz mit ihren grandiosen mittelalterlichen Fresken (großes Bild).

TIPP Bauernmarkt

Deftige Spezialitäten aus der Region werden von Mitte Juni bis Oktober jeden Samstag im schmucken Sarnthein angeboten: Auf dem großen Markt sind die Höfe des Sarntals mit ihren typischen Produkten vertreten.

Kirchplatz, 39058 Sarnthein, 13. Juni–31. Okt. Sa 8–12 Uhr.

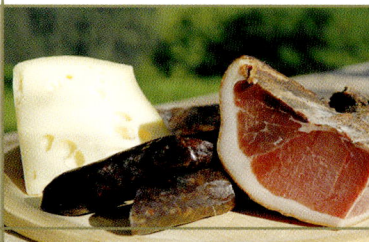

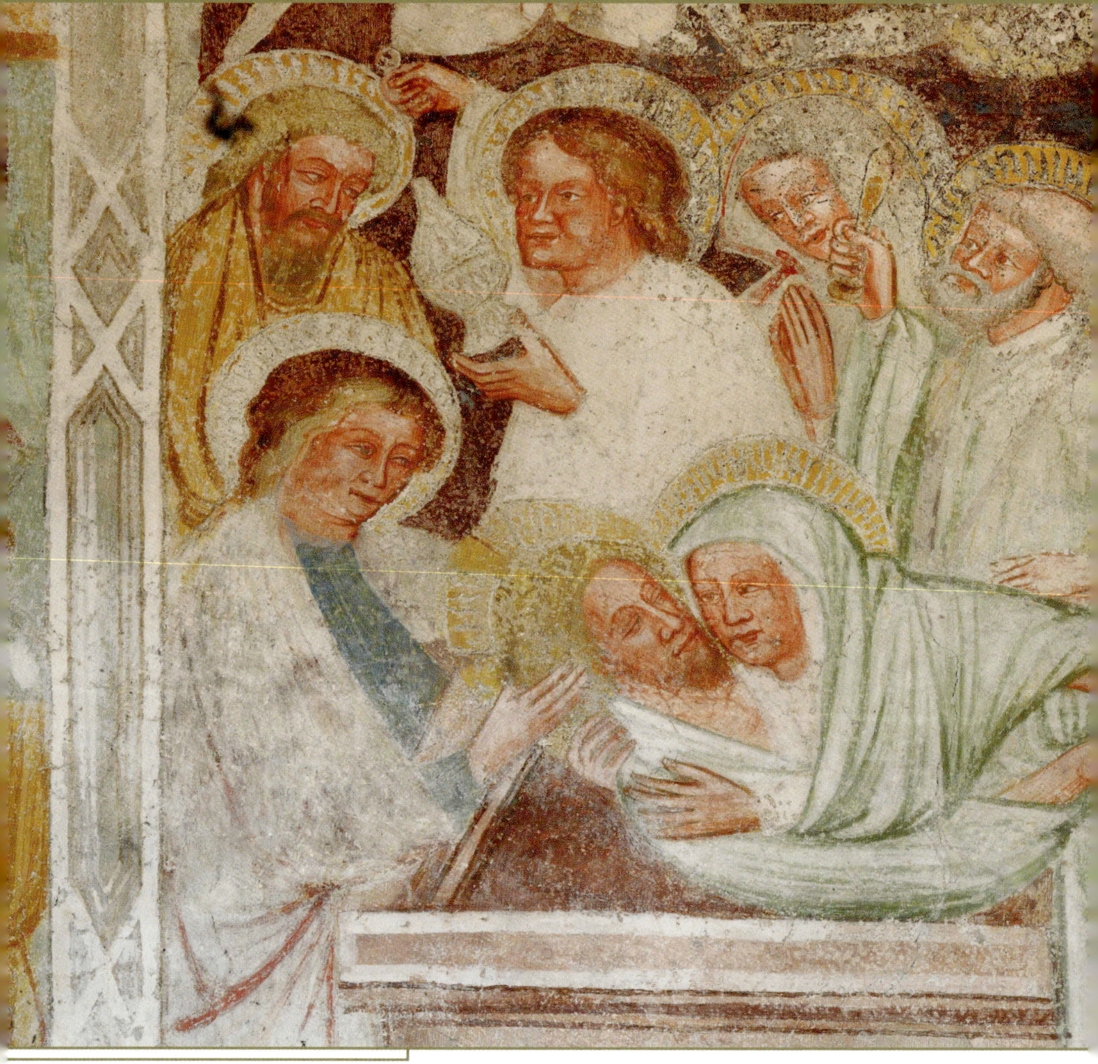

»Krax« (Hosenträger) und »Fatsch« (Ledergürtel) halten die engen Lodenhosen verlässlich am rechten Platze, wenn der Sarner zur Sonntagsmesse schreitet. Der schmucken Tracht, die sich bei den Männern stark von anderen Südtiroler Gewandungen abhebt, gilt im traditionsbewussten Tal aller Stolz. Komplett ist sie erst mit dem handgestrickten »Jangger«, der sich heute als Freizeitjacke großer Beliebtheit erfreut. Derart bekleidet, schreitet es sich gut auf Prozessionen, zur Kirche oder um den Durnholzer See herum, begleitet vom Duft der Latschenkiefern, die auf den Höhen des Penser Jochs wachsen und den Brennereien ihr Material zur Ölherstellung liefern. In der grünen Lunge Südtirols eignete sich die Bevölkerung manche handwerkliche Fertigkeit an. Die Drechseltradition ist 700 Jahre alt, und seit über 200 Jahren pflegen die Sarnerinnen die Kunst der Federkielstickerei.

SEHENSWÜRDIGKEITEN: BOZEN, WESTLICHE DOLOMITEN

Die gut 3000 Meter hohen Gipfel von Sass Songher und Furchetta bestieg der erfolgreichste Bergsteiger der Welt, Reinhold Messner, mit fünf Jahren. Heute ist das Tal davor mit seinen Weilern und Kirchen ein Highlight für die Fotografen, die aus aller Welt nach St. Magdalena (großes Bild) und St. Valentin (oben) pilgern.

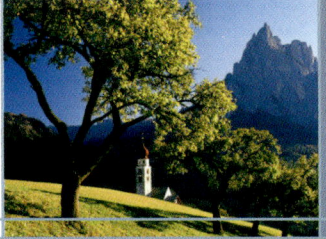

INFO Erlebniswanderungen

Im Sommer bietet der Tourismusverein natur- und volkskundliche Touren an. Der Bergbauernweg Nr. 11 z. B. beginnt in St. Peter, führt vorbei an einem restaurierten Hof und über St. Magdalena durch schöne Kulturlandschaft zurück zum Ausgangspunkt.
Auskünfte: Tourismusverein, Tel. (04 72) 84 01 80

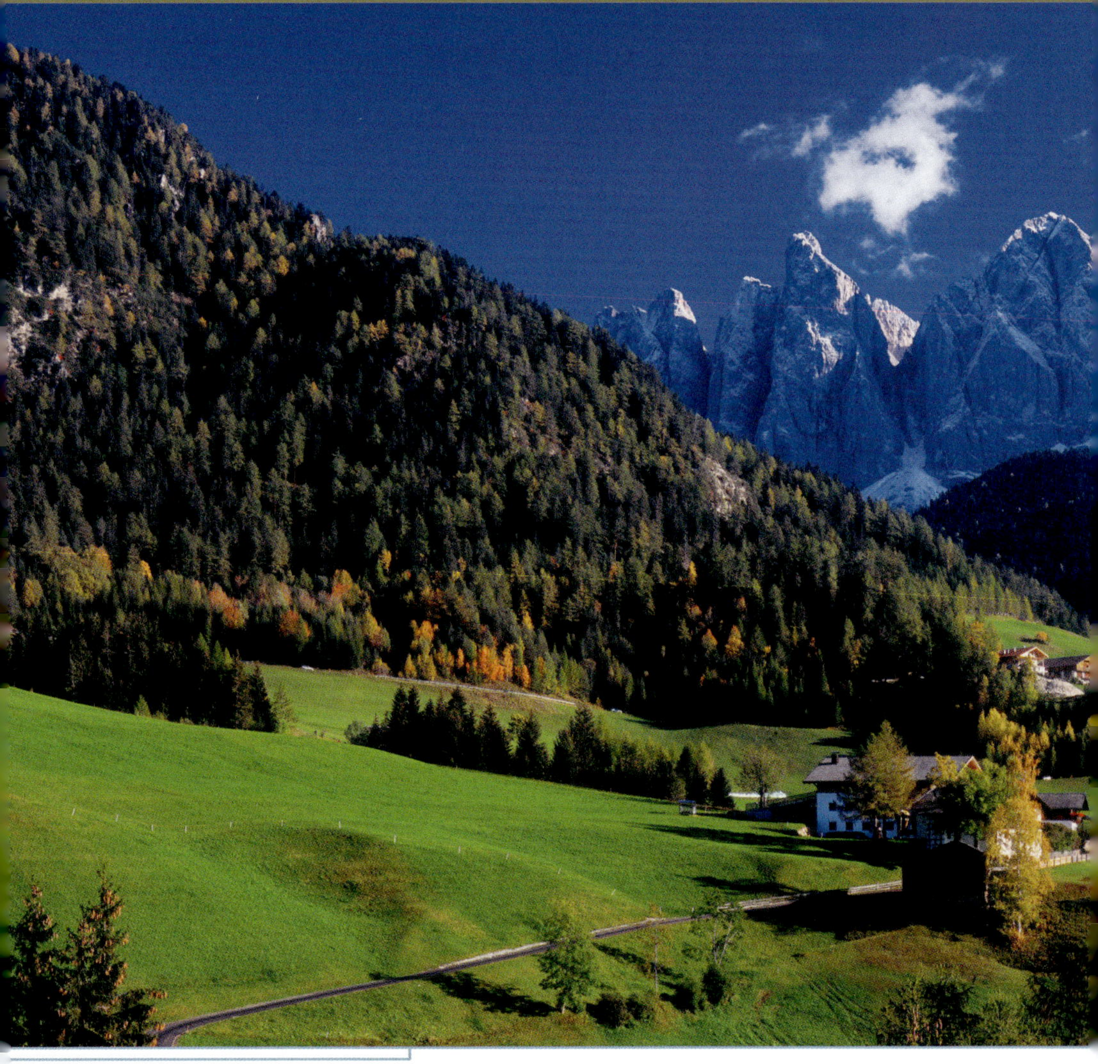

Nur für wenige Momente bieten sich die filigranen Geislerspitzen den Blicken der Reisenden auf der Brennerautobahn dar. Ganz kurz, aber doch ausreichend, um beim Besucher genug Neugier zu wecken, den Weg ins Villnösstal nicht zu scheuen. Hinten im Tal leuchtet die »Brennende Liebe«, eine Nelkenart, von den Hängen, ragen verzaubert die 3005 Meter hohen Gipfel des Naturparks Puez-Geisler in den Dolomitenhimmel. An der Waldgrenze schmatzen die Kühe der Almen, während im Talgrund das Kirchlein von St. Johann in Ranui immer wieder den Fotografen Modell steht. Im Weiler St. Magdalena wuchs Reinhold Messner auf, jener Bergsteiger, der noch vor seiner Eroberung der Achttausender dieser Welt an diesen Südtiroler Bergen Alpingeschichte schrieb. Spektakulär: seine geradezu einer Traumlinie folgende Tour durch die Nordwand des Peitlerkofels über dem Würzjoch.

SEHENSWÜRDIGKEITEN: BOZEN, WESTLICHE DOLOMITEN

Der Naturpark liegt inmitten eines sehr stark erschlossenen Gebiets der Dolomiten. Im Süden erstreckt sich das Grödnerjoch, nordöstlich begrenzt das Ski-Dorado Gadertal/Badia den Park, und im Nordwesten lockt das Villnösstal. Von dort gesehen, wirken die Gipfel der Geislergruppe am spektakulärsten (große Bilder).

INFO Kolfuschg

Am südlichen Ende des Naturparks liegt die mit 1645 Metern höchstgelegene bewohnte Ortschaft der Alta Badia: Kolfuschg bzw. Colfosco ist ein zauberhafter Ort, der sensationelle Ausblicke auf das imposante Sella-Massiv und in die tiefe Schlucht des Mittagstals gewährt. Sehenswert ist auch die gotische Kirche.

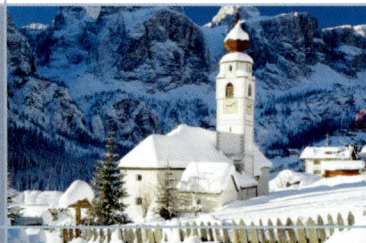

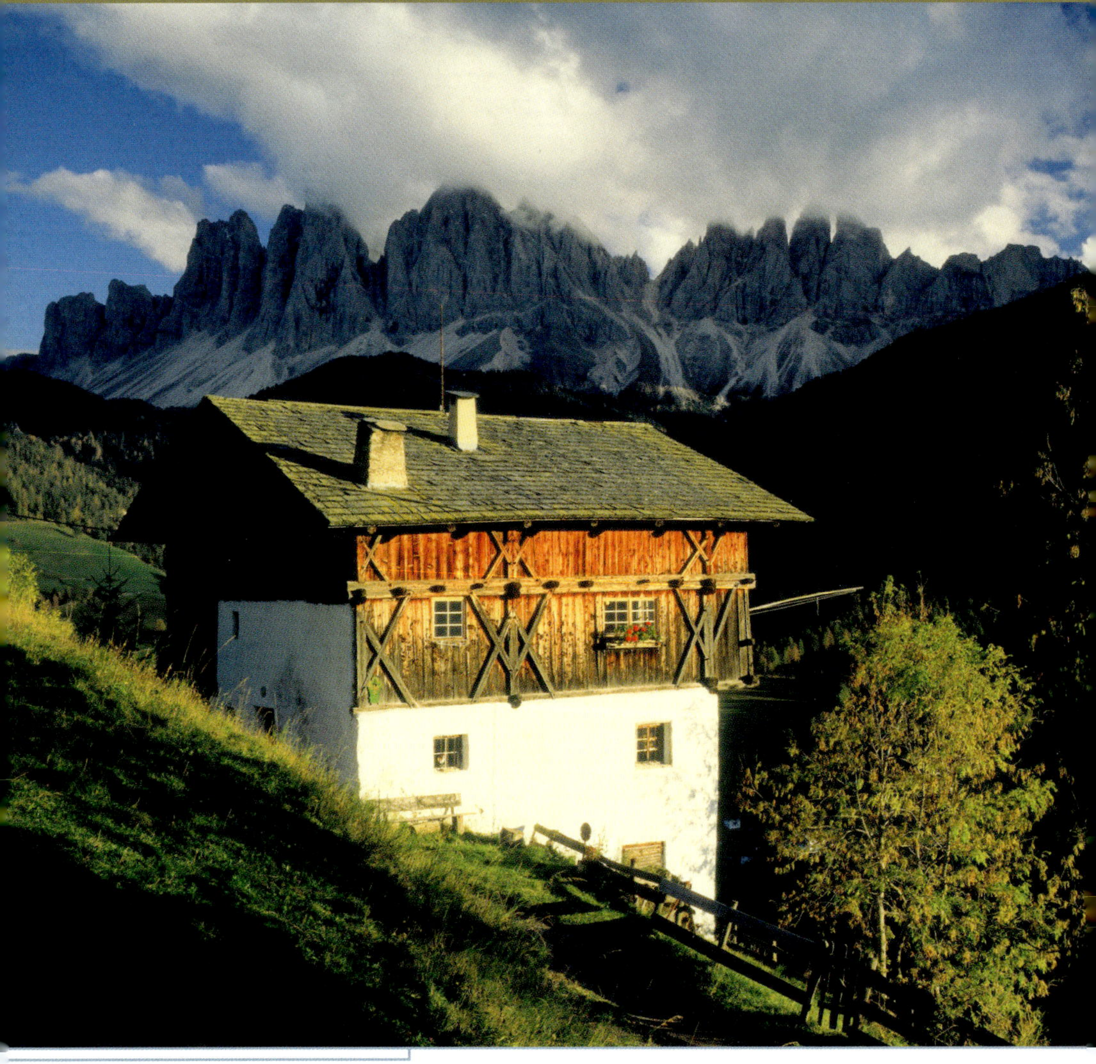

NATURPARK PUEZ-GEISLER 34

Kühne Felsgrate, bizarre Erosionsformen und interessante Karstformen kontrastieren im Naturpark Puez-Geisler mit ausgedehnten Hochflächen und Wäldern. Peitler-, Geisler-, Puezgruppe sowie Sass Songher und Stevia sind die Namen, von denen Bergsteiger im Park zwischen Würzjoch im Norden und Grödnerjoch im Süden träumen. Aber in der vor allem in geologischer Hinsicht reizvollen Landschaft finden auch Wanderer ihre Traumgegend, zum Beispiel entlang des Dolomiten-Höhenwegs. Am Weg präsentieren sich allerlei unterschiedliche Dolomitgesteine, Schichten und Ablagerungen. Sie geben Aufschluss über rund 140 Millionen Jahre Entstehungsgeschichte. Dem wachsamen Auge werden die vielen versteinerten Muscheln und Meerestiere nicht entgehen, ebenso wenig die erhalten gebliebenen Muränenwälle der Eiszeiten an den Südhängen der beeindruckenden Geislergruppe.

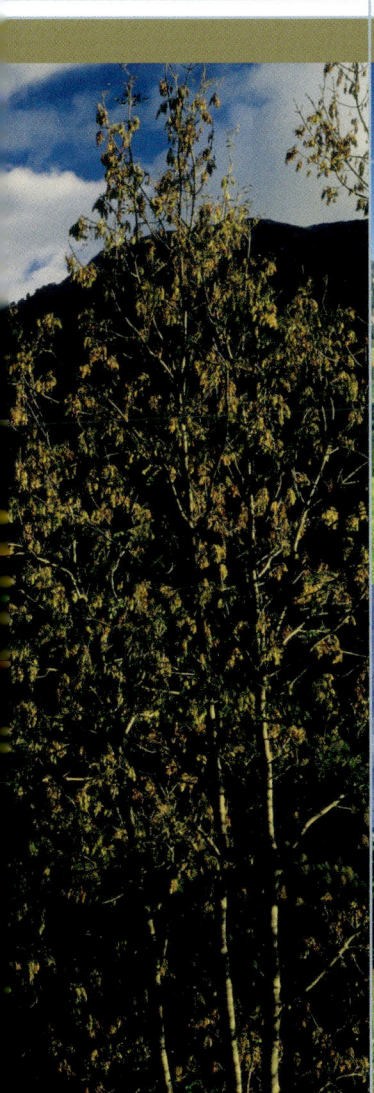

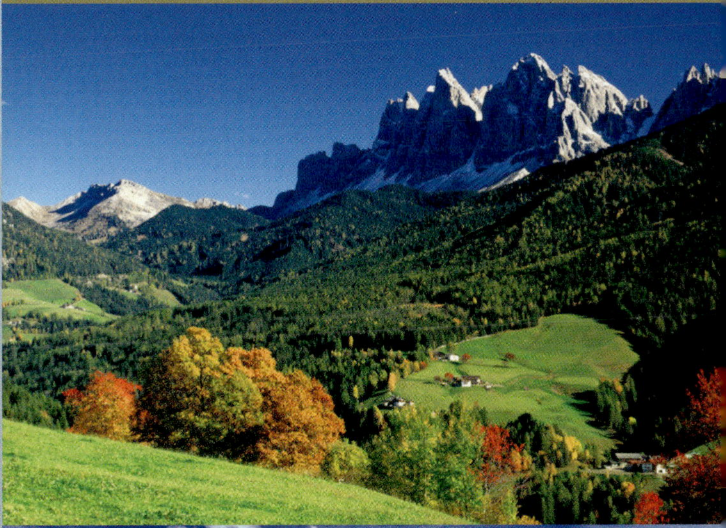

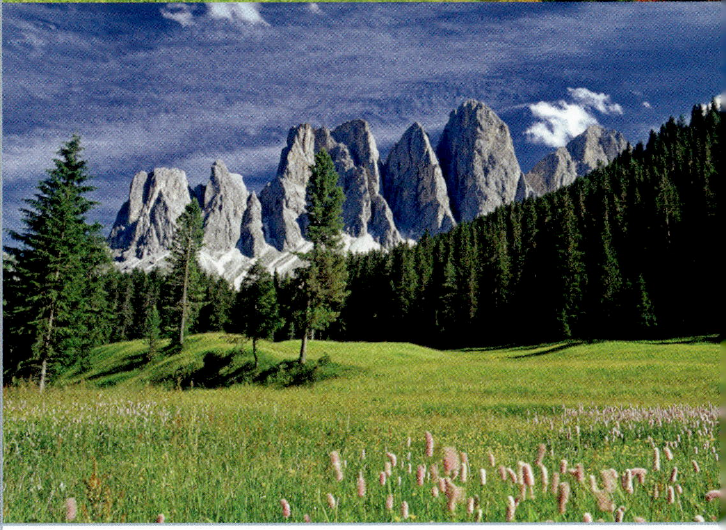

SEHENSWÜRDIGKEITEN: BOZEN, WESTLICHE DOLOMITEN

Die Gipfel der Langkofelgruppe ragen in den Himmel über Ladinien. Die Langkofelspitze ist das Wahrzeichen des Tals, wo Schnitzer seit Generationen wahre Meisterwerke schaffen (Bilder unten). Das Tal und seine Hänge gehören zwar zu »den« alpinen Skigebieten, doch Kultur und Tradition sind so echt wie ehedem (oben).

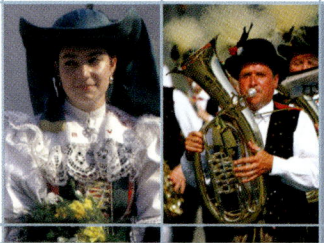

INFO Museum Gröden

Der Besuch gibt einen Einblick in Natur und Kultur des Tals. Zu sehen sind alte Schnitzkunst und Steinzeitfunde; ein Raum ist Südtirols Berglegende Luis Trenker gewidmet.

Reziastr. 82, 39046 Urtijei, Tel. (04 71) 79 75 54, Di + Fr 14–17, Do 10–12, Juli–Aug. tgl. außer Sa 10–12, 14–18, So 14–18 Uhr.

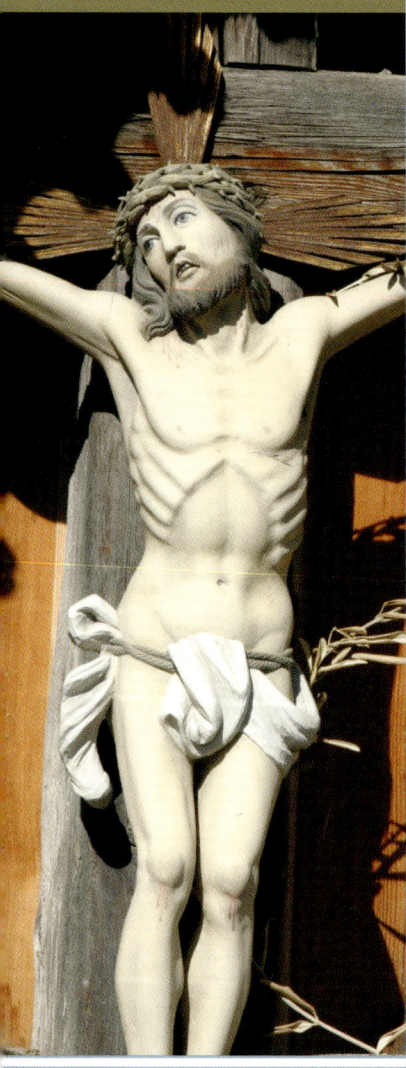

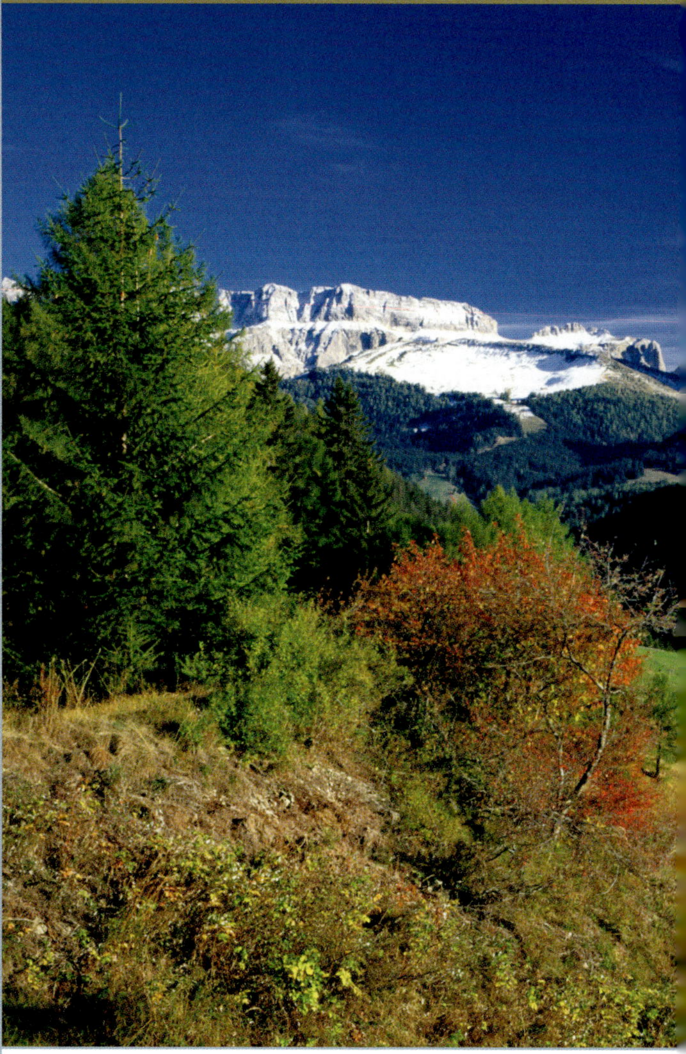

1892 erblickte der Bergsteiger, Schauspieler, Regisseur und meisterliche Erzähler Luis Trenker, der fast 100 Jahre alt wurde, in St. Ulrich das Licht der Welt – einer Zeit, da das Grödnertal noch in Dornröschenschlaf lag. Die Talschlucht erschwerte jede Kommunikation mit der Außenwelt, die Bewohner der drei kleine Weiler hier sprachen ausschließlich ladinisch. Wer nicht Bauer war, arbeitete als Schnitzer. Bald fuhr die Grödnerbahn, mit ihr kamen auch die Soldaten des Ersten Weltkriegs zur Front in den Bergen. Heute ist alles anders: Unter dem Sella- und dem Grödnerjoch pulsiert eine der Top-Destinationen der Alpen. Die drei Orte sind zusammengewachsen, man parliert dreisprachig, der Tourismus floriert. Skiweltmeisterschaften hat man hier ausgerichtet, im Tal und auf den Pässen staut sich der Verkehr, das Bahnl fährt nicht mehr – aber die Bergriesen leuchten wie eh und je.

SEHENSWÜRDIGKEITEN: BOZEN, WESTLICHE DOLOMITEN

Schier endlos erstrecken sich auf der Seiser Alm die geschwungenen Wiesen Richtung Langkofelgruppe (oben). Von der größten Hochalm Europas aus genießt der Betrachter den Kontrast zwischen horizontalen Flächen und senkrechten Linien. Im Osten präsentiert sich wuchtig der Langkofel (großes Bild).

INFO Rundwanderung

Eine schöne und verhältnismäßig leichte Rundwanderung um Langkofel und Plattkofel beginnt am Sellajoch. Rechts oder links herum kann man der gut markierten Route folgen, die mit grandiosen Ausblicken und inklusive Einkehr in der Plattkofelhütte in ca. 4,5 Stunden zum Ausgangspunkt zurückführt.

Wuchtig trohnt er über dem Grödnertal: der Langkofel (ladinisch »Sas-
lonch«, italienisch »Sasso Lungo«), der
lange Fels. Zwar ist er mit 3181 Metern
sehr hoch, aber noch weit breiter. Seine
düstere Nordwand beeindruckt schwer.
Einen Kilometer aufwärts, fast senkrecht, ragt sie in den Himmel. Erstmals
wurde die Wand vor bald 100 Jahren
über die sogenannte Pichlkante be-
zwungen, in mehrtägigem »Kampf« –
wie das Verhältnis Mensch zu Berg früher oft umschrieben wurde. 70 Jahre
später lief der Grödner Adam Holz-
knecht die Kletterroute in 37 Minuten
zum Gipfel. Anschließend stieg er über
den Normalweg, ungefähr der Route
des Erstbesteigers von 1869 folgend,
zur Langkofelscharte ab. Für den Genuss des grandiosen Gipfelblicks blieb
keine Zeit. Die hat man, gutes Wetter
vorausgesetzt, bei Übernachtung in der
kleinen Biwakschachtel am Gipfel –
einem Millionensternehotel.

Hunderttausende Menschen erklimmen jährlich in allen Arten der Motorisierung die höchst spektakuläre Bergstraße zwischen Bozen und Cortina d'Ampezzo. Ruhig bis sehr ruhig (großes Bild) geht es hier nur noch außerhalb der Sommersaison oder an Tagen zu, die den Radlern vorbehalten sind. Wer nur schnell durch will, versäumt etwas und verliert bei aller souveränen Kurventechnik leicht den Blick fürs Wesentliche: die herrliche Bergkulisse am Sellajoch (kleine Bilder).

GROSSE DOLOMITENSTRASSE

Keine Gebirgsgruppe weltweit präsentiert sich auf engem Raum so vielfältig geformt wie die Dolomiten: bizarre Felsspitzen ragen auf, enorme Steilwände beeindrucken genauso wie wahrhaftig noch wilde Schluchten, funkelnde Kargletscher und, dazwischen, hochalpine Matten mit Alpenrosen, Zirben, Latschen, Fichten und den im Herbst gelborange leuchtenden Lärchen. Zum Gelb und zum Grün der Bäume gesellen sich die Grau-, Orange-, Rot- und Schwarztöne der Kalkfelsen, das Himmelsblau und das Weiß der sich buschförmig in Szene setzenden Wolken. Das grandiose Naturschauspiel wollten die Alpenvereine zu Zeiten des erst aufkommenden Tourismus im Jahr 1898, anlässlich des 50. Regierungsjubiläums Kaiser Franz Josephs von Österreich, mit dem Bau der »Kaiserstraße« von Bozen nach Cortina d'Ampezzo würdigen. Doch aufgrund von Bauverzögerungen konnte die 109 Kilometer lange Straße erst 1909 zur Gänze eröffnet werden. Dann war es vor allem das Militär, das sie – im Vorfeld des Ersten Weltkriegs – nutzte und das Straßennetz über die Pässe ausbaute. Erst nach dem Zweiten Weltkrieg erlangte die Dolomitenstraße, dank des bald einsetzenden Autobooms, ihre touristische Funktion. Als Verbindungsstrecke der wichtigen Orte von Eggen-, Fassa- und Buchensteintal über Karer-, Pordoi- und Falzaregopass ist sie heute von zentraler Bedeutung – und in der Hochsaison, Winter wie Sommer, zumeist überlastet.

SEHENSWÜRDIGKEITEN: BOZEN, WESTLICHE DOLOMITEN

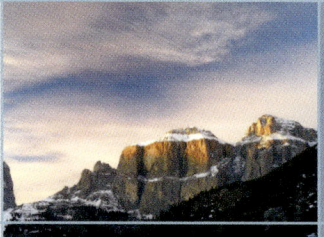

Rund um die Sellagruppe führt nicht nur manch Straße und Wanderweg, sondern auch eine höchstbeliebte Skirunde: die »Sella Ronda« entlang des Passo Pordoi mit seinen imposanten Felsfluchten. Ein Highlight und wahrhaftiger Blickfang: die Piz-Ciavazes-Südwand (alle Bilder).

INFO Sass Pordoi

Vom Pordoijoch aus fährt die Funivia, die Seilbahn, auf den 2952 Meter hohen Gipfel des Sass Pordoi. Von dort hat man einen atemberaubenden Blick über die Dolomiten, den man z. B. sehr gut auch an der Bergstation im Panoramarestaurant »Rifugio Maria« genießen kann.
21. Mai–19. Okt., tgl. 9–17 Uhr.

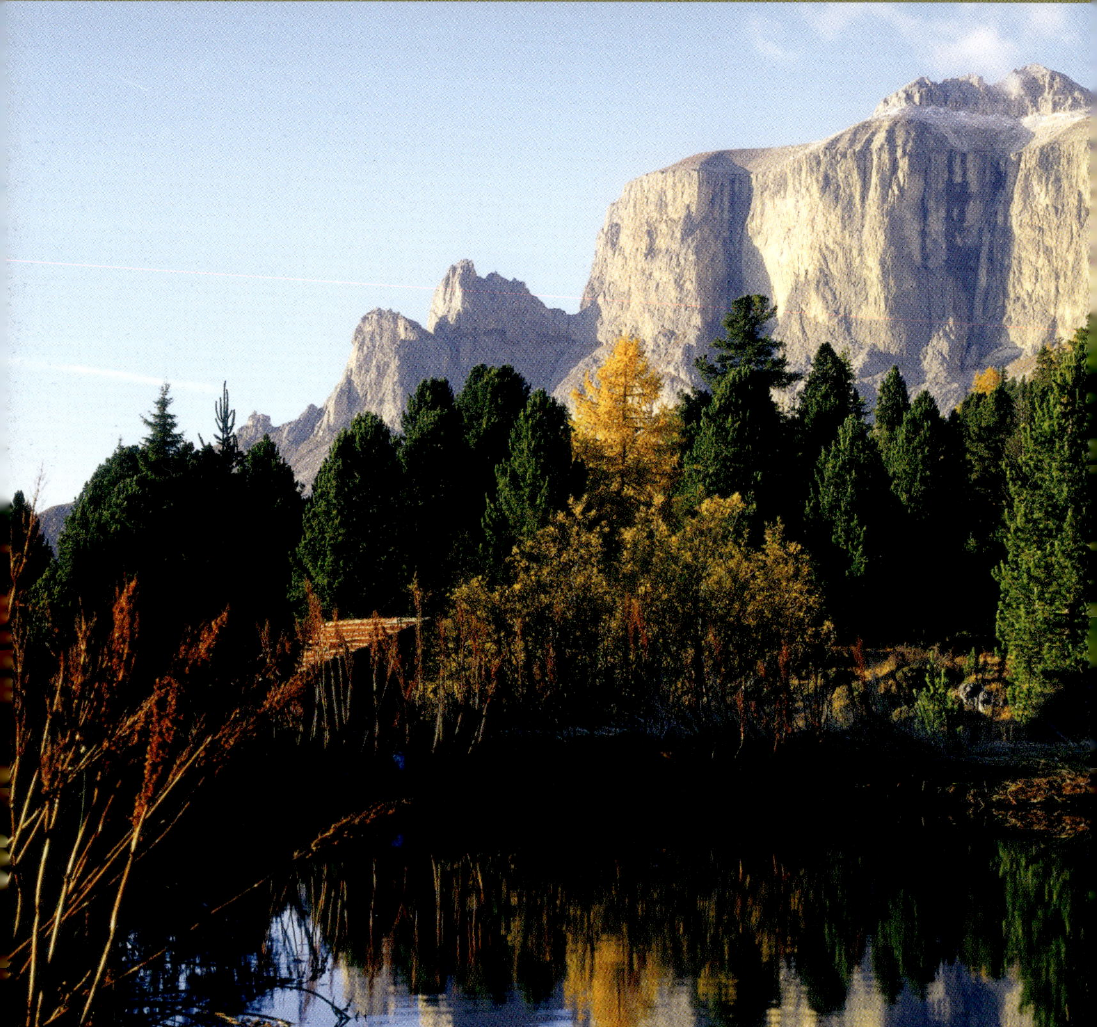

»Via le moto dal Sella« heißt eine moderne Kletterroute an der Ciavazes-Südwand, der meistbesuchten Wand der Dolomiten. Motorradfahrer nutzen die kurvenreichen Pässe von Grödner-, Sella-, Campolongo- und Pordoijoch gern und geräuschvoll, oft nicht eben zur reinsten Freude der Kletterer in den Sellawänden. Ruhiger geht es an den vielen Aufstiegsanlagen zu Füßen der nach dem italienischen Bergsteiger Sella benannten Berggruppe zu. Besonders beliebt ist die berühmte »Sella Ronda« auf Skiern. Noch ruhiger wird es hier nur, wenn die Passstraßen wegen Lawinengefahr gesperrt sind oder die Pässe für einen Tag im Jahr den Radfahrern gehören. Natürlich ist der Bergstock immer schön anzusehen, im Sommer aber nur auf der riesigen Hochfläche um den 3151 Meter hohen Piz Boè und beim Abstieg durch das wildromantische Mittagstal wirklich entspannt zu erleben.

SEHENSWÜRDIGKEITEN: BOZEN, WESTLICHE DOLOMITEN

In den Wänden von Guglia di Brenta und Brenta Alta (großes Bild) kletterte Bruno Detassis, der als Erstbegeher vieler Gipfelrouten eine Bergsteigerlegende war, sein halbes langes Leben lang. Von Schutzhütten wie der am Crozzon di Brenta (unten rechts) aus wird das Ziel jedes Gipfelstürmers in Angriff genommen.

INFO Bärengehege

Dem alpinen Braunbären kann man unweit von Molveno, im Parco Orsi von Spormaggiore, ins Auge sehen. Das Gehege ist dem natürlichen Lebensraum nachempfunden.

Area Faunistica, 38010 Spormaggiore, Tel. (04 61) 65 36 37, tgl. 9.30–12.30, 14.30–18.30 Uhr, Juli–Sept. durchgehend.

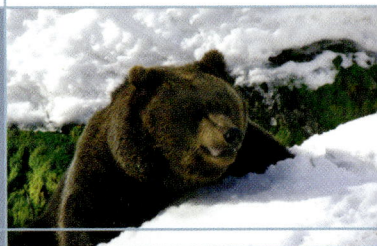

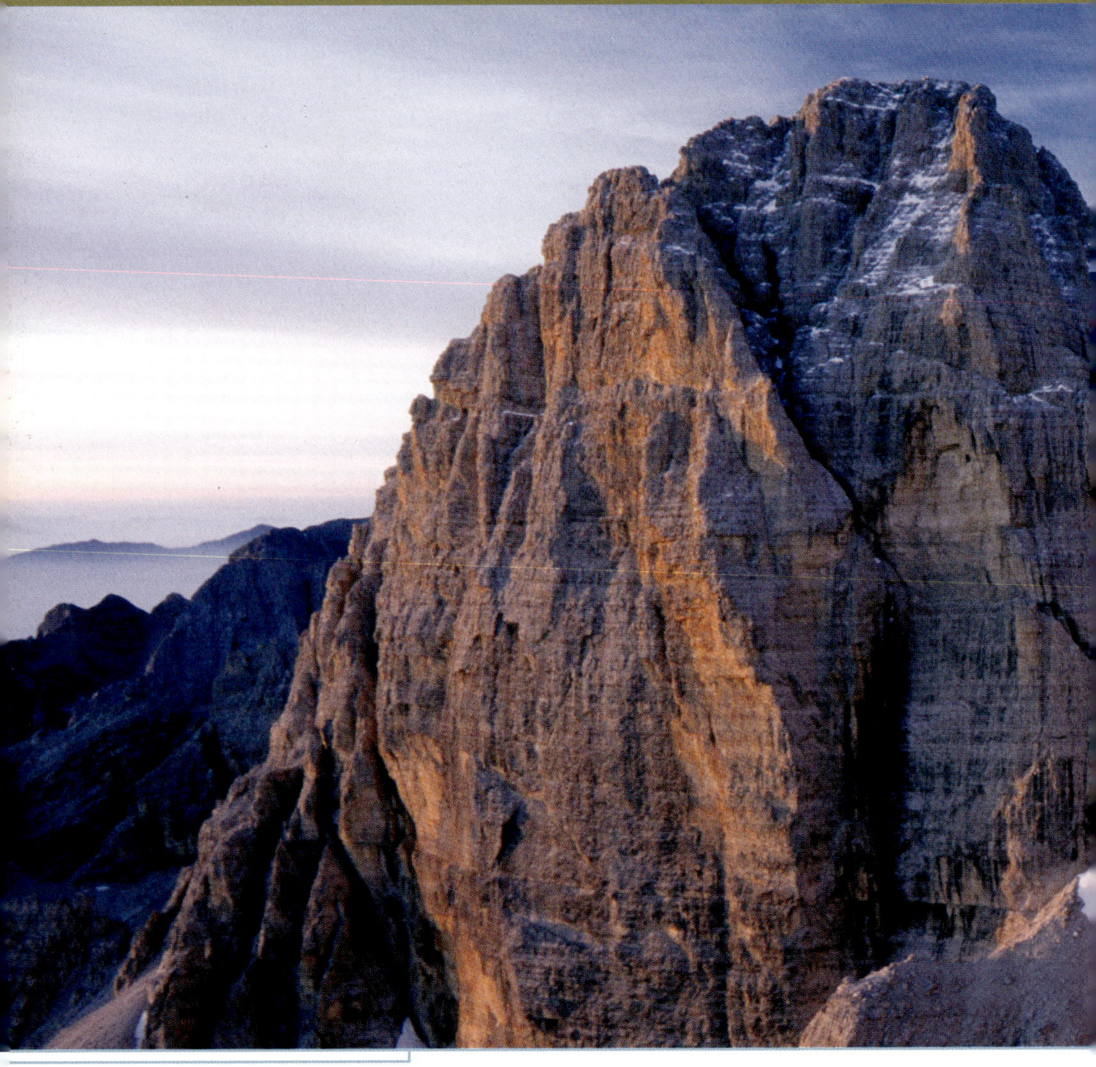

Die Dolomiten definieren sich nicht durch eine bestimmte Lage, sondern durch ihre Substanz: Dolomit nämlich. Weil sich dieses hauptsächlich aus dem spröden gleichnamigen Mineral bestehende Gestein mit all seinen Ausprägungen westlich des Etschtals – als Brentagruppe – noch einmal besonders eindrucksvoll zeigt, zählen die Berge um den 3173 Meter hohen Cima Tosa und Guglia di Brenta (2883 m) zu den schönsten der Welt. Imposant spiegeln sie sich in den Seen von Tovel und Molveno. Vom Touristenort Madonna di Campiglio aus erleichtern Aufstiegsanlagen den Weg ins Herz der Gebirgsgruppe, dem man sich, Trittsicherheit vorausgesetzt, auf spektakulären Klettersteigen nähert. Entlang von Felsbändern führt die Via Ferrata Bocchette Alte den (möglichst!) fitten Bergfan in mehreren Tagen quer von Nord nach Süd durch die gesamte hiesige Hochgebirgsregion.

SEHENSWÜRDIGKEITEN: BOZEN, WESTLICHE DOLOMITEN

Die Seiser Alm (großes Bild und oben), die höchstgelegene Hochalm Europas, umfasst 57 Quadratkilometer Fläche und liegt oberhalb der malerischen Ortschaften Kastelruth (Bildleiste, unten links) und Seis (Mitte und rechts). Der westliche Teil der weitläufigen Alm bildet den Naturpark Schlern-Rosengarten.

TIPP Gastronomischer Oktober

Seit 30 Jahren wird in Völs eine herbstliche Tradition hochgehalten: Das »Kuchlkastl«, so heißt der Speiseschrank der Völser Wirtsleute, ist den gesamten Oktober über mit besonders originellen regionalen Spezialitäten für die Gäste gefüllt.

39050 Völs am Schlern, Auskünfte: Tel. (04 71) 70 41 22, 1.–31. Okt.

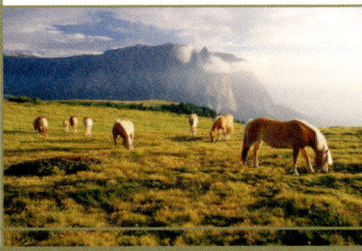

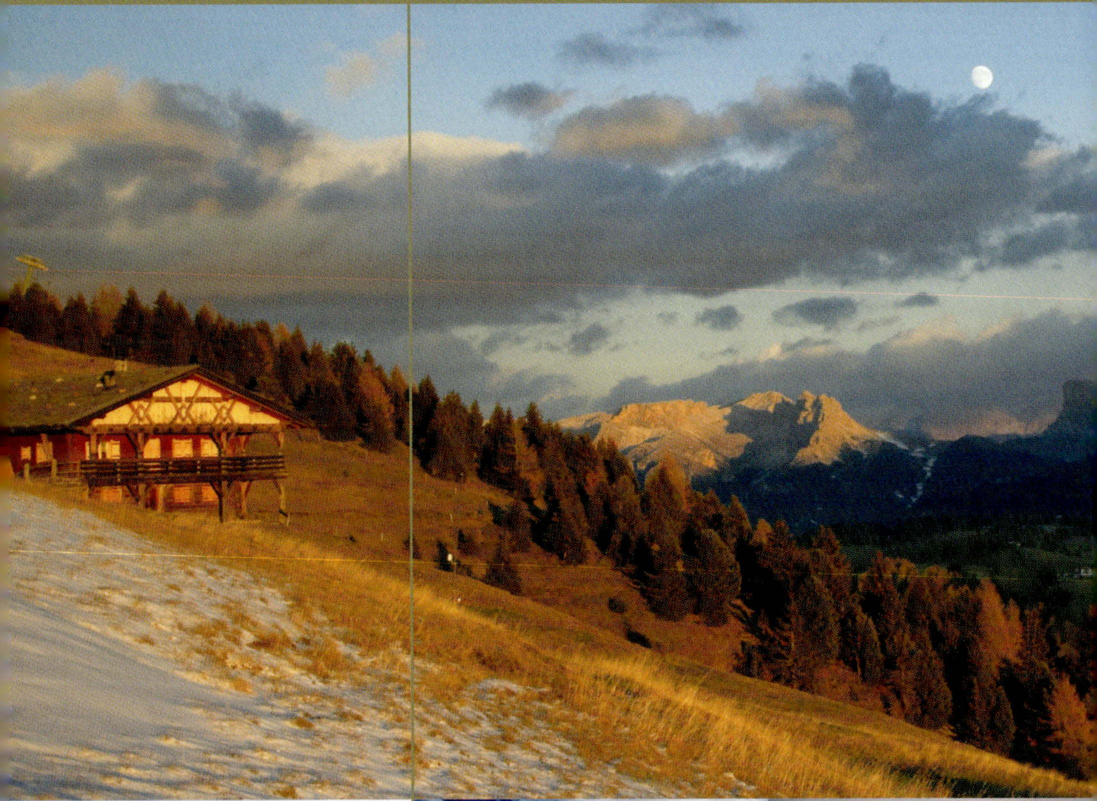

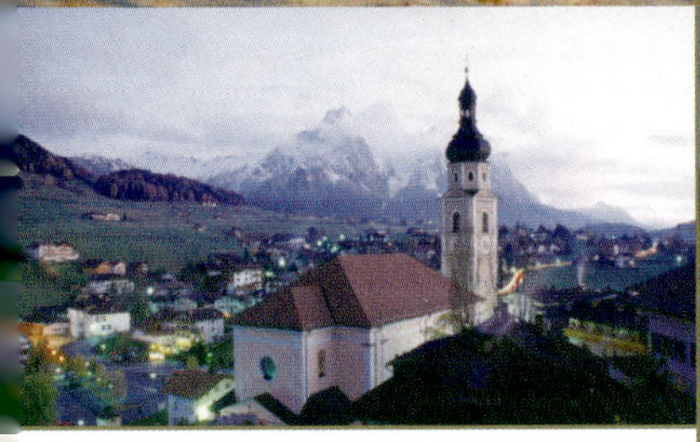

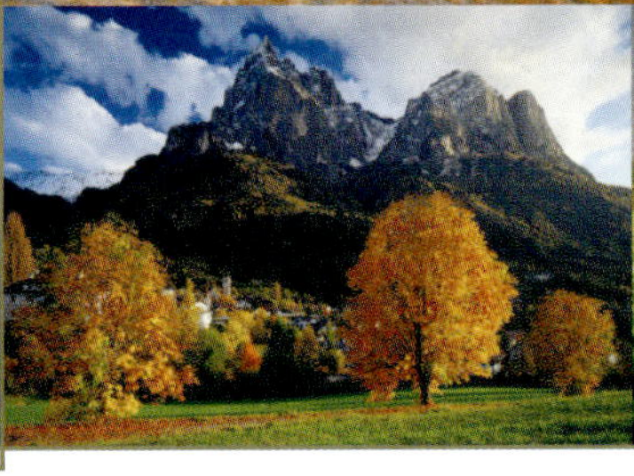

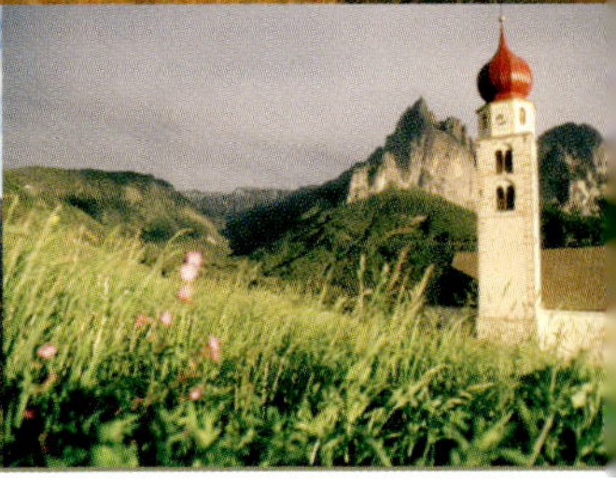

»Tränen passen nicht zu dir.« Stimmt auffallend: Gute Laune, Sonne, bunte Wiesen und schroffe Felsen sind viel eher am Platze auf der Seiser Hochfläche. Auf dem Plateau unter der 8000 Fußballfelder großen Hochalm an der Waldgrenze sind eher Wein, Frohsinn und natürlich Gesang angesagt, denn dafür sorgt die fernsehweltweit bekannte Volksmusikgruppe Kastelruther Spatzen seit 1984 – bei ihrem alljährlichen Herbstfest. Dann sind über 30 000 Fans richtig gut drauf. Schunkelnd bewundern sie den Südtiroler Hausberg Schlern und spähen hinüber zur Ruine Hauenstein, wo um 1400 Oswald von Wolkenstein, der streitbare minnesingende Ritter, ebenfalls der Musik frönte. Er ist Namensgeber eines alle zwei Jahre veranstalteten Sommerevents: Mittelalterlich gewandete Mannschaften messen ihre Kräfte bei Turnieren und dem heißen Ritt von der Trostburg zum Schloss Prösels bei Völs.

Für seine Marende kennt der Südtiroler nichts Besseres als ein Stück Schüttelbrot, eine Kaminwurz, ein paar Scheiben geräucherten Speck und einen würzigen Alpenkäse (große Bilder von links). Die sorgfältige Herstellung, aber auch die gesellige Runde, in der diese Spezialität fröhlich verzehrt wird – beides ist für den Genuss gleichermaßen unerlässlich.

SÜDTIROLS DEFTIGE DELIKATESSEN

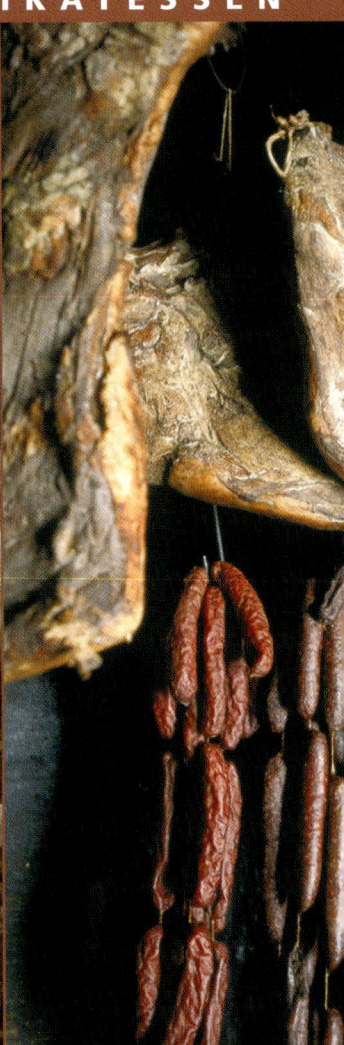

In Südtirol schmeckt's. Im Vinschgau wandern, am Salten mit dem Bike unterwegs sein und überhaupt in den Dolomiten klettern oder Ski fahren macht Appetit – das ist klar. Doch Südtirols Küche selbst ist schon, sozusagen, Sport – für den Gaumen. Für unterwegs passt die Kaminwurz oder ein Stück Speck in den Rucksack, zusammen mit dem würzigen Vinsch-gauer Brot. Oben auf der Alm kocht die Sennerin dann richtig auf: Als Erstes wird »saure Suppn«, eine Brennsuppe mit Kutteln, gelöffelt. Als Hauptspeise empfiehlt sich Tris, ein aus drei Spezialitäten bestehendes Gericht: Schlutzkrapfen (Teigtaschen, zumeist mit Spinatfüllung), dann Knödel mit Speck plus Zwetschgen oder Marillen sowie, als Drittes, eine Kar-toffelzubereitung. Recht beliebt sind auch die Südtiroler Tirtlen – in Fett gebackene Teigblätter, meist mit Kraut oder Topfen gefüllt. Für süße Gelüste stehen Apfelstrudel und alle möglichen Sorten von Krapfen bereit. Dazu je nach Vorliebe Wein aus Südtirol oder heimisches Bier. Mit frisch getankter Kraft geht's nun weiter durchs schöne Südtiroler Land, bis im Magen wieder Platz ist, beispielsweise für Buch-weizen-(Schwarzplenten-) Gerichte. Anschließend dann vielleicht ein Zelten (ein Feigenkuchen mit Früchten und Gewürzen). Wem das alles noch nicht genug ist: Zur Südtiroler Küche gehört natürlich auch klassisch Italienisches, allem voran (was sonst?) Pizza und Nudelgerichte. Buon appetito!

SEHENSWÜRDIGKEITEN: BOZEN, WESTLICHE DOLOMITEN

Von Westen aus präsentiert sich die Rosengartengruppe vielschichtig, bisweilen launisch: Morgens wirkt sie noch düster, gegen Mittag erhellt sich ihr Gesicht, und je später der Abend, desto feuriger ihr Gesicht (alle Bilder). Erst lange nach Sonnenuntergang erlischt das so legendäre Alpenglühen wieder.

INFO Volkssternwarte

Die Sternwarte Max Valier ist Südtirols Himmelsbeobachtungsstelle. Immer am Donnerstagabend bieten Führungen einen Blick ins Universum. Da die Anlage in luftiger Höhe liegt, wird warme Kleidung empfohlen. Bei Regen oder Schnee keine Führung.
St. Valentin 23, 39050 Gummer, Tel. (04 71) 36 13 14

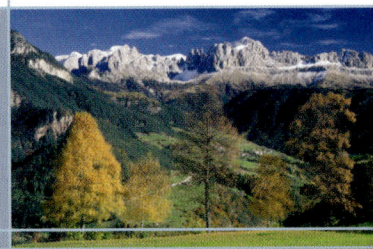

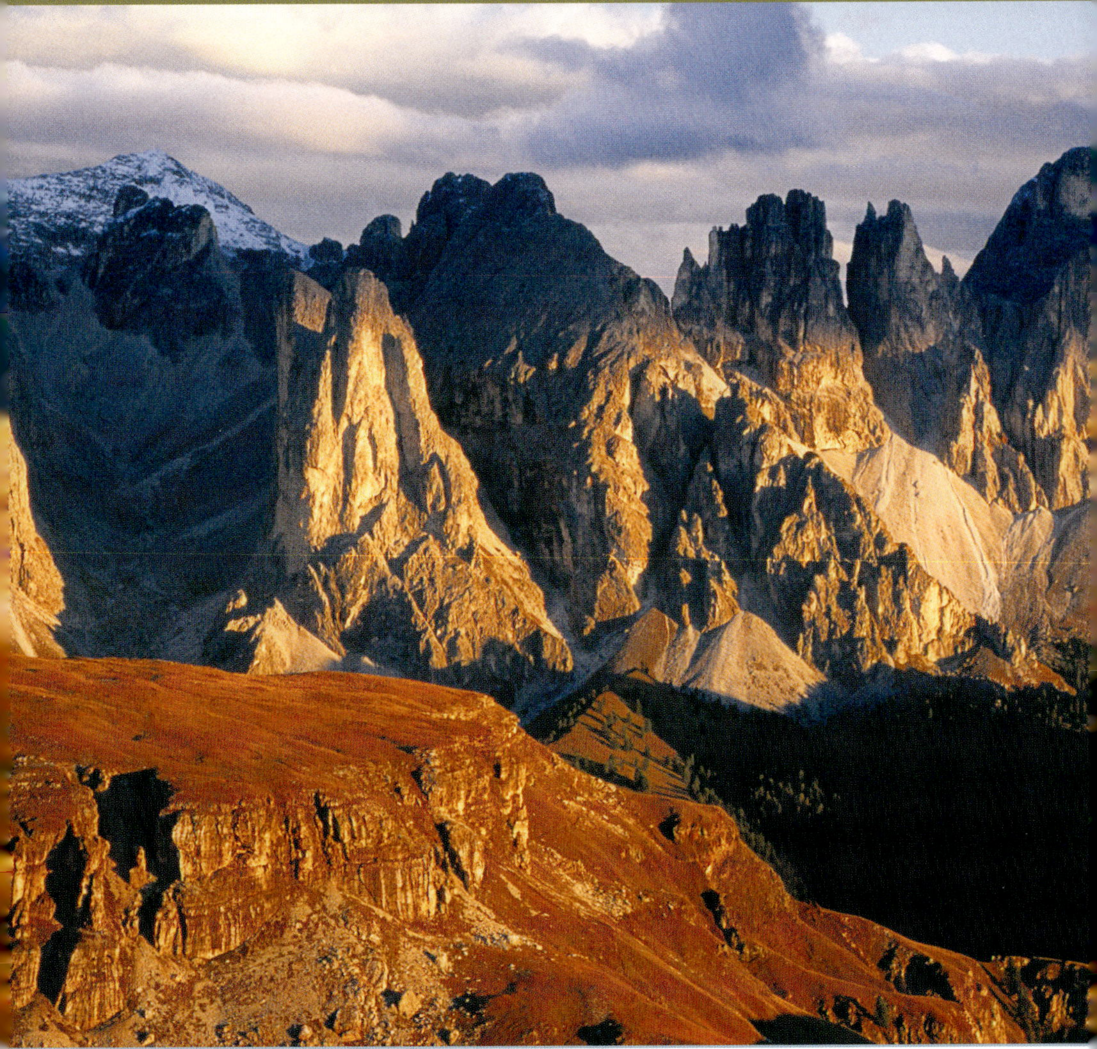

Von Bozen aus betrachtet, weist der Rosengarten auf zwei Dritteln Wandhöhe eine Stufe auf, worauf einer Sage zufolge einst des Zwergenkönigs Laurin schönste rote Rosen wuchsen. Da der kleine Monarch im Kampf um seine große Liebe, die Tochter des Königs an der Etsch, gegen dessen Heer, das Dietrich von Bern anführte, chancenlos unterlag, blieb dem Geschlagenen nur ein letzter Schlag: der unheilvolle Fluch! Nie wieder sollte je ein Menschenauge die Schönheit seines Rosengartens bewundern können, nicht bei Tag und nicht bei Nacht. Doch ach, Laurin vergaß den Übergang zwischen beiden, die Dämmerung. Und dies nun ist der Grund, weshalb die Rosen heute nur noch bei Sonnenuntergang, als Alpenglühen, sichtbar werden. So weit die Sage. Eine nüchternere Variante leitet den Namen Rosengarten vom Wortstamm »ruza« ab, was so viel wie Geröllhalde heißt ...

SEHENSWÜRDIGKEITEN: BOZEN, WESTLICHE DOLOMITEN

Tief in den Fichtenwäldern, unterhalb der Latemarspitzen (alle Bilder), liegt inmitten eines faszinierenden Dolomitenabschnitts der Karersee (großes Bild). Die Dolomitenstraße führt vom Eggental heraufkommend direkt daran vorbei. Unzählige Touristen genießen die Spiegelung der Bergfluchten im satten Grün des Sees.

INFO Almenwanderung

Ein herrliches Panorama säumt die 8 km lange Wanderung über die Eggentaler Almen: von Obereggen über den Weg 9 zur Einkehr auf der Garnischer Alm, dann über Weg 23 zur Mayrl Alm und zum Sessellift, der die Wanderer zurück ins Tal bringt.
Info: Tourismusbüro Obereggen, Tel. (04 71) 61 57 95

Am Karersee sitzt im Herbst eine Jungfer auf einem über die Seeoberfläche ragenden Felsen. Die von Künstlerhand geformte Schöne genießt das Alpenglühen am Rosengarten trockenen Fußes – bis sie durch Schnee, Regen und Schmelzwasser winters im See versinkt. Sanft und tiefgrün funkelt der im Frühsommer noch volle Karersee vor der steilen Bergkulisse der versteinerten Puppen des Latemar, der senkrecht 1300 Meter hoch aufragt. Der Sage nach hatte sich ein Zauberer in eine schöne Wasserfee verliebt. Den Regenbogen, den er ihr als Geschenk geschaffen hatte, verschmähte sie und floh. Zornig zerbrach er ihn und schleuderte die Teile in den See. Seither leuchtet dieser in allen Farben, weshalb man ihn auch Regenbogensee nennt. Geheimnisvoll mögen auch die unterirdischen Quellen erscheinen, die ihn speisen – einen offenen Zufluss gibt es jedenfalls nicht.

Bozen

ℹ **Verkehrsamt der Stadt Bozen**

Bozen ist eine Stadt, die kulturell wie auch wirtschaftlich in den letzten Jahrzehnten an Bedeutung gewonnen hat. Unter den Lauben pulsiert das Leben, das Angebot der Geschäfte ist verlockend, und in vielen Bars, Restaurants und Cafés wird der Gast aufs Beste bedient. Durch die ganze Stadt weht sozusagen ein Hauch von Süden, und Vorboten der mediterranen Lebensart begegnen den Besuchern auf Schritt und Tritt. Hier treffen deutsche und italienische Sprache und Lebensart aufeinander.
Waltherplatz 8,
Tel. (04 71) 30 70 00,
www.bolzano-bozen.it,
Mo–Fr 9–13 und 14–19,
Sa 9–14 Uhr.

🏛 **Messner Mountain Museum Firmian**

Einen »verzauberten Berg« nennt Reinhold Messner das Herzstück seiner Bergmuseen auf Schloss Sigmundskron bei Bozen. Bei einem Rundgang durch die weitläufige, exemplarisch restaurierte Burgruine erfährt man aus berufenem Mund vieles über die Entstehung, Größe und Eroberung der großen Gebirge.
Sigmundskroner Str. 53,
Tel. (04 71) 63 12 64,
www.messner-mountain-museum.it,
Anfang März–Mitte Nov.
Di–So 10–18 Uhr.

🏛 **Museum für moderne Kunst**

Im Mai 2008 eröffnete das »Museion« in einem sehr modern und futuristisch anmutenden Gebäude seine Pforten. Über 2000 Quadratmeter Fläche stehen für Wechselausstellungen von zeitgenössischer Kunst zur Verfügung. Der Schwerpunkt der hauseigenen Sammlung liegt auf der Bild-Text-Sprache.
Sernesistr. 1,
Tel. (04 71) 98 00 01,
www.museion.it, Di–So
10–20, Do 10–22 Uhr,
Mo und feiertags geschl.

🏛 **Schloss Runkelstein**

Am Eingang zur Sarner Schlucht im Norden der Stadt liegt auf einem Felsvorsprung die im 13. Jahrhundert erbaute Burg. Die Anlage lässt die Herzen von Freunden der Ritterromantik höherschlagen. Regelmäßig finden Ausstellungen statt. Zum Gebäude gehört eine Schenke. Kurzer, steiler Fußweg ab Parkplatz.
Kaiser-Franz-Josef-Weg,
Tel. (04 71) 32 98 08,
www.runkelstein.info,
Di–So 10–18 Uhr (letzter
Einlass 17.30 Uhr).

🏛 **Südtiroler Archäologiemuseum**

Das »Ötzi-Museum« bietet noch mehr als lediglich die legendäre, über 5000 Jahre alte Mumie als den ältesten Südtirolers: Auch viel Wissenswertes zur Ur- und Frühgeschichte des Landes wird vermittelt.
Museumstr. 43,
Tel. (04 71) 32 01 00,
www.iceman.it, Di–So 10 bis
18 Uhr (Do bis 20 Uhr, Juli
und Aug. auch Mo
geöffnet).

🎭 **BoClassic**

Letztes Ereignis jedes Jahres ist der Internationale Silvesterlauf: Er hat sich von einem Volkslauf zu einem Veranstaltung von internationaler Klasse gemausert.

Läuferclub Bozen Raiffeisen,
Lauben 46,
Tel. (04 71) 97 99 01,
www.boclassic.it

🚡 **Kohlerer Bahn**

Seit 1908 verbindet die alpine Luftseilbahn Bozen mit Kohlern. Die Fahrt bietet grandiose Landschaftseindrücke und ist ein echtes Erlebnis.
www.seilbahnen.it

🚡 **Lido Bozen**

Die namentliche Anlehnung an den mondänen Badestrand vor Venedig hat Gründe, denn die Einrichtung in Zentrumsnähe punktet mit ihrem alten Baumbestand und einer breiten Palette von Becken, darunter eines mit olympischen Ausmaßen. Ein Zehn-Meter-Sprungturm, Rutschen und das Kinderplanschbecken sprechen für sich.
Trieststraße,
Tel. (04 71) 91 10 00, www.
bolzano.acquaalps.com,
Mai–Sept.

🛍 **Kellerei Bozen**

Aus den Reben, die bei Bozen an den Südhängen aus rotem Porphyrgestein wachsen, wird seit alten Zeiten allerbester Wein gekeltert. Die Lagen von Guntschna und St. Georgen liefern jenem St. Magdalener, der in den Bozner Kellereien mit dem tiefdunklen Lagrein aus den Tallagen eine vorherrschende Stellung einnimmt.
Kellerei Bozen,
Grieser Platz 2,
Tel. (04 71) 27 09 09,
www.kellereibozen.com

🛍 **Oberrauch Zitt**

Exklusiver Trachtenlook, Loden und modische Konfektion für Damen und Herren auf mehreren Stockwerken und mitten im Herzen der Altstadt.

Lauben 67,
Tel. (04 71) 97 21 21,
www.oberrauch-zitt.com

🛍 **Sportler Alpin**

Große Auswahl an Sportartikeln und Bergsportausrüstung auf mehreren Etagen. Dieser große Anbieter besitzt 19 Filialen und zählt in Norditalien wie auch in Österreich zu den Branchenführern.
Lauben 37,
Tel. (04 71) 97 40 33,
www.sportler.com

🛍 **Weingut Klosterkellerei Muri-Gries**

Die Weine aus den Weinbergen der Klosterkellerei zählen zu den besten der Gegend. Ganz besondere Aufmerksamkeit wird dem Lagrein geschenkt – ist er doch der Rotwein von Gries schlechthin.
Grieser Platz 21,
Tel. (04 71) 28 22 87,
www.muri-gries.com

❌ **Haselburg**

Hoch über Bozen gelegen, bietet dieses Lokal von seiner Terrasse aus einen prächtigen Blick auf die Stadt und das Etschtal. Exzellente Küche genießt sich auch vorzüglich im kühlen Schlosshof.
Kuepachweg 48,
Tel. (04 71) 40 21 30,
www.haselburg.it,
Di–Sa 12–14, 19–22.30 Uhr
(So 12–16 Uhr).

❌ **Restaurant Laurin**

Das Laurin gilt als herausragend unter den Hotels in Bozen, und entsprechend hoch ist der Anspruch, mit dem Chef Egon Heiss und sein Team in der Küche walten. Alte Rezepte werden neu interpretiert, auf beste saisonale und regionale Produkte wird großer Wert gelegt.

BOZEN, WESTLICHE DOLOMITEN

Die hier aufgeführten Expertentipps ergänzen die auf den Seiten 98 bis 131 beschriebenen Sehenswürdigkeiten.

Laurinstr. 4,
Tel. (04 71) 31 10 00,
www.laurin.it

🛏 Figl
Mitten in der Altstadt gelegen, weist das stilvoll renovierte Haus 22 komfortable Zimmer bzw. Suiten auf. Parkplätze stehen in der nahen Walther-Tiefgarage zur Verfügung.
Kornplatz 9,
Tel. (04 71) 97 84 12,
www.figl.net

🛏 Hanny
Das kleine und familiäre Hotel liegt im Norden der Stadt an einem sonnigen Hang inmitten von Weingärten. Die 18 Zimmer sind mit Balkonen ausgestattet, das Haus besitzt einen Panorama-Speisesaal.
St. Peter 4,
Tel. (04 71) 97 34 98,
www.hotelhanny.it

Burgeis

✕ Zum Mohren
Das Gasthaus ist seit 1665 in Familienbesitz. Geboten wird eine hervorragende Südtiroler Küche mit Produkten aus der eigenen Landwirtschaft.
Burgeis 81,
Tel. (04 73) 83 12 23,
www.mohren-plavina.com

Corvara

🛏 Hotel Sassongher
Am Fuße des Sassonghermassivs mit Blick auf die Sella gelegen, bietet das renovierte Vier-Sterne-Haus im Südtiroler Stil alle üblichen Komfort und ausgezeichnete Wellnesseinrichtungen. Im Restaurant wird der Gaumen verwöhnt, Zigarrenliebhaber lassen den Tag im »Havanna-Room« ausklingen.

Str. Sassongher 45,
Tel. (04 71) 83 65 42,
www.sassongher.it

Eppan

🏛 Burg Hocheppan
Die mächtigen Grafen von Eppan erbauten 1125 bis 1130 ihren mächtigen Sitz an strategisch so günstiger Stelle, dass man vom Bergfried aus über 30 Burgen sehen konnte. Unter Kunsthistorikern gilt die frei stehende Burgkapelle mit ihrem Freskenzyklus als die Besonderheit der Anlage. Etwas unterhalb der Burg steht der Kreideturm, der letzte von einstmals vier Wachttürmen. Die Burgschenke lädt zur gemütlichen Jause ein.
Besichtigungen: Mitte März bis Allerheiligen Do–Di 10 bis 18 Uhr, Führungen; Burgschenke:
Tel. (04 71) 63 60 81,
Mi geschl.

✕ Ansitz Pillhof
Bei einem Lokal an der Weinstraße ist es nur logisch, dass der Rebensaft im Mittelpunkt steht. Aber auch die Speisekarte kann sich sehen lassen. Besonders schön ist es an Sonnentagen im Innenhof.
Bozner Str. 48,
Tel. (04 71) 63 31 00,
www.pillhof.com

✕ Zur Rose
Das Gourmetlokal mit seinen drei Speisesälen ist eine der Gastronomie-Vorzeigeadressen von Südtirol. Chef Herbert Hintner bereitet auf hohem Niveau Gerichte der italienischen und der – verfeinerten – einheimischen Küche.
Josef-Innerhofer Str. 2,
Tel. (04 71) 66 22 49,
www.zur-rose.com,
Mo mittags, So geschl.

🛏 Hotel Schloss Korb
Inmitten der herrlichen Landschaft der Überetscher Weinberge sind im zum Hotel umgebauten Schloss Korb Erholung und Wohlfühlen angesagt. Egal ob im alten Turm oder im gelungenen Neubau – den Gast erwartet ein gemütliches Ambiente und eine Badelandschaft mit tollen Angeboten für Klein und Groß.
Missian-Eppan,
Hocheppaner Weg 5,
Tel. (04 71) 63 60 00,
www.schloss-hotel-korb.com

Girlan

🍇 Kellerei Schreckbichl
Die Kellerei gibt genussreiche Einblicke in die Südtiroler Weinkultur und ihre Produkte.
Weinstr. 8, Tel. (04 71) 66 42 46, www.schreckbichl.it,
Mo–Fr 9–12.30, 14.30–18, Sa 9–12.30 Uhr.

Gröden

♀ Grödner Holzschnitzereien
Das Tal ist weltbekannt wegen seiner Holzschnitzereien, einer Handwerkskunst von über 350 Jahren Tradition. Mit Heiligenfiguren aus Zirbelholz reisten die Händler des Dolomitentales früher durch halb Europa. Heute findet man hier eine Fülle von Krippenfiguren und Holzspielzeug in riesiger Auswahl. Zur Orientierung sei der Besuch der Musterschau des Grödner Kunsthandwerks im Kongresshaus empfohlen, wo viele Handwerker und Betriebe ihre Werkstücke ausgestellt haben. Es finden sich exquisite Arbeiten, die natürlich ihren Preis haben.
Tourismusverband Gröden,
Tel. (04 71) 77 77 77,
www.valgardena.it

Kaltern

🏛 Südtiroler Weinmuseum
Die historische Entwicklung des Weinbaus, der Land und Leute Südtirols geprägt hat und noch immer von großer Bedeutung ist, wird anhand z. T. kostbarer Objekte anschaulich vergegenwärtigt.
Goldgasse 1,
Tel. (04 71) 96 31 68,
www.weinmuseum.it,
Ostern–1. Nov. Di–Sa 9.30 bis 12, 14–18, So 10–12 Uhr.

♀ Acquarena
Im Herzen der Stadt bietet diese architektonisch extravagant gestylte Anlage alles, was einer Wasserratte Freude bereitet – von Frei- und Hallenbad bis hin zu Fitness- und Wellnesseinrichtungen mit allerlei Saunen und Bädern.
Altenmarktgasse 28b,
Tel. (04 72) 82 36 70,
www.acquarena.com

✕ Weinhaus Punkt
»Kalterer See« wird zu zivilen Preisen im romantischen Keller mit dem Tonnengewölbe aus dem 17. Jahrhundert genossen. Auch an der Bar im Erdgeschoss stehen nur Weine aus dem Kalterer Anbaugebiet zur Auswahl. Dabei kann man sich überzeugen, dass die Qualität nichts zu wünschen übrig lässt.
Marktplatz 3,
Tel. (04 71) 96 49 65, www.wein.kaltern.com/weinhaus,
Di–So 9–24 Uhr.

Kolfuschg

ℹ Tourismusverein Alta Badia
Auf 1650 Meter Höhe, in jenem schönen Gadertal, wo sich bis heute die ladinische

Kultur und Sprache gut erhalten haben, bietet dieser Ort einen atemberaubenden Ausblick auf die Nordflanke der Sellagruppe. Außer der Kirche des heiligen Vigil gibt es hier nur noch wenige alte Gebäude, und auch die einst so typischen Majun, einfache Heustadel, sind leider aus dem Landschaftsbild fast völlig verschwunden.
Corvara, Streda Col Alt 36,
Tel. (04 71) 83 61 76,
www.altabadia.org

Kurtinig a. d. Weinstraße

🛏 Teutschhaus
Im Zentrum des kleinen Weindörfchens im Etschtal wurde dieser alte Gutshof aus dem 16. Jahrhundert komplett renoviert und in ein gemütliches Hotel umgewandelt.
Martinsplatz 7,
Tel. (04 71) 81 71 39,
www.teutschhaus.it

Ritten

ℹ Tourismusverein Ritten
Der Ritten ist Naherholungsziel und sommerlicher Rückzugsort der Bozener, zunehmend aber auch für Leute von weiter her, die bequem mit der Rittner Seilbahn aus dem Tal anreisen. Von hoch oben ist der Blick fantastisch, so auch zum mächtigen Schlernmassiv und zum Rosengarten. Wer will, erkundet die malerischen Orte hier mit dem Rittner Bahnl (schon seit 1907 in Betrieb!) oder wandert zum Rittner Horn. Sehenswert sind die Erdpyramiden aus Moränenmaterial, die man gut vom Ort Klobenstein aus erreichen kann. Die Kommende Langmoos ist Schauplatz der Ritt-

ner Sommerspiele, die alljährlich zwischen Ende Juli und Mitte August stattfinden.
Klobenstein, Dorfstr. 5,
Tel. (04 71) 35 61 00,
www.ritten.com

🍫 Loacker
Die köstlich schokoladigen Erzeugnisse von Italiens größtem Waffelproduzenten sind natürlich in jedem Lebensmittelgeschäft und jedem Kiosk in Südtirol erhältlich, aber am Ort ihrer Entstehung einzukaufen, wo es aus den Fabrikhallen so verführerisch herausduftet, ist ein besonderes Erlebnis!
Unterinn, Gasterer Weg 3,
Tel. (04 71) 34 40 00,
www.loacker.com

🍎 Obsthof Troidner
Sehr sonnig liegt an der Dorfeinfahrt von Unterinn der Troidnerhof von Thomas Kohl. Hier wachsen neben verschiedenen Beeren knackige Bergäpfel, aus denen ein wunderbarer Apfelsaft gepresst wird. Traubensaft, Fruchtaufstriche und Trockenobst für ein herzhaftes Knabbererlebnis runden das Angebot ab.
Unterinn, Hauptstr. 35,
Tel. (04 71) 35 94 42,
www.kohl.bz.it

✖ Patscheiderhof
Schon von Weitem erspäht man die prächtige Lage des Patscheiderhofes, der sich an den sonnigen Westhang des Ritten schmiegt. Im Innern schwingt Alois Rottensteiner den Kochlöffel. Er serviert eine verfeinerte Südtiroler Küche und erlesene Weine, teilweise aus eigenem Anbau. Auch den Schnaps aus Nüssen – gleichfalls vom eigenen Baum – muss man probieren!
Signat/Ritten, Signat 178,

Tel. (04 71) 36 52 67,
www.patscheiderhof.com,
im Juli und Di geschl.

🛏 Hotel Ansitz Kematen
Oberhalb von Klobenstein steht dieses Hotel auf dem Gelände eines ehemaligen Gutshofes aus dem 14. Jahrhundert. Herrlich ist der Blick von hier auf die Dolomiten. Das Restaurant bietet regionale Küche, und die eigene Konditorei wartet mit leckeren Süßspeisen auf.
Kematenstr. 29,
Tel. (04 71) 35 63 56,
www.kematen.it

🛏 Parkhotel Holzner
Schönes Berghotel in Jugendstilformen, großer Park, Frei- und Hallenbad. Besonderes Plus: Das Haus gilt als besonders kinderfreundlich.
Oberbozen,
Tel. (04 71) 34 52 31,
www.parkhotel-holzner.com

🛏 Waldhotel Tann
Das nette Hotel liegt oberhalb von Klobenstein inmitten eines in allen Grüntönen schillernden Paradieses für jeden Naturliebhaber. Namentlich nach einem anstrengenden Wandertag lädt der Wellnessbereich zu hochwillkommener Entspannung ein. Von der Terrasse des Restaurants (unbedingt vorher reservieren!) aus hat man einen herrlichen Blick auf den Schlern.
Tannstr. 22,
Tel. (04 71) 35 62 64,
www.tann.it

Sarnthein

💊 Badehaus Eschgfeller
Das aus der Legföhre gewonnene Latschenöl fördert die Durchblutung und sorgt für eine echte Entspannung. Im

Badehaus wird der Besucher mit einer wohltuenden Latschenölmassage verwöhnt; auch kann man Bäder und Wechselgüsse genießen.
Unterreinswald 17,
Tel. (04 71) 62 51 38,
www.eschgfeller.com

🛏 Botenhof
Urlaub auf dem Bauernhof in einem alten, stilvoll renovierten Anwesen mit wenigen Apartments; dorfnah, in sonniger Wiesenhanglage.
Steet 16, Tel. (04 71) 62 33 77,
www.botenhof.com

🛏 Hotel Bad Schörgau
Nur zwei Kilometer südlich des Ortes liegt am Waldrand und von Wiesen umgeben diese Oase der Gastlichkeit. Neben der ausgezeichneten Küche besitzt das Haus auch einen Wellnessbereich.
Tel. (04 71) 62 30 48,
www.bad-schoergau.com

Seis am Schlern

🏞 Naturpark Schlern
Der 1975 gegründete Naturpark umfasst eine Fläche von 6000 Hektar und schließt einen Teil der Seiser Alm ein. Im Wesentlichen schützt der Park die Schlerngruppe, in der es lediglich Almen, Schutzhütten und Wirtschaftswege gibt. Kein Wunder dass Flora und Fauna hier ihresgleichen suchen.
Naturparkhaus Schlern,
Tschamintal, Juni–Sept.
Di, Mi, Fr, So 9–12 und 15 bis 18, Sa 15–18 Uhr.

🛏 Tschötscherhof
Der Bauernhof mit Gastwirtschaft hat acht Zimmer, Wein aus Eigenbau, Produkte aus eigener Landwirtschaft sowie ein Museum mit altem Gerät zu bieten.

Sarntaler Alpen – ein Paradies für Bergwanderer; die Klosterkirche Muri-Gries erstrahlt in barocker Pracht; Waldhotel Tann inmitten von saftigem Grün; Romantikhotel Turm: der Felsenkeller im Kerzenlicht (von links)

BOZEN, WESTLICHE DOLOMITEN

Die hier aufgeführten Expertentipps ergänzen die auf den Seiten 98 bis 131 beschriebenen Sehenswürdigkeiten.

St. Oswald 19,
Tel. (04 71) 70 60 13,
www.tschoetscherhof.com

Seiser Alm

ℹ Tourismusverband Seiser Alm

Europas größte Hochalm ist ein wahres Naturparadies, und das zu allen Jahreszeiten. Damit das auch so bleibt, ist der Autoverkehr strikt eingedämmt. Am einfachsten erreicht man das Wander- und Ski-Areal mit der Kabinenumlaufbahn von Seis aus.
Seis am Schlern, Rosengartenstr. 2, Tel. (04 71) 70 96 00, www.seiseralm.it, Kabinenumlaufbahn:
Tel. (04 71) 70 42 70,
www.seiseralmbahn.it

St. Kassian

ℹ Tourismusverein Alta Badia

Das schöne Kassianer Tal erstreckt sich von Stern über St. Kassian, seinen Hauptort, bis zum kleinen Dorf Armentarola. Von hier ist es nicht mehr weit bis zum Falzaregopass. Die Hotellerie des Ortes ist von höchstem Standard, und ausgezeichnete Restaurants locken nicht nur die Wanderer an.
Corvara, Streda Col Alt 36,
Tel. (04 71) 83 61 76,
www.altabadia.org

🏛 Pic' Museo Ladin

Eines der ältesten Häuser St. Kassians beherbergt das sehenswerte kleine Museum, das sich mit seiner Dauerausstellung ganz der Region verschrieben hat. Höhepunkt der Präsentation ist das Skelett eines 33 000 Jahre alten Höhlenbären, der in der Conturinesgruppe gefunden wurde.

Fossilien, Mineralien, volkskundliche Objekte und eine kleine Alpinismus-Sammlung runden das Panorama ab.
Str. Centro,
Tel. (04 71) 84 90 48, Di–Sa 16–19, So 16.30–19.30 Uhr.

✖ La Siriola

Feinschmecker pilgern traditionell zu diesem sternegekrönten Restaurant. Elegante Atmosphäre, der perfekte Service und vor allem die kreativen Gerichte, zu denen vorwiegend regionale Produkte kunstvollst verarbeitet werden, begeistern die Gäste.
Armentarolastr. 127,
Tel. (04 71) 84 94 45,
www.siriolagroup.it, Mo Ruhetag, Okt./Nov., April bis Juni geschl.

✖ St. Hubertus

Gleich zwei Michelin-Sterne zeichnen die Küche dieses gemütlich-eleganten Restaurants im Hotel Rosa Alpina aus und reihen damit dessen Küche in die Bestenliste ganz Italiens ein. Mit seinen Kreationen avancierte das Haus zum Flaggschiff der Südtiroler Gastronomie.
Str. Micura de Rü 20,
Tel. (04 71) 84 95 00,
www.rosalpina.it, Di geschl. außer Hochsaison.

St. Ulrich/Ortisei

ℹ Gemeinde St. Ulrich

Ihre spätbarocke Pfarrkirche heißt so wie die ganze Siedlung zu Füßen des Langkofels. Vor allem aber seiner Holzschnitzkunst wegen ist er berühmt, der Hauptort des Grödnertals. Ausstellungen im Kongresshaus und im Heimatmuseum widmen sich dieser traditionellen Fertigkeit. Die Gemeinde ist der Geburtsort

des großen Südtiroler Bergsteigers, Erzählers und Filmregisseurs Luis Trenker.
Romstr. 2,
Tel. (04 71) 78 20 30,
www.valgardena.it

🏊 Mardolomit

Hallenbad, Freibad, Sole-Außenheißbecken, Sauna-Erlebniswelt, Kelo-Blocksauna: Der Urlaubsort weiß, was man Gästen bieten muss!
Via Promeneda 2,
Tel. (04 71) 97 71 31,
www.mardolomit.com

Tiers

🏊 Dolomitenhotel Weisslahnbad

Das Weisslahnbad präsentiert sich als Erlebnishallenbad mit eigener Mineralquelle als ein Ziel für die ganze Familie. Die Wellnessabteilung verheißt erholsame Entspannung.
St.-Zyprian-Str. 78,
Tel. (04 71) 64 21 26,
www.weisslahnbad.com

Völs

ℹ Tourismusverein Völs am Schlern

Unterhalb des Schlernmassivs liegt Völs mit seiner Pfarrkirche Maria Himmelfahrt aus dem 16. Jahrhundert. Imposant erhebt sich in der Nähe Schloss Prösels. Der malerische Völser Weiher steht unter Naturschutz, lädt aber in einem hierzu ausgewiesenen Teil zum Baden ein.
Bozner Str. 4,
Tel. (04 71) 72 50 47,
www.voels.it

🏛 Schloss Prösels

Das Schlossgebäude kann im Rahmen von Führungen besichtigt werden, interessant sind die hier gezeigten Waf

fensammlungen. Die Anlage ist im Sommer Schauplatz vieler Veranstaltungen, u. a. von Ausstellungen, Konzerten und Theateraufführungen.
Tel. (04 71) 60 10 62,
www.schloss-proesels.it,
Führungen: Mai–Aug.

🛏 Hotel Heubad

Neben den Zimmern und Suiten lockt hier der Wellnessbereich, z. B. mit duftenden Heubädern. Wer mag, kann sich mit verfeinerten Südtiroler Gerichten stärken. Frei- und Hallenbad.
Schlernstr. 12,
Tel. (04 71) 72 50 20,
www.hotel-heubad.com

🛏 Romantikhotel Turm

Übernachten in altem Gemäuer, doch umgeben von modernem, edlem Design und Kunstwerken, u. a. von Beuys, Dix, Klee und Kokoschka.
Kirchplatz 9,
Tel. (04 71) 72 50 14,
www.hotelturm.it

Wolkenstein, Gröden

🎿 Dolomiten Ski-Safari

Die Durchquerung der Dolomiten auf Skiern ist möglich: Aufstieg mit Seilbahn, Abfahrt im Tiefschnee, Übernachtung auf Berghütten.
Danterceppiesstr. 66,
Tel. (04 71) 79 43 39,
www.guidegardena.com

🛏 Alpenroyal

Das Fünf-Sterne-Sporthotel im Grödnertal – mit Beauty-Center, Dampfgrotte, Whirlpool, vor allem aber mit dem »Hallenbad unter den Sternen« und mit »Kurat«, dem alpinen Schwimmsee.
Meisulesstr. 43,
Tel. (04 71) 79 55 55,
www.alpenroyal.com

PUSTERTAL

Keine andere Landschaft des südlichen Tirol hat einen so zutreffen-
den Beinamen wie das Pustertal: Grünes Tal – Lunge Südtirols. Wälder und Wiesen, bäuerliche Arbeit und Kultur, bescheidene Dörfer
und die Kleinstadt Bruneck mit dem Charme einer alten Tradition
prägen das Bild. Durch die Niederung führte zu Römerzeiten die
wichtige Verkehrsverbindung »Alemagna«, nach bewegtem Mittelalter wurde es ruhig, aber die Kunstschätze alter Zeit blieben – und
die Berge! Locken im Süden des Haupttals die Dolomiten, so sind
es im Norden die vergletscherten Gipfel des Alpenhauptkamms.

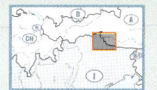

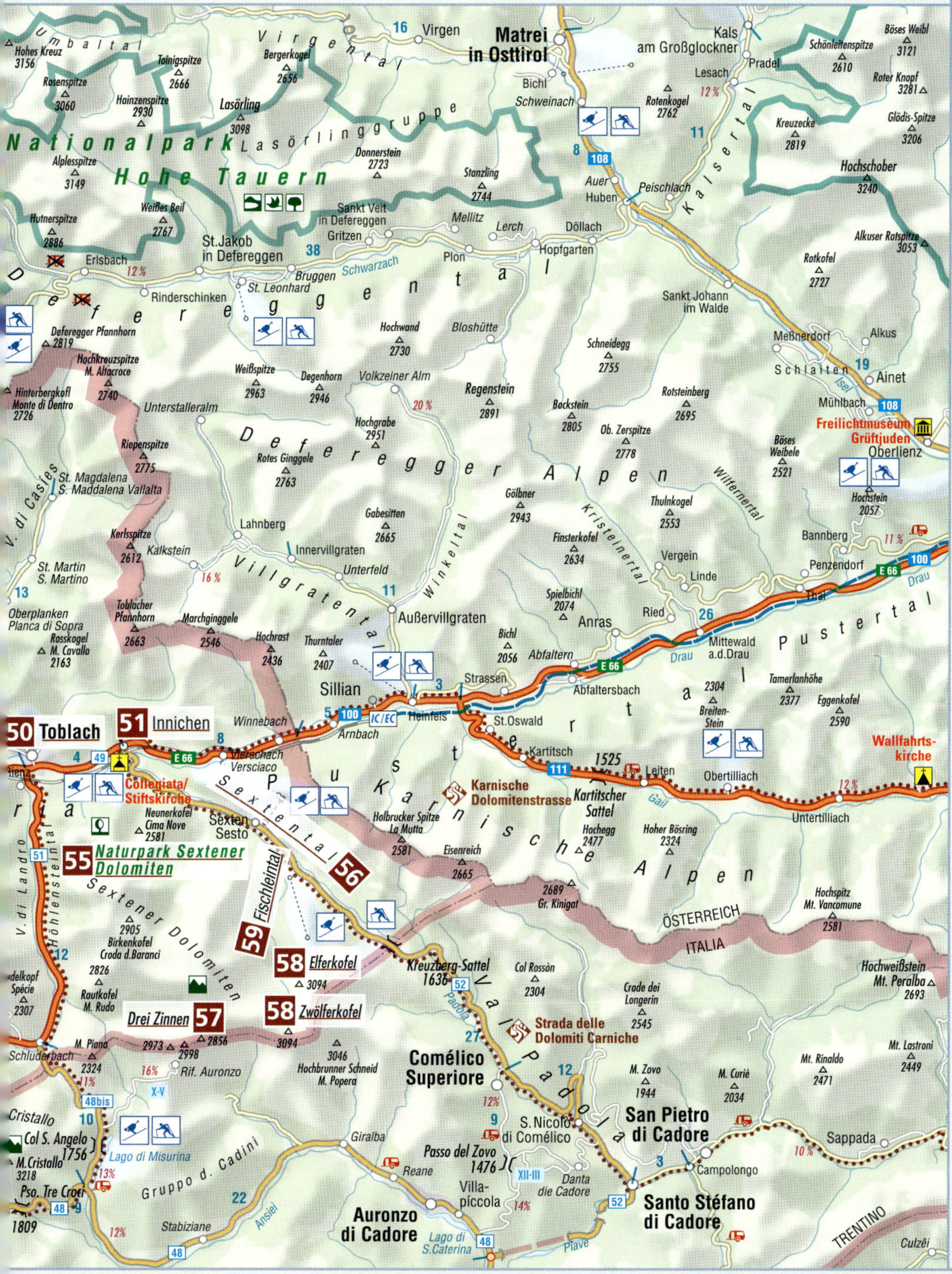

Umbaltal
Hohes Kreuz 3156
Rosenspitze 3060
Toinigspitze 2666
Hainzenspitze 2930
Virgental
Bergerkogel 2656
Lasörling 3098
Virgen
Matrei in Osttirol
Bichl
Schweinach
Kals am Großglockner
Lesach
Pradel
Schönleitenspitze 2610
Böses Weibl 3121
Roter Knopf 3281
Glödis-Spitze 3206
Kreuzecke 2819
Rotenkogel 2762
Nationalpark Hohe Tauern
Lasörlinggruppe
Alplesspitze 3149
Donnerstein 2723
Stanzling 2744
Auer
Huben
Peischlach
Kalsertal
Hochschober 3240
Hutnerspitze 2886
Weißes Beil 2767
Sankt Veit in Defereggen
Mellitz
Lerch
Döllach
Gritzen
St. Jakob in Defereggen
Erlsbach
Bruggen
Schwarzach
Plon
Hopfgarten
Alkuser Rotspitze 3053
Rotkofel 2727
Rinderschinken
St. Leonhard
Defereggental
Sankt Johann im Walde
Defereggerr Pfannhorn 2819
Hochwand 2730
Bloshütte
Schneidegg 2755
Meßnerdorf
Alkus
Schlaiten
Ainet
Isel
Mühlbach
Hochkreuzspitze M. Altacroce 2740
Hinterbergkofl Monte di Dentro 2726
Weißspitze 2963
Degenhorn 2946
Volkzeiner Alm
Regenstein 2891
Bockstein 2805
Rotsteinberg 2695
Freilichtmuseum Grüftjuden
Unterstalleralm
Hochgrabe 2951
Ob. Zerspitze 2778
Böses Weibele 2521
Oberlienz
Riepenspitze 2775
Defereggerr Alpen
Rotes Ginggele 2763
St. Magdalena S. Maddalena Vallalta
V. di Casies
Gölbner 2943
Kristeinertal
Wilfernertal
Thulnkogel 2553
Hochstein 2057
Gabesitten 2665
Lahnberg
Innervillgraten
Finsterkofel 2634
Bannberg
Kerlsspitze 2612
Kalkstein
Vergein
Penzendorf
St. Martin S. Martino
Villgratental
Unterfeld
Winkeltal
Linde
Spielbichl 2074
Thal
Drau
Oberplanken Planca di Sopra
Toblacher Pfannhorn 2663
Marchginggele 2546
Außervillgraten
Anras
Ried
Rosskogel M. Cavallo 2163
Hochrast 2436
Thurntaler 2407
Bichl 2056
Abfaltern
Mittewald a.d.Drau
Pustertal
Sillian
Strassen
Abfaltersbach
2304 Breiten-Stein
Tamerlanhöhe 2377
Eggenkofel 2590
50 Toblach
51 Innichen
Winnebach
Arnbach
Heinfels
St. Oswald
Kartitsch
Wallfahrtskirche
Vierschach Versciaco
1525 Leiten
Obertilliach
Collegiata/ Stiftskirche
Karnische Dolomitenstrasse
Kartitscher Sattel
Gail
Untertilliach
Neunerkofel Cima Nove 2581
Sexten Sesto
Sextental
Holbrucker Spitze La Mutta 2581
Hochegg 2477
Hohe Bösring 2324
55 Naturpark Sextener Dolomiten
Höhlensteintal
V. di Landro
56
Eisenreich 2665
Karnische Alpen
Sextener Dolomiten
Fischleintal
2689 Gr. Kinigat
Hochspitz Mt. Vancomune 2581
2905 Birkenkofel Croda d. Baranci
59
ÖSTERREICH
ITALIA
58 Elferkofel 3094
Kreuzberg-Sattel 1636
Col Rossòn 2304
Hochweißstein Mt. Peralba 2693
2826 Rautkofel M. Rudo
Dreikelkopf Specie 2307
Drei Zinnen 57
58 Zwölferkofel 3094
Crode dei Longerin 2545
Val Padola
Padola
Strada delle Dolomiti Carniche
M. Piana 2324
2973 2998 2856
3046 Hochbrunner Schneid M. Popera
Comélico Superiore
Mt. Lastroni 2449
Mt. Rinaldo 2471
Schluderbach
Rif. Auronzo
M. Zovo 1944
M. Curiè 2034
Cristallo
S. Nicolò di Comélico
San Pietro di Cadore
Col S. Angelo 1756
M. Cristallo 3218
Lago di Misurina
Giralba
Passo del Zovo 1476
Sappada
Reane
Campolongo
Pso. Tre Croci 1809
Gruppo d. Cadini
Villa-piccola
Danta die Cadore
Santo Stéfano di Cadore
Ansiei
Auronzo di Cadore
Stabiziane
Lago di S. Caterina
Piave
TRENTINO
Culzêi

SEHENSWÜRDIGKEITEN: PUSTERTAL

Wer sich dem Hauptort des Pustertals von Süden nähert, sieht Schloss Bruneck (großes Bild) schon von Weitem, direkt darunter verläuft die Stadtgasse (Bild oben). Das Volkskundemuseum in Dietenheim beherbergt die weltweit größte Zithernsammlung (Bild unten).

TIPP Gasthof Oberraut

In den gemütlichen Gaststuben von Christoph und Theresia Feichter erfreuen außerordentlich gut zubereitete Tiroler Spezialitäten Herz und Gaumen. Die sympathische Wirtsfamilie hat sich ganz der bodenständigen Hausmannskost verschrieben. *Amaten 1, 39031 Bruneck, Tel. (04 74) 55 99 77, Fr–Mi 11–23 Uhr.*

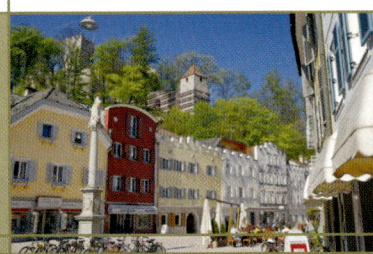

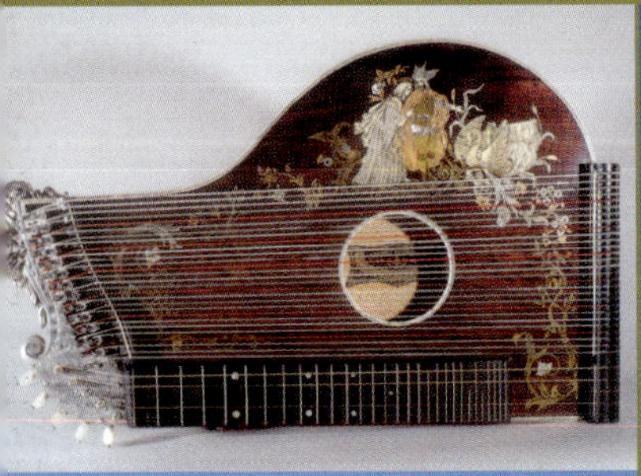

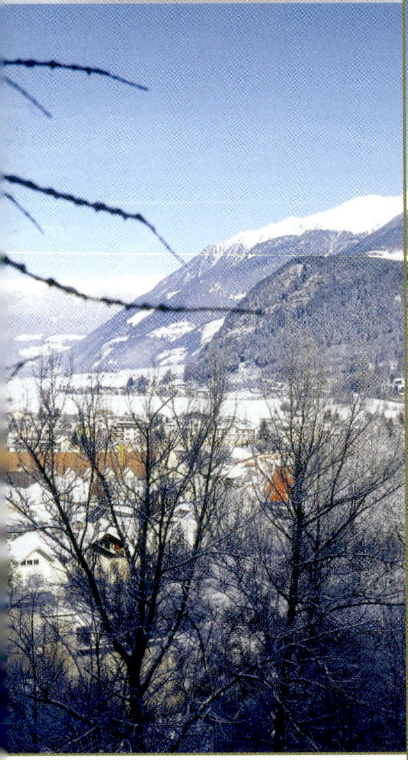

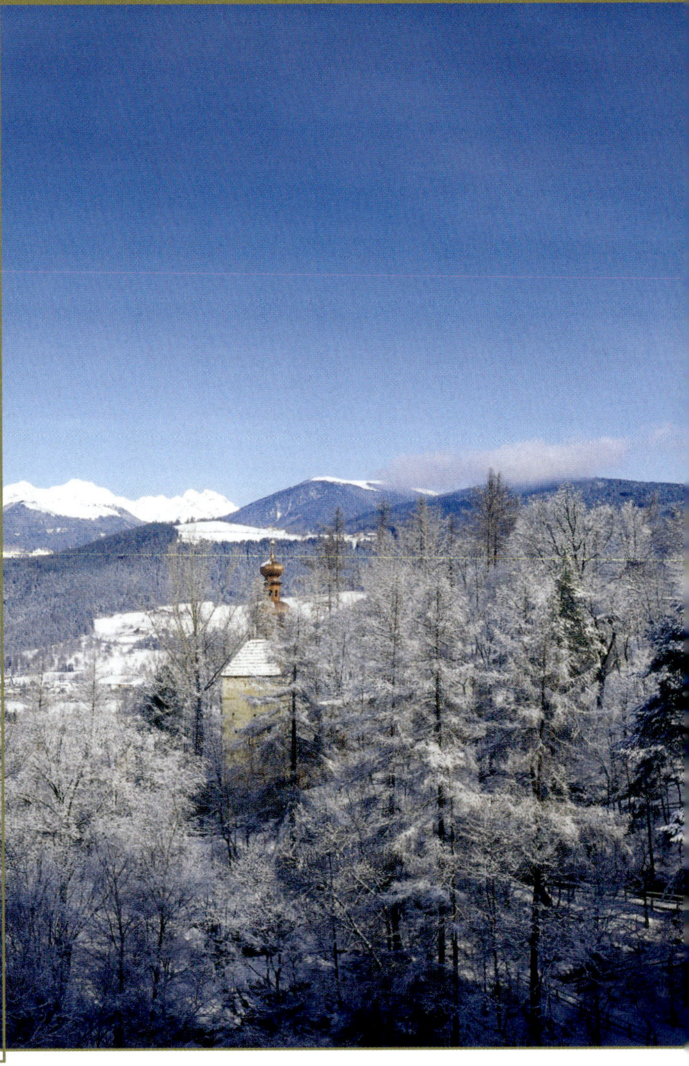

Selten erscheint ein Ort so sehr von einem einzigen Berg geprägt wie Bruneck. Dies ist der Kronplatz, auf dem sich eines der Top-Skigebiete der Alpen befindet und der dem mittelalterlichen Städtchen und den Dörfern rundherum mit seinen Pisten und Skiliften eine hochmoderne Note verleiht. Im ruhigen Sommer dann ist Bruneck (815 m) die einzige Stadt Südtirols, wo man die Dolomiten im Süden spürt und den vergletscherten Alpenhauptkamm im Norden sieht. Ländlich ist die Umgebung (die im Freilichtmuseum des nahen Dietenheim lebendig wird), und mitten im Stadtwaldpark liegt ein großer, grüner Soldatenfriedhof. In der Stadtgasse mit ihren Toren und Fresken kommt urbanes Flair auf. Ein bedeutendes kulturelles Erbe – von hier stammt Michael Pacher, der große spätgotische Maler und Bildschnitzer des 15. Jahrhunderts – liefert noch weitere gute Argumente für einen Bruneck-Besuch!

SEHENSWÜRDIGKEITEN: PUSTERTAL

Wo einst Bergbauern und Knappen für Hungerlöhne schufteten, finden Urlauber heute willkommene Ruhe – und eine intakte Natur. Im Tauferer Tal erinnert die mächtige Anlage von Burg Taufers (großes Bild) an die lange zurückliegenden Zeiten gewalttätig ausgetragener Adelsfehden und Herrschaftsrivalitäten.

INFO Landesbergbaumuseum

Inmitten von Almwiesen, im hintersten Tauferer Tal, liegt Prettau. Seit etwa 1400 wurde hier Kupfererz abgebaut. Heute bringt eine Grubenbahn Besucher in einen spannend präsentierten unterirdischen Schaustollen.
Hörmanngasse 38/A, 39030 Prettau Tel. (04 74) 65 42 98, 1. April–Ende Okt., Di–So 9.30–16.30 Uhr.

»Die Alm – Promischweiß und Edelweiß« hieß eine Reality-Sendung mit Drehort Ahrntal. Über 50 Almen, umgeben von über 80 Dreitausendern, werden hier bewirtschaftet. Richtig geschwitzt haben im kalten Tal aber selbst die Bergknappen vor Jahrhunderten wohl eher selten. Während sie nach Erzen gruben, frönten ihre Frauen dem mühsamen Handwerk des Klöppelns – der Kunst, Spitzen aus Garn zu fertigen. Besser lebte der Adel in der Burg Taufers am Ende des Tauferer Tals, wo sich das Haupttal in Ahrntal, Mühlwalder Tal und Raintal spaltet. Über der Burg lebt der weltbekannte Extrembergsteiger Hans Kammerlander. Aus seiner Küche blickt er durch das breite, u-förmige Tal und über Murkegel hinweg direkt nach Bruneck. Um fit für die Achttausender des Himalaja zu bleiben, läuft er täglich seine Runden, am liebsten an den wilden Rainwasserfällen vorbei ins Raintal.

SEHENSWÜRDIGKEITEN: PUSTERTAL

Auf 1642 Meter Höhe liegt am Ende des Antholzer Tals der Antholzer See, traumhaft eingebettet in die Landschaft unter den Dreitausendern Wild- und Hochgall (großes Bild). Idyllische Szenerien finden sich hier an vielerlei Stellen (oben).

INFO Biotop Rasner Mösern

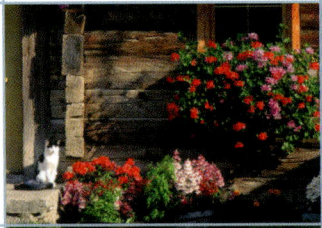

Am Eingang zum Antholzer Tal liegt bei Oberrasen auf 1070 Meter Meereshöhe ein Sumpfgebiet mit einzigartiger Flora und Fauna. Wanderwege führen durch die ebenen, moorigen Wiesen des Rasner Biotops, wo eine große Artenvielfalt zu beobachten ist: Hier gedeiht z. B. der Sonnentau, die seltene fleischfressende Pflanze.

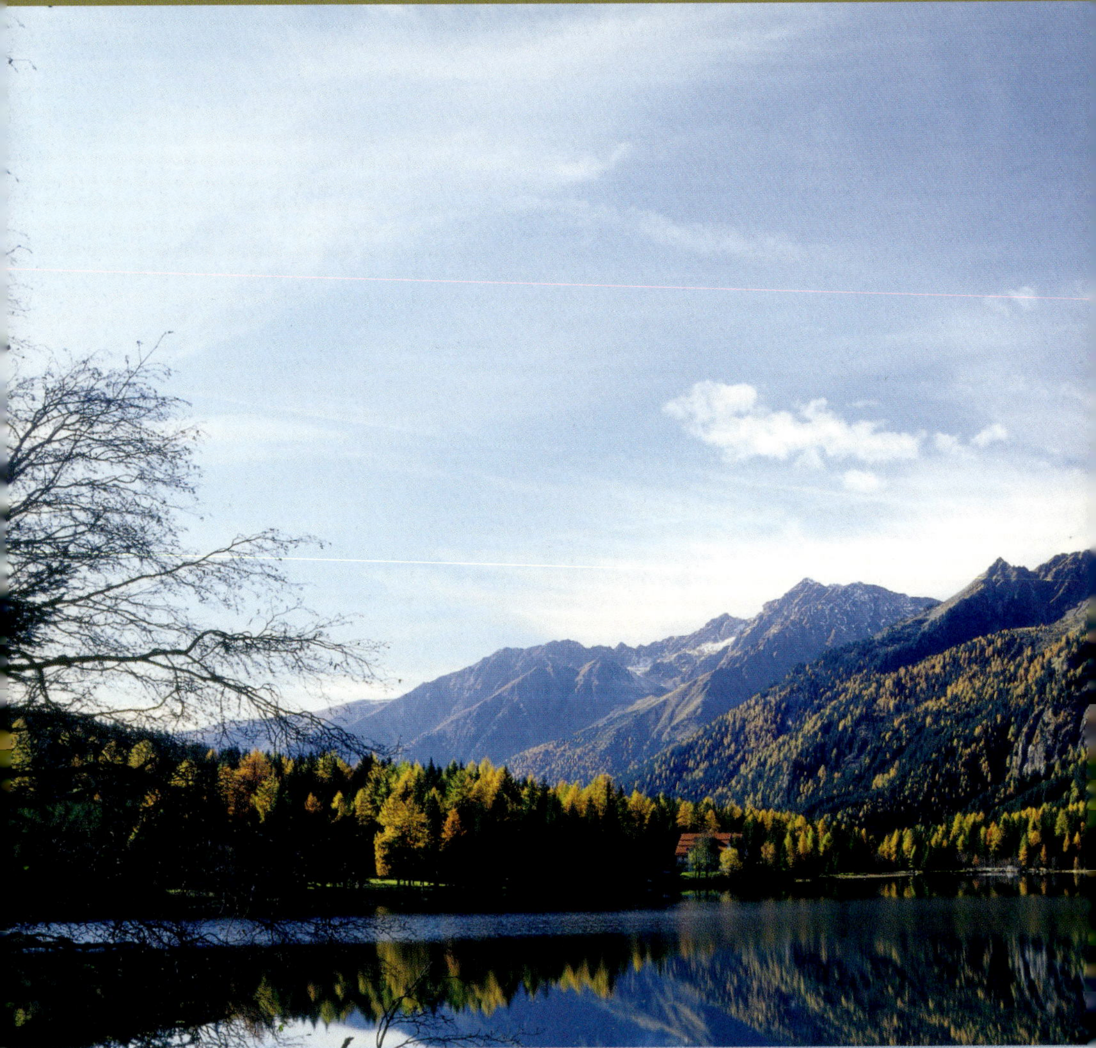

NATURPARK RIESENFERNER-AHRN 48
ANTHOLZER TAL 49

Afrika und Europa gehören zusammen – rein geologisch. Der Beweis findet sich im Naturpark Riesenferner, da hier die Afrikanische und die Europäische Kontinentalplatte aufeinandertrafen. Durch dieses Aufeinanderprallen beider Erdteile wurden die Alpen aufgefaltet – vor Millionen von Jahren. Dabei schob sich hier die Afrikanische Platte über die Europäische. Im Laufe der Zeit wurden jedoch durch Erosion Teile der Afrikanischen Platte abgetragen, sodass die tieferen Gesteinsschichten des europäischen Kontinents wieder zum Vorschein kamen. Man spricht hier vom sogenannten Tauernfenster. Beste Sicht auf diese »Öffnung« genießt man vom 3436 Meter hohen Hochgall aus. Der hier eingerichtete Naturpark Riesenferner-Ahrn ist nach dem nahen großen Gletscher benannt. Vom Gipfel aus fallen das Weltbiathlonzentrum Antholzer Tal und das Gsiesertal ins Auge.

Prächtige Barockbauten, im Kern mittelalterlich: Die Kirche Johannes Baptist, deren Deckenfresken (großes Bild) Franz Anton Zeiller schuf, steht in Toblach, St. Michael (rechts daneben) in Innichen. Dort lohnt auch ein Besuch der prächtigen romanischen Stiftskirche (oben).

TIPP Seiterhof

Auf ihrem entlegenen, recht stattlichen Bergbauernhof bewirten Sieglinde und Herbert Kamelger die Gäste bodenständig. Die Zutaten der Speisen sind aus eigener Erzeugung – schon allein der Anblick der leckeren Gerichte ist ein Genuss! *Kandellen 7, 39034 Toblach, Tel. (04 74) 97 91 14, Mi–Mo, Jan. geschl.*

Wenn bei Friedensschlüssen nach Kriegen die Logik das Sagen hätte, würde Toblach heute Grenzort zu Österreich sein. Denn am 1250 Meter hohen Toblacher Feld verläuft die Wasserscheide zwischen Adria und Schwarzem Meer, weshalb Südtirol östlich des Ortes eigentlich zu Osttirol gehört. Am

unscheinbaren Übergang beginnt das wildromantische Höhlensteintal mit Toblacher See und Dürrensee und herrlichem Blick auf die Drei Zinnen und den Monte Cristallo. Durch das Tal führte der alte Handelsweg »Strada d'Alemagna«, der die einstigen Wirtschaftszentren Venedig und Augsburg ver-

band. Dem Handel verdankte Toblach seinen Wohlstand, später dem Fremdenverkehr. Regelmäßiger Gast war der große Komponist Gustav Mahler, der gern im nahen Innichen die dreischiffige Stiftskirche besuchte, einen der bedeutendsten Sakralbauten der Romanik im Ostalpenraum.

SEHENSWÜRDIGKEITEN: PUSTERTAL

Mehr als andere Täler verkörpert das Gadertal die Dolomitenlandschaft, hier scheinen die Berge geradezu herabzufallen. Im großen Bild: die Kreuzkofelgruppe über Wengen. Bildleiste, von oben: das Rautal hinter St. Vigil, die Berge La Varella (davor St. Kassian), Sass Songher (vorn Corvàra) und Sellastock (mit Kolfuschg).

INFO Museum Ladin

Das Museum auf Schloss Thurn erzählt in multimedialer Form die Geschichte der Dolomiten-Ladiner, Südtirols ältester Sprachgruppe.

Schloss Thurn, 39030 St. Martini Thurn, Tel. (04 74) 52 40 20, 5. Apr.– 31. Okt. Di–Sa 10–18, So 14–18, Aug. auch Mo, im Winter Mi–Fr 14–18 Uhr.

Am späten Nachmittag leuchten die Westwände der Fanesgruppe orange-rot über den kleinen Weilern des Gadertals. Herbstlich verfärbte Lärchen-wälder auf den Armentarola-Wiesen betonen das sonnenbedingte Licht-spiel, und die ladinisch sprechende Be-völkerung schaut ehrfürchtig hinauf zu ihrem Heiligkreuzkofel. Gewöhnlich allerdings geht es hier weit weniger andächtig zu: manchmal beinahe wie vor 600 Jahren, als die Benediktinerin-nen der Sonnenburg am Taleingang Grundherren des Gadertaler Gebiets waren. Weil die Äbtissin Verena von Stuben ihre Nonnen zu freizügig leben ließ, kam es 1458 zum Konflikt zwi-schen Tirols Landesherrn, der solchen Kurs unterstützte, mit dem Brixner Bi-schof, dem großen Nikolaus von Kues. Papst und Kaiser gar mussten interve-nieren. Stille, wie sie das Gadertal noch heute kennzeichnet, herrscht auch im na-hen, sagenumwobenen Rautal.

SEHENSWÜRDIGKEITEN: PUSTERTAL

INFO Bootsfahrten

Die Landschaft im Naturpark Fanes-Sennes-Prags ist von seltener Schönheit. Der Himmel über den Fanestürmen und der Lagazuoigruppe (großes Bild) strahlt oft blau. In Grünsee (oben) und Pragser Wildsee spiegeln sich kristallklar die Berge. Gipfelkreuze wecken wie anderswo auch alpinen Ehrgeiz (kleines Bild unten).

Der Pragser Wildsee wird auch »Perle der Dolomitenseen« genannt. Im Rudergang lässt sich landschaftliche Schönheit hier besonders gut genießen. Der Bootsverleih gleich beim Hotel »Lago di Braies« verfügt über eine nette Flotte stabiler Holzboote. *St. Veit 27, 39030 Prags, Tel. (04 74) 74 86 02*

Den Naturpark Fanes-Sennes-Prags muss man erwandern. Wer sich über der Waldgrenze im Kalkrasen zwischen Blaugras und Immergrüner Segge niederlässt, im Sonnenschein die Augen schließt, den Duft von Edelweiß und Dolomitenfingerkraut einatmet, das Gurgeln eines Bergbachs wahrnimmt – befindet er sich nicht mitten in einem Traum, der von den vielen Sagengestalten dieser Gegend durchspukt wird? Wenn man erwacht, fällt der Blick vielleicht als Erstes auf den Grünsee. Und dann breiten sich vor dem Auge die typischen Karstformen aus, die das Gebiet prägen, und man weiß: Alles im Traum ist wahr – und eine erquickliche Einsamkeit, vor allem in der Nebensaison, überdies garantiert. Denn nirgendwo sonst in Südtirol übrigens wird so deutlich wie hier, wie die sedimentäre Dolomitenplatte vor Jahrmillionen als Ganzes tektonisch gehoben wurde, ohne jedoch zu zerbrechen.

Wo die alpinen Matten nicht überdüngt werden, zeigt sich die Flora der Dolomiten von ihrer besten Seite: Edelweiß, Rosmarin-Seidelbast, Gartenprimel und Enzian (Bildleiste von links) machen nur einen kleinen Teil dieser Vielfalt aus, die sich in den Wäldern und Wiesen tieferer Lagen verhundertfacht (unten).

BLÜHENDE BERGE

So vielfältig, wie die Spitzen und Zacken der Dolomiten eindrucksvoll in den Himmel hineinragen, so unterschiedlich zeigen sich auch die vielen Pflanzenarten in den im Italienischen als Monti Pallidi bezeichneten »Bleichen Bergen«. In vielerlei Farben leuchten die mehr als 1500 verschiedenen Gewächse, in allen nur denkbaren Nuancen bestimmen sie das Erscheinungsbild von Wäldern und Wiesen. Der Bewuchs reicht bis in die höchsten Lagen. Riesenteppichen gleiähnelnde Latschenkieferstauden, Nadelwälderleuchten im Herbstlicht, und mit seinem frischen Grün erfreut, vor allem im Frühjahr, weiter unten der Laubwald das Auge. In der blühenden Jahreszeit kann man Zeuge einer wahrhaftigen Explosion der Farben werden: um die 50 Orchideenarten, dazu zahllose Wiesen- oder – nicht selten recht seltene – Bergblumen befeuern Wald und Flur. Und welch klingende Namen haben sie: Pelzanemone und Zwergprimel, Alpenaster, Alpennelke, Silberwurz, Arnika, Alpenrose, Türkenbund, gepunkteter Enzian, Zwergrhododendron, Alpenrose und, nicht zu vergessen, das my-thenumrankte Edelweiß. In den Wäldern hier findet der kundige Sammler jede Menge Pilze. Damit der natürliche Bestand nicht gefährdet wird, haben alle Gemeinden strenge Mitnahmeverordnungen für Pilz und Blume erlassen. Doch allzu oft gilt wie anderswo auch in den einsamen Bergen: Wo kein Kläger, da kein Richter.

SEHENSWÜRDIGKEITEN: PUSTERTAL

Sexten auf die berühmten Drei Zinnen zu reduzieren wäre falsch. Die Kirchen und Friedhöfe in den Tälern sind Exempel für die feine sakrale Kunst selbst in kleinen Dörfern (oben), und die Berge und engen Seitentäler ringsum überraschen mit Formenreichtum. Eine Perle ist der Bödensee vor der Schusterplatte (großes Bild).

TIPP Tschurtschenthaler Hof

Das Anwesen auf rund 1660 Meter Höhe ist der Erbhof des um die 700 Jahre alten Geschlechts der Tschurtschenthaler. Seit Generationen gesammelte Geräte sind ausgestellt. Auf den Tisch kommen bäuerliche Gerichte.

Mitterberg 16, 39030 Sexten, Tel. (04 74) 71 00 87, Di–So, Vorbestellung ist erwünscht.

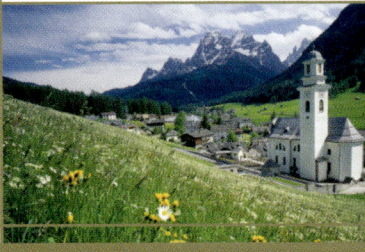

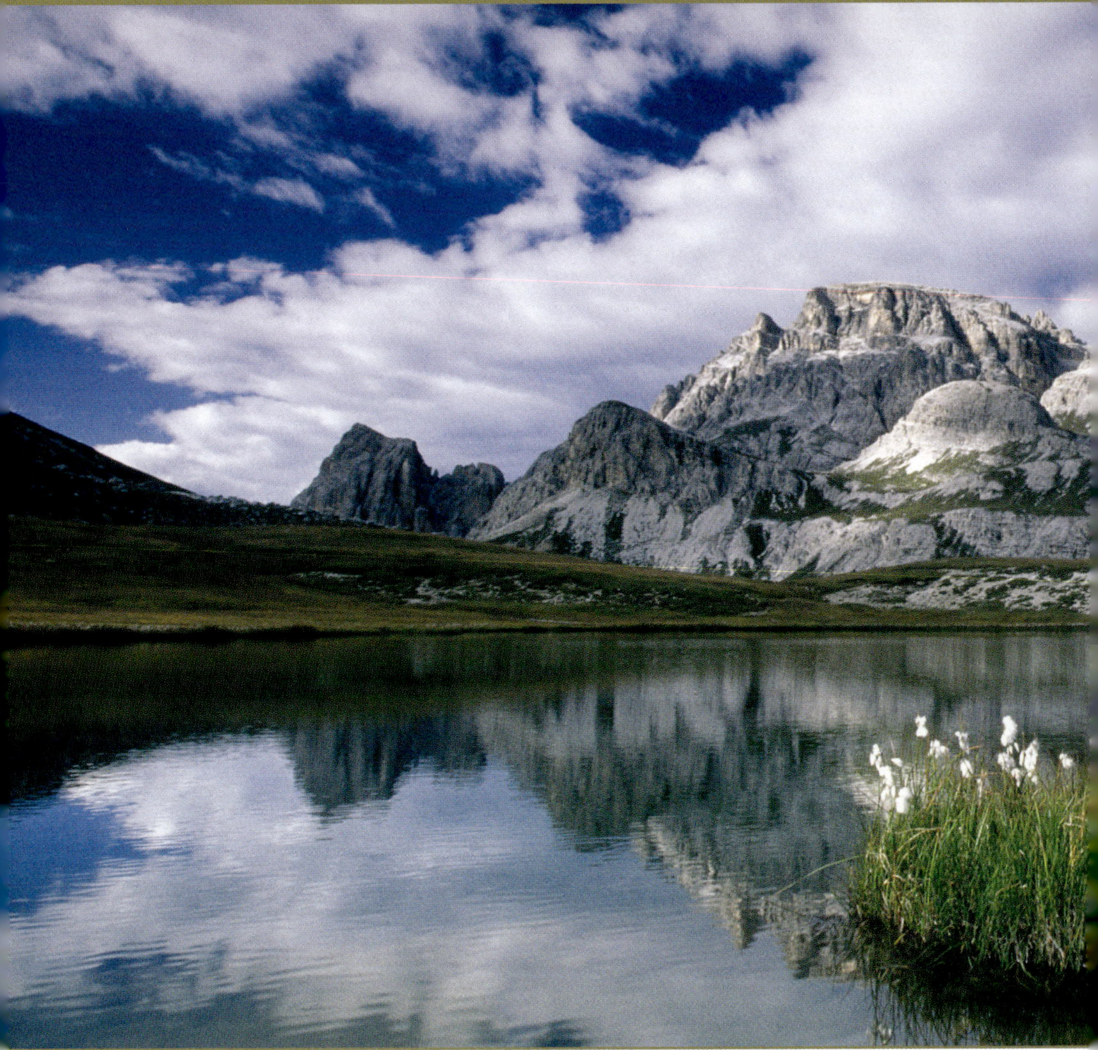

Der Journalist Claus Gatterer (1924 bis 1984), ein großer Sohn Sextens, sprach 1989 in einem Buch die Ansicht aus, die Übergabe des Sextentals an Italien 1919 sei eine »Schlamperei der Weltgeschichte« gewesen, die aus stolzen Tirolern »Südtiroler« gemacht habe – eine »Deklassierung«. Im 21. Jahrhundert ist von solchem Gedankengut kaum noch etwas übrig im reichen Tal und Land. Im Gegenteil: Unter dem Kreuzbergpass, dem Übergang ins italienische Cadore, blickt man stolz von der höchsten Kletterhalle Italiens hinüber ins Herz des Sextener Naturparks. An der westlichen Zinne ragt hier das größte Felsendach der Welt 40 Meter in die Horizontale. Ganz nahebei wurde hier Alpingeschichte geschrieben: 1915, im Ersten Weltkrieg, kam der große Tiroler Bergführer Sepp Innerkofler beim Kampf um den von Italien besetzten Paternkofel zu Tode – hoch über dem Fischleintal.

Der Adler, Südtirols Wappentier, schmückt auch die Hoheitszeichen von Glurns, Meran und Sterzing. Hoch am Himmel indessen schwebt er dafür umso seltener. Auch zur Erspähung der übrigen Fauna heißt es früh aufstehen, etwa, wenn man Rothirsch (großes Bild), Reh oder Fuchs auf der Spur ist. Ist an den Hängen das Poltern von Steingeröll zu hören, sind meist Gämsen nicht weit. Murmeltier (Bildleiste von unten) und Raufußkauz (oben): pfeifen – bevor sie dann verschwinden.

TIERWELT DER DOLOMITEN

Kein Gipfel scheint ihnen zu hoch, kein Wind zu stark: Die orangeschnabelige Dohle ist häufigster Begleiter des Dolomitenwanderers und oft das einzige Tier, das dieser in den »Bleichen Bergen« leichterdings zu sehen bekommt. Ansonsten sind vor allem Gämsen unterwegs, ab und an trifft man auf ein pfeifendes Murmeltier, auch Raben und kleine Greifer durchmessen die Höhe, während Ameisen und Eidechsen nur das Parterre bevölkern. Was da sonst noch kreucht und fleucht, verraten Spuren im Schnee – von Hasen, Rotwild, Füchsen, Schneehühnern, Auerhähnen oder Eichkätzchen. Wer auch diese Tiere sehen will, der muss früh aufstehen, geduldig sein und natürlich Glück haben. Von der Fauna Südtirols gelten über 40 Prozent aller Arten als gefährdet. 25 davon sind streng geschützt – von Maulwurf und Igel bis zu Frosch oder Flusskrebs. Ortsnamen wie Bärenfalle oder Wolfsgrube weisen auf die einstige Präsenz dieser Raubtiere hin. Der Wolf freilich hat es bis jetzt vom Apennin nicht wieder heraufgeschafft; Bären aus Slowenien oder dem nahen Trentino schauen vorerst nur in der Gegend der Brentagruppe flüchtig vorbei. Doch sie vermehren sich – was nicht allseitig begrüßt wird. Der Luchs wartet in Österreich auf die Rückkehr in die Dolomiten. Zwei Wildschweine, die von dort kommend die Grenze passierten, wurden umgehend – als Schädlinge – von Jägern erlegt: ein doch recht umstrittenes Vorgehen.

SEHENSWÜRDIGKEITEN: PUSTERTAL

Selbst in Bildern ist der Schönheit der Drei Zinnen schwer gerecht zu werden. Der Nordwandblick von der Drei-Zinnen-Hütte aus (großes Bild) sucht weltweit seinesgleichen, aber nur wer direkt unter den 450 Meter hohen Wänden steht, vermag ihre Dimensionen zu würdigen. Links im Bild: der Paternkofel.

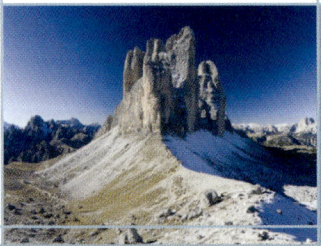

INFO Wanderung

Mit Kondition lassen sich die Drei Zinnen in ca. vier Stunden mit herrlichen Ausblicken umrunden. Von der Auronzohütte (mit guter Küche) führt der Steig 105 zur Drei-Zinnen-Hütte und Weg 101 anschließend zurück.

Auronzohütte, Via Marmarole, 32041 Auronzo, Tel. (04 35) 390 02, Juni–Ende Sept.

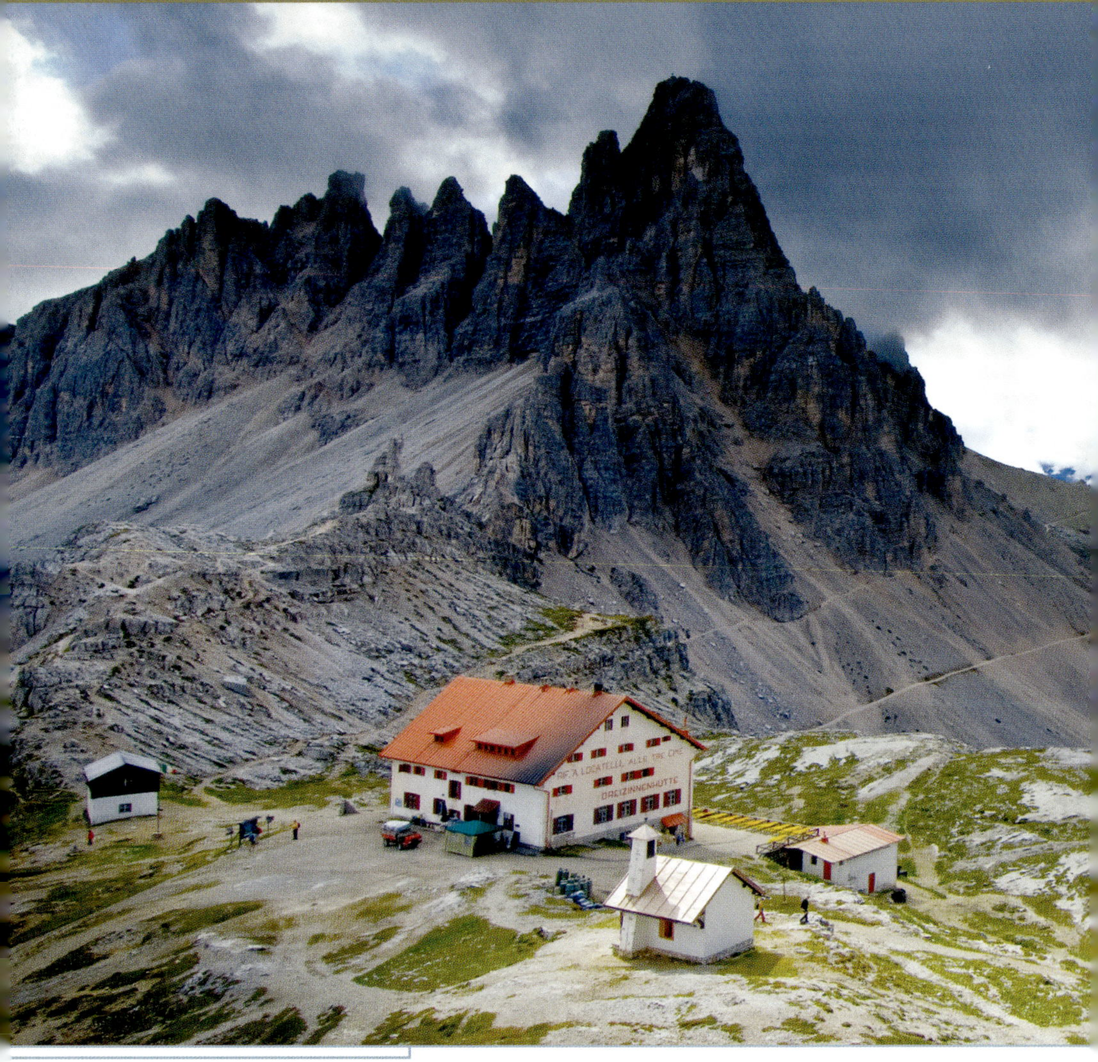

Wenn es darum geht, eine Vorstellung von den Drei Zinnen zu wecken, geraten unsere sprachlichen Ausdrucksmittel rasch an Grenzen. Dabei ist eine Beschreibung der berühmten Bergmonumente von Süden aus einfach: Zwei große Pyramiden aus Stein gibt es da und eine kleinere Erhöhung mit steiler gelber Kante, das war's. Aber von Norden! Für eine solche Perspektive existieren keine Worte. Zum Glück haben wir Füße, die uns unter die 450 Meter hohen Nordwände tragen. Große Momente der Alpingeschichte sind hier von legendären Bersteigern gestaltet und erlebt worden. Den vorläufigen Höhepunkt setzte in allerjüngster Zeit der Top-Kletterer Thomas Huber mit seiner spektakulären Bewältigung der – als weltweit schwierigste geltenden – großen Alpinkletterroute durch das 40-Meter-Dach der Westlichen Zinne sowie mit der Durchsteigung aller drei Nordwände an einem Tag.

SEHENSWÜRDIGKEITEN: PUSTERTAL

In Sexten gibt die Sonne die Zeit an: Von links nach rechts bilden Neuner bis Einser – das große Bild zeigt den Zwölfer – eine gigantische Sonnenuhr. Wer die »Bergziffern« erwandern möchte, geht vom Ort aus durch das Fischleintal zur Talschlusshütte – und nun mitten hinein in den Naturpark Sextener Dolomiten (oben).

INFO Wanderung

Mit der Rotwand-Bergbahn geht es hinauf zur Rotwandwiese (1920 m). Nach einer Einkehr in der Hütte führen die Wege 124, 153 und 1a mit traumhaften Ausblicken ins Fischleintal und wieder zurück zum Ausgangspunkt. Streckenlänge: 8 km.
Auskünfte: Tourismusverein Hochpustertal, Tel. (04 74) 71 03 10

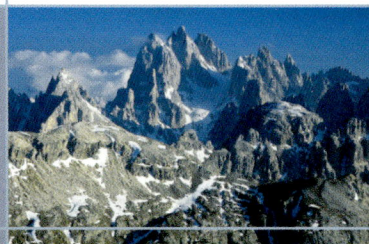

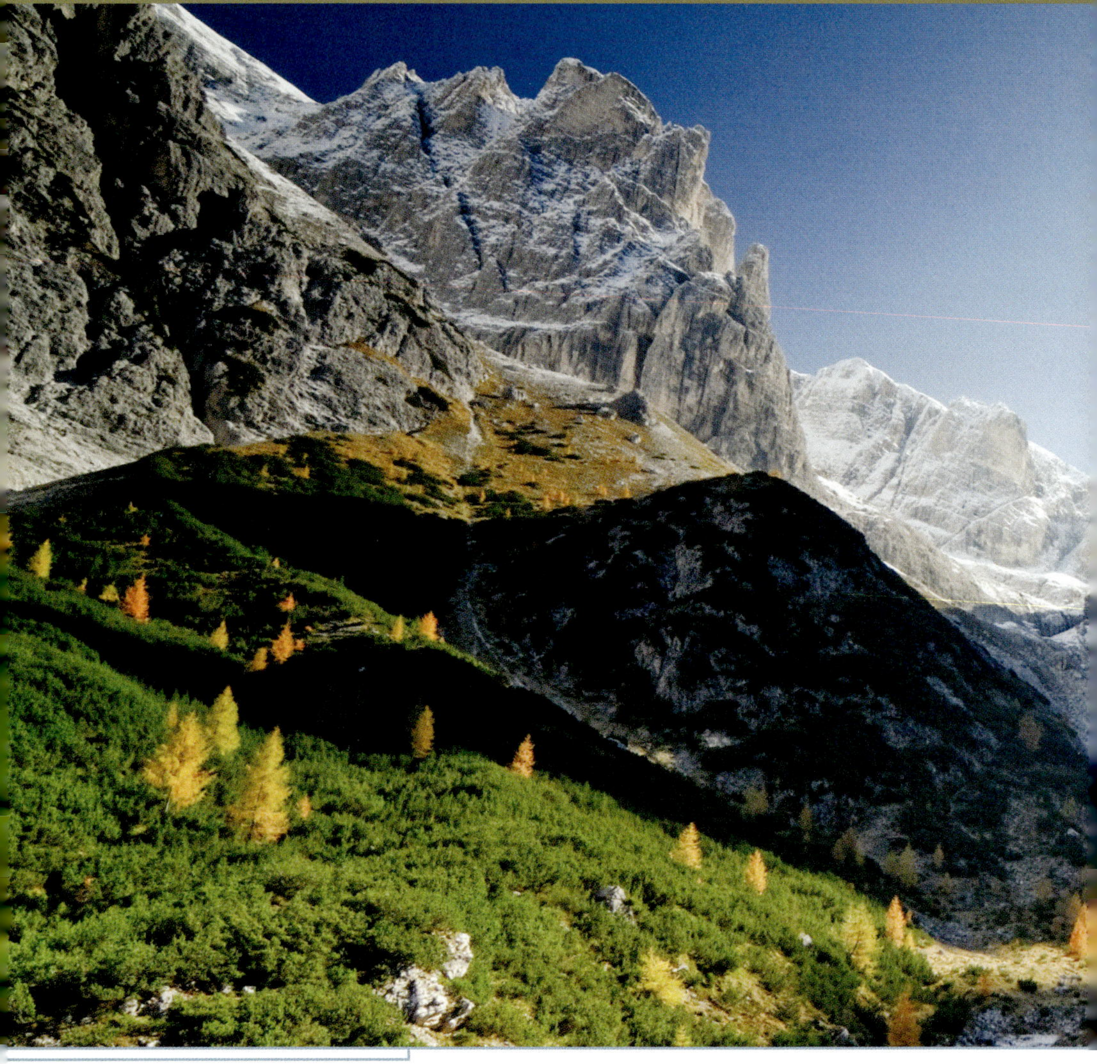

ELFERKOGEL, ZWÖLFERKOGEL 58
FISCHLEINTAL 59

Wer die Natur richtig lesen kann, benötigt keine Uhr. Die Bewohner von Sexten sind Meister in dieser Kunst. Sie schauen beim Fenster hinaus und sehen dort als natürliche Sonnenuhr die Bergspitzen von Neuner, Zehner, Elfer, Zwölfer und Einser. Wenn sich die Sonne hinter der Dreischusterspitze verbirgt, ist es Zeit für eine kleine Vesper, die Marende. All diese Gipfel hier recken sich riesigen Kathedralen gleich in den blauen Himmel des Sextener Naturparks. Und tief darunter vollendet das malerische Fischleintal den hoheitlichen Anblick. Je nach Jahreszeit erscheint die naturbelassene Niederung in unterschiedlichen Farben: Im Winter wirkt hier alles wie verzaubert von strahlend weißer Pracht, im Frühjahr schmückt das Tal sich mit zartem Grün, im Sommer dann kontrastiert sattes Grün aufs Schönste mit dem grauen Kalk, und in jedem Herbst schillern wie vergoldet die Lärchen.

Abtei/Badia

⊟ Hotel Gran Ander
In diesem Drei-Sterne-Superieur-Haus gehören Wellnessabteilung mit Sauna, Dampfbad und Fitnessraum zu den das Logis ergänzenden Angeboten.
Via Runcac' 29,
Tel. (04 71) 83 97 18,
www.granander.it

Antholz

⊟ Hotel Bad Salomonsbrunn
Der Salomonsbrunn im Antholzer Tal wurde bereits 1559 erstmals erwähnt. Heute hält das kleine Hotel die Tradition hoch und bietet mit seiner Aqua-Vital-Badewelt Regeneration für Körper und Geist.
Tel. (04 74) 49 21 99, www.
badsalomonsbrunn.com

Bruneck

🏛 Stadttheater Bruneck
Die deutschsprachige Bühne führt jährlich etwa zehn Theaterproduktionen auf. Darüber hinaus stehen Veranstaltungen wie Jazzkonzerte, Kabarett sowie auch Gastspiele auswärtiger Bühnen auf dem Programm des Hauses.
Dantestr. 21,
Tel. (04 74) 41 20 66,
www.stadttheater.eu

🏛 Volkskundemuseum Dietenheim
Auf dem vier Hektar großen Freigelände sind schöne alte Bauernhäuser verschiedener Südtiroler Talschaften sowie ein Herrenhaus des Landadels zu bewundern. Original-Einrichtungsgegenstände und viel bäuerliches Gerät lassen alte Zeiten lebendig werden. Lebende Haustiere und Aktionen wie Brotbacken, Krauthacken oder Schafschur machen den Besuch zum Erlebnis.
Herzog-Diet-Str. 24,
Tel. (04 74) 552 08, www.
volkskundemuseum.it, Mitte
April–Ende Okt. Di–Sa 9.30
bis 17.30, So, Fei 14–18 Uhr.

♀ Cron4
Cron leitet sich von Kronplatz, dem Hausberg von Bruneck, ab. Wer schwimmen, relaxen oder schwitzen will, kommt in dieser Badespaß-Einrichtung voll auf seine Kosten.
Im Gelände 26,
Tel. (04 74) 41 04 73,
www.cron4.it

♀ Stegener Markt
Am letzten Wochenende im Oktober findet hier, nahe bei Bruneck, an drei Tagen dieser bedeutende, riesige Vieh- und Krämermarkt statt. Vom Maronibrater (in Tirol Köstebrater genannt) bis zum Karussellbetreiber oder Viehhändler ist jeder da, auch Glühwein-, Käse- und Wurststandln erfreuen Herz und Gaumen der zahlreichen Besucher.
Tourismusverein Bruneck,
Tel. (04 74) 55 57 22,
www.bruneck.com

♣ Kuntner & Co.
Die keramischen Werkstätten fertigen alles in Handarbeit – und das seit dem Jahr 1760. Gebrauchsgegenstände werden mit Blumenmotiven und bäuerlichem Design versehen, die schönen Kachelöfen sind sämtlich Unikate.
Bruder-Willram-Str. 31,
Tel. (04 74) 41 11 64,
www.kuntnerkeramik.com.

♣ Tuchfabrik Moessmer
Das Traditionsunternehmen ist für seine Lodenstoffe, feine Wolle und nicht zuletzt für die daraus angefertigte sportliche Mode bekannt; der Verkauf auf dem Betriebsgelände wird gern angenommen.
Walther-von-der-Vogelweide-Str. 6, Tel. (04 74) 53 31 11,
www.moessmer.it

✕ Weißes Lamm
Im ersten Stock des alten Bürgerhauses serviert man hier seit jeher beste Hausmannskost. Im Künstlerstübele treffen sich auch Einheimische gerne bei Kaffee oder einem Glas Wein zum Plausch.
Stuckstr. 5,
Tel. (04 74) 41 13 50.

⊟ Hotel Petrus
Dieses oberhalb von Bruneck gelegene Aktiv- und Wellnesshotel begeistert durch seine naturbelassene Umgebung. Das Haus verfügt über diverse Wellness- und Fitnessangebote und kann auch mit Liegewiese und Hallenbad dienen. Das Restaurant verwöhnt den Gast mit einer Mischung aus Gourmetküche und feinen Angeboten von Südtiroler Tradition.
Reischach, Reinthalstraße,
Tel. (04 74) 54 82 63,
www.hotelpetrus.com

⊟ Hotel Post
Auch seit seinem letzten Umbau birgt das traditionsreiche Hotel am Corso, die Nummer eins in Bruneck, wie einst den Charme glanzvoller vergangener Zeiten, nun ergänzt um modernen Komfort.
Graben 9,
Tel. (04 74) 55 51 27, www.
hotelpost-bruneck.com

⊟ Royal Hotel Hinterhuber
Für das drei Kilometer außerhalb Brunecks im Grünen gelegene Haus sprechen nicht zuletzt ruhige Lage und herrliche Aussicht. Ein Schwimmbad und ein Tennisplatz fügen sich zur romantischen Gartenanlage, in der allein schon ein schlichter Spaziergang wunderbar entspannt.
Reischach, Ried 1,
Tel. (04 74) 54 10 00,
www.royal-hinterhuber.com

Innichen

ℹ Tourismusverein Innichen
Im Quellbereich der Drau, nahe der Grenze zu Österreich, liegt die Marktgemeinde. Zu ihren bedeutenden architektonischen Schätzen zählen die Stiftskirche zu den Heiligen Candidus und Korbinian (13. Jh.), ein dreischiffiges romanisches Gotteshaus, sowie das Franziskanerkloster, das zu Ende des 17. Jahrhunderts errichtet wurde. Innichen ist das ganze Jahr über ein beliebter Urlaubsort.
Pflegplatz 1,
Tel. (04 74) 91 31 49,
www.innichen.info

🏛 Stiftsmuseum Innichen
Gleich neben der Stiftskirche finden sich – in hochmittelalterlichen Mauern – Museum, Archiv und Bibliothek des Stiftes Innichen. Zu bestaunen sind neben dem prächtigen Domschatz allerlei sakrale Gemälde und Skulpturen sowie historische Urkunden.
Kapitelhaus, Juni–Okt.
Do, Fr und Sa 17– 19,
So 10–11 Uhr, Juli–Aug.
auch Di–Sa 10–11, So 10–12,
Di 20–22 Uhr.

♀ Fun Bob
Am Haunoldhang liegt mit dieser Sommerrodelbahn ein höchst beliebtes Ausflugsziel

Ein schneesicheres Skigebiet: der Kronplatz, Brunecks Hausberg; das friedliche Antholzer Tal; Haus am See: Falkensteiner Hotel Lido Ehrenburgerhof; Postkartenidyll: Hotel La Majun (von links).

Die hier aufgeführten Expertentipps ergänzen die auf den Seiten 136 bis 161 beschriebenen Sehenswürdigkeiten.

im Hochpustertal. Über 1,7 Kilometer Streckenlänge sausen die Schlitten auf einer Einrohrschiene mit der maximalen Geschwindigkeit von zehn Metern pro Sekunde zu Tal und überwinden dabei einen Höhenunterschied von 314 Metern.
Haunold AG,
Schranzhofer Str. 26/B,
Tel. (04 74) 91 32 77,
www.funbob.it

Acquafun
Neben dem auch wettkampftauglichen Sportbecken bietet dieses Spaßbad seinen Gästen viel: Planschbecken, Riesenrutsche, Strömungskanal, Kaltwasserbecken, Erlebnisduschen und eine große Saunawelt. Allerhand Abwechslung also für Jung und Alt!
M.-H. Hueber Str. 2,
Tel. (04 74) 91 62 00,
www.acquafun.com

Grauer Bär
In diesem in der Fußgängerzone gelegenen historischen Gasthof können Sie nicht nur stilvoll nächtigen, sondern auch gepflegt speisen. Extras: Dachterrasse und Sauna.
Peter-Paul-Rainer-Str. 2,
Tel. (04 74) 91 31 15,
www.orsohotel.it

Weisses Rössl
Das seit Generationen in Familienbesitz bewahrte Viersternehotel liegt gleichfalls in Innichens Fußgängerzone. Modernisiert und traditionsreich, verfügt es über ein vielfältiges Sport-, Gesundheits- und Freizeitangebot, was z. B. durch Schwimm- und Dampfbad, Whirlpool, Panorama-Fitnessraum, Bowling-Bahn sowie Kinder-Kletterwand und Hotelkino nachweisbar ist. Im geschichtsträchtigen Rössl-

keller wird Heimisches wie Internationales aufgetischt.
Herzog-Tassilo-Str. 1,
Tel. (04 74) 91 31 35,
www.weissesroessl.com

Kiens

Tourismusverein Kiens
Der in der ersten Hälfte des 11. Jahrhunderts erstmalig erwähnte Ort an der Rienz liegt nur wenige Kilometer von Bruneck entfernt. Zu den architektonischen Sehenswürdigkeiten dieser Gemeinde gehören das bereits im 12. Jahrhundert entstandene und um 1730 barock umgestaltete Schloss Ehrenburg sowie die von 1835 bis 1838 errichtete Pfarrkirche St. Petrus und Paulus – deren Turm indessen bereits seit dem 15. Jahrhundert steht.
Kiener Dorfweg 4b,
Tel. (04 74) 56 52 45,
www.kiens.info

Schöneck
Im Pustertal, mitten im Grünen und abseits aller Hektik, liegt dieses Restaurant, ein von Michelin und Gault Millau gepriesener Tempel der Köstlichkeiten, den man hier, etwas abseits vom Schuss, wohl nicht vermuten würde.
Schloss-Schöneck-Str. 11,
Tel. (04 74) 56 55 50,
www.schoeneck.it

Falkensteiner Hotel Lido Ehrenburgerhof
Das gastfreundliche Haus mit traumhaft schöne Lage verfügt über einen eigenen Badesee mit Liegewiese, wozu sich ein großartiger Wellnessbereich gesellt. Das auf Familien ausgerichtete Hotel hat großzügige, geräumige Räume, darunter Familienzimmer von bis zu 45 Quadratmetern

Fläche. Im hauseigenen Seerestaurant bietet man neben heimischen Spezialitäten internationale Gerichte sowie Vegetarisches – und auf Voranmeldung Schon- und Diätkost. Ein besonderer Clou: Für die Kleinen gibt's mittags und abends zur Freude der Eltern ein betreutes Kinderessen.
Ehrenburg, Bahnhofstr. 7,
Tel. (04 74) 56 22 22,
www.falkensteiner.com/
de/hotel/lido

Hotel Residence Pustertalerhof
Beste Südtiroler Gastlichkeit verspricht Familie Gatterer. Das neu gestaltete Hotelgebäude im Zentrum von Kiens hat Zimmer und Apartments in mancherlei Größen im Angebot, außerdem eine Wellnessanlage – mit Hallenbad, Sauna, Solarium und Whirlpool. Die weitläufige, etwa 7000 Quadratmeter große Gartenanlage bietet allemal genügend Platz für diverse Freizeitaktivitäten.
Im Linda 16,
Tel. (04 74) 56 52 30,
www.pustertalerhof.com

La Villa/Alta Badia

Hotel La Majun
Das Hotel in La Villa ist teils mit antiken Möbeln eingerichtet – ein spannender Kontrast zu den andererseits hier verwendeten Designer-Accessoires moderner Prägung. Mit Wellnessabteilung.
Via Colz 59,
Tel. (04 71) 84 70 30,
www.lamajun.it

Montanara
Neue, gemütliche Frühstückspension nahe der Skipisten am Dorfrand und mit schöner Aussicht. Garten, Garage.

Str. Plaön 24,
Tel. (04 71) 84 77 35,
www.montanara.it

Niederdorf

Kurpark Niederdorf
Der etwas verstaubt klingende Begriff »Kurpark« wird der großzügig angelegten Anlage im Osten von Niederdorf eigentlich nicht gerecht, hat man hier doch auf einem fünf Hektar großen Gelände, das von der jungen Rienz und einem kleinen Bächlein durchflossen wird, ein tolles Ausflugsziel angelegt, wo Eltern und Kinder viele erlebnisreiche Stunden verbringen können. Während die einen auf der Wiese, an Tischen und auf Bänken lesen oder faulenzen, widmen sich die anderen den Spielgeräten. Der Zugang zum Park ist kostenlos.
Tourismusverein Niederdorf,
Bahnhofstr. 3,
Tel. (04 74) 74 51 36,
www.niederdorf.it

Kneipperlebnis Niederdorf
Niederdorf im grünen Pustertal darf sich seit Kurzem mit dem Titel »Erstes Kneipp Erlebnisdorf Italiens« schmücken. Das vielfältige Angebot – mit den bekannten Kuranwendungen nach Sebastian Kneipp – findet in dieser herrlichen Anlage sowohl bei Gästen als auch bei Einheimischen viel Anklang. Die bereits im 18. Jahrhundert gerühmte Heilquelle Fons salutis – in einem Trinkpavillon – steht jedermann zur Verfügung. Die von ihren Jüngern viel beschworene ganzheitliche Kneipptherapie umfasst neben allerlei verschiedenen Wasseranwendungen den Einsatz von Heilpflanzen, Be-

wegung sowie eine ausge-
wogene Ernährung.
Kurpark, Tel. (04 74) 74 51 36,
www.niederdorf.org

🛏 Hotel Adler
Dieses traditionell familiengeführte Vier-Sterne-Wellness-
hotel im Hochpustertal liegt
im Ortszentrum von Niederdorf. Zum Haus gehören Hallenbad, Sauna und Solarium.
Von-Kurz-Platz 3,
Tel. (04 74) 74 51 28,
www.hoteladler.com

🛏 Hotel Weiherbad
Schwungvoll geführtes Haus
am Rand des großen Kurparks
von Niederdorf, von Wiesen
und Bäumen umgeben. Gro-
ßer Gastgarten.
Weiherweg 7,
Tel. (04 74) 74 51 97, www.
weiherbad.suedtirol.net

Olang

ℹ Tourismusverein Olang
Die aus den vier Fraktionen
Oberolang, Mitterolang, Nie-
derolang und Geiselsberg bestehende Gemeinde ist ideal
als Ausgangspunkt für Wanderungen in den Naturpark
Fanes-Sennes-Prags. Im Winter warten Pisten und Loipen
auf alle Anhänger des Ski-
sports.
Florianiplatz 18,
Tel. (04 74) 496277,
www.olang.com, Mo–Fr tgl.
8–12.30 Uhr (Di 16–18 Uhr).

🛏 Hotel Aichner
Das familienfreundliche, moderne Vier-Sterne-Hotel wartet mit vielem auf: Liegewiese, Hallenbad, Skiraum, Sauna
und Solarium. Im Winter gibt
es eine kostenlose Busverbin-
dung zum Skigebiet Kron-
platz, das nur zwei Kilometer
entfernt liegt.

Mitterolang, Hans-von-
Perthaler Str. 5,
Tel. (04 74) 49 62 86,
www.hotel-aichner.com

Pfalzen

✪ Bergila
In Bergila im Pustertal, nahe
dem Issinger Weiher, wird aus
den Zweigen der Legföhre ein
sehr heilkräftiges ätherisches
Öl destilliert. Der werkseigene
Kräutergarten der Latschenöl-
brennerei überwältigt mit einer Vielfalt an aromatischen
Gewürzkräutern, im Kiosk nebenan gibt es die ganze Fülle
des Angebots: vielerlei Tees,
Kräuterschnäpse, -liköre und
-bonbons, Heilkräuter und
Latschenölprodukte.
Weiherplatz 8,
Tel. (04 74) 56 53 73,
www.bergila.it

✪ Issing Hochseilgarten Kronaction
Der Issinger Weiher, ein Badesee zwischen Kiens und Pfalzen im Pustertal, hat noch
mehr zu bieten: einen Hoch-
seilgarten nämlich, der für
Groß und Klein Nervenkitzel
und Erlebnisse der besonderen Art verheißt. Ambitionierte Kletterfans überwinden auf
in verschiedenen Höhen ver-
laufenden Parcours Wege von
unterschiedlichen Schwierig-
keitsgraden.
Issinger Weiher,
Tel. (03 48) 594 78 13,
www.kronaction.com

🛏 Hotel Kristall
Das gut ausgestattete Hotel
überzeugt: Familiäre Gastlichkeit und gemütlicher Wohn-
komfort kommen an bei Erho-
lungsuchenden wie auch bei
Sportbegeisterten. In der Bauernstube werden vorzügliche
Speisen serviert.

Sichelburgweg 18,
Tel. (04 74) 52 81 90,
www.hotel-kristall.it

Prettau

ℹ Gemeinde Prettau
Diese Ortschaft im Tauferer
Ahrntal gilt als die nördlichste
Gemeinde Italiens. Der Groß-
teil ihrer Fläche liegt im Naturpark Rieserferner-Ahrn. Bekannt ist Prettau nicht zuletzt
für die hiesige Tradition des
Klöppelns und der Masken-
schnitzerei. Der bereits in prähistorischer Zeit hier betriebene Kupferbergbau wurde im
Jahr 1960 eingestellt. In den
Stollen hat man ein Schaubergwerk eingerichtet. Pret-
taus Knappenkirchlein zum
Heiligen Geist, um die Mitte
des 15. Jahrhunderts geweiht,
ist eine weitere Sehenswürdigkeit des Ortes.
Kirchdorf 84a,
Tel. (04 74) 65 41 23,
www.prettau.it

Sand in Taufers

ℹ Tourismusverein Sand in Taufers
Die Marktgemeinde im Taufe-
rer Ahrntal wurde schon Mitte
des 11. Jahrhunderts erstmals
urkundlich erwähnt und liegt
im Naturpark Rieserferner-
Ahrn. Nordöstlich des Ortes
erhebt sich auf einem Bergsporn die Burg Taufers, eine
mächtige Wehranlage, deren
Ursprünge auf die erste Hälfte des 13. Jahrhunderts zu-
rückgehen. Des Weiteren einen Besuch wert sind Ansitz
Neumelans sowie der örtliche
Naturbadeteich.
Josef-Jungmann-Str. 8,
Tel. (04 74) 67 80 76,
www.taufers.com/de/
tourismusverein-sand-in-
taufers.html

✪ Naturpark Rieserferner-Ahrn – Amt für Naturparke
Der 31 500 Hektar große Na-
turpark im Nordosten Südtirols wurde 1988 gegründet.
Er umfasst die Riesenferner-
gruppe und die Durreck-Grup-
pe und hat Anteil an der Venedigergruppe sowie an den
Zillertaler Alpen. Ahrntal, Tauferer Tal, Tauferer Becken und
Antholzer Tal begrenzen den
Naturpark. Zu den größten Er-
hebungen zählen Dreiherrenspitze (3499 m), Rötspitze
(3495 m), Hochgall (3436 m)
und Schneebiger Nock (3358
m). Auf zahlreichen Wander-
wegen lassen sich alle Aspekte eines wahrhaftigen Land-
schaftstraums facettenreich
erleben und erkunden.
Landhaus 11, Rittner Str. 4,
Bozen Tel. (04 71) 41 77 70,
www.provinz.bz.it/natur

St. Lorenzen

ℹ Marktgemeinde St. Lorenzen
Die Ortschaft am Zusammenfluss von Rienz und Gader besitzt eine Pfarrkirche, die dem
heiligen Laurentius geweiht
ist und bereits im 11. Jahrhundert erstmals erwähnt wurde.
Weitere Sehenswürdigkeiten in
St. Lorenzen sind Schloss Sonnenburg, einst ein Kloster, ferner die Ende des 11. Jahrhunderts erbaute Michelsburg und
das Antiquarium, ein Museum
zur Ortsgeschichte. Auch mehrere archäologische Stätten
verdienen Beachtung.
Franz-Hellweger-Platz 2,
Tel. (04 74) 47 05 90,
www.sanktlorenzen.it

✖ Hofschenke Lerchner's in Runggen
Hier ist die so traditionsreiche
heimische Küche Trumpf, mit

Die hier aufgeführten Expertentipps ergänzen die auf den Seiten 136 bis 161 beschriebenen Sehenswürdigkeiten.

Im Naturpark Sextener Dolomiten; die Toblacher Pfarrkirche ist ein barockes Schmuckstück; Saskia-Suite im Romantik Hotel Santer; Hotel Weiherbad: ein Haus mit Wellness-Faktor (von links).

---

selbst gebackenem Brot, vielerlei Knödeln und Nocken, mit Schlutzkrapfen, Erdäpflblattlen, Gröstl, Sauerkraut, Kalbskopf, saurem Rindfleisch, mit gerösteter Lammleber, Blutnudeln, Bauernbrotsuppe und anderen heimische Spezialitäten, die alle ganz friedlich vereint mit italienischen Pasta- und Risottogerichten auf der Speisekarte stehen. Probieren Sie z. B. die köstlichen Nach- und Mehlspeisen. Beachtlich auch: die Weinkarte.
Runggen 3a,
Tel. (04 74) 40 40 14.

St. Martin in Thurn

Mahlen und Brotbacken im Mühlental in Seres
Eine der hiesigen restaurierten Wassermühlen wird jeden Donnerstag für das Publikum geöffnet, um das alte Müllerhandwerk zu präsentieren. Einen Steinwurf entfernt ist man Zeuge, wie im Bauernhof Lüch de Vanc' in traditioneller Manier Brot gebacken wird.
Tel. (04 74) 52 31 75,
www.sanmartin.it,
Anf. Juli–Ende Sept. Do.

St. Vigil in Enneberg

Chalet Lé dla Creda
Nur zwei Kilometer hinter St. Vigil in Enneberg, in Richtung Pederü, liegt ein recht hübscher kleiner Waldsee, der Lé dla Creda. Das dortige Chalet hat komfortable Zimmer. Kinderspielplatz, Tretbootverleih.
Str. Val dai Tamersc 8,
Tel. (04 74) 50 10 51,
www.sanvigiliodimarebbe.it

Sexten-Moos

Hotel Drei Zinnen
Das Hotel wurde 1930 nach Plänen des Wiener Architek-

ten Clemens Holzmeister im Stil einer alpinen Moderne erbaut. Es bietet sich von hier ein atemberaubender Blick auf die Dolomiten – sogar von der neuen Sauna aus.
St.-Josef-Str. 28,
Tel. (04 74) 71 03 21,
www.hotel-drei-zinnen.com

Toblach

Tourismusverein Toblach
Der als Tor zu den Dolomiten bezeichnete Ort liegt am Eingang des Höhlensteintals im Angesicht der Drei Zinnen. Die Kirche zum heiligen Johannes ist eine wahre barocke Perle. Das Wander- und Langlaufparadies Hochpustertal lockt jederzeit mit vielfältigsten Freizeitaktivitäten. Das kulturelle Highlight des Sommers markieren die Gustav Mahler Musikwochen.
Dolomitenstr. 3,
Tel. (04 74) 97 21 32,
www.hochpustertal.info/
suedtirol/toblach

Schaukäserei Drei Zinnen
Die Schaukäserei ist ein modernes Gebäude unmittelbar neben der Abzweigung nach Schluderbach. Die Bauern des Hochpustertals liefern täglich rund 30 000 Liter gentechnikfrei produzierte Milch, die u. a. zu Topfen (Quark), Toblacher Stangenkäse und Innicher Bergkäse, zu Hochpustertaler Schnittkäse, aber natürlich auch zu Butter und Naturjoghurt verarbeitet wird. Besucher (Gruppen mit Voranmeldung!) bekommen Einblick in die Käseproduktion.
Pustertaler Str. 3/C,
Tel. (04 74) 97 13 00,
www.schaukaeserei
dreizinnen.com

WaldWunderWelt
Hinter dem Naturparkhaus in Toblach führt ein bequemer Erlebnis-Themenweg zu einer großen Lichtung. So ganz nebenbei lernt Groß und Klein am Wege so einiges über den Wald und seine Bewohner. Unterwegs stoßen die Gäste auch auf eine Installation von Baumstümpfen, die kreisförmig angeordnet und mit Erklärungstafeln versehen sind – ein »Keltisches Baumhoroskop«: die über das Geburtsdatum ermittelteln menschlichen haraktereigenschaften können mithilfe der bizarren Apparatur bestimmten Baumarten zugeordnet werden – der Besucher muss lediglich daran glauben.
Am Naturparkhaus Grand Hotel, Tel. (04 74) 97 21
(Tourismusverein Toblach),
www.hochpustertal.info

Romantik Hotel Santer
Tradition, Eleganz und Komfort in einem der Tophäuser des Hochpustertals. Im Sommer günstig an den Spazierwegen zum Toblacher See, im Winter direkt an den Loipen gelegen.
Alemagnastr. 4,
Tel. (04 74) 97 21 42,
www.hotel-santer.com

Welsberg-Taisten

Tourismusverein Gsiesertal – Welsberg – Taisten
Am Westhang des Eggerberges liegt an der Mündung des Gsieser Bachs in die Rienz die Gemeinde Welsberg-Taisten. Zu ihren Sehenswürdigkeiten gehören mehrere Sakralbauten, unter anderem die Pfarrkirche zur heiligen Margarethe, die in der ersten Hälfte

des 14. Jahrhunderts entstand, ferner die in etwa gleich alte Kirche Unserer lieben Frau am Rain, die Erasmuskapelle in Taisten (1470), die St.-Georg-Kirche aus dem 12. Jahrhundert und die Jakobskapelle in Taisten. Auch das uralte Schloss Welsberg verdient Beachtung.
Tel. (04 74) 94 41 18
(Welsberg);
Tel. (04 74) 95 00 00 (Taisten),
www.welsberg.com

Wengen/La Val

Tourismusverein La Val
Die aus mehreren Weilern und Einzelhöfen bestehende Gemeinde – ihr ladinischer Name lautet La Val – liegt verstreut im Gadertal, umrahmt von Felsmassiven, welche die stolze Höhe von etwa 3000 Metern aufweisen. Zu den architektonischen Sehenswürdigkeiten gehören hier die Barbarakapelle, ein spätgotisches Knappenkirchlein von 1490, und die Pfarrkirche zum heiligen Jenesius. Ein Dorado für Naturfreunde sind die lieblichen Armentarawiesen, die u. a. von seltenen Orchideen bewachsen sind und von über 60 Vogelarten zum Brüten aufgesucht werden.
San Senese 1,
Tel. (04 71) 84 30 72,
www.gemeinde.wengen.
bz.it

Hotel Alpenrose
Das von herrlicher Bergkulisse umgebene, in fast unberührter Natur gelegene Hotel bietet rustikale, in Naturholz eingerichtete Komfortzimmer und verfügt über Dampfbad, Whirlpool und Sauna.
San Senese 11,
Tel. (04 71) 84 31 36,
www.alpenrosehotel.it

TRENTINER,
BELLUNESER,
FRIAULER
DOLOMITEN

Wenn im deutschen Sprachraum von den Dolomiten geschwärmt wird, liegen einem sogleich so klingende Namen wie Rosengarten oder Schlern auf der Zunge. Doch nur ein kleiner Teil solch mächtiger Berggruppen liegt im deutschsprachigen Südtirol, die meisten befinden sich in Gebieten des Trentino, im Bellunesischen und im Friaul. Allen gemeinsam ist die Zugehörigkeit zur selben Gebirgskette: Die Dolomiten verdanken ihren Namen einem bestimmten Kalkgestein, das nach seinem Erforscher, dem Franzosen Dolomieu, benannt ist. Die Beschaffenheit des Dolomits erlaubte das Entstehen der gebietstypischen filigranen Türme, Steilwände und Grate.

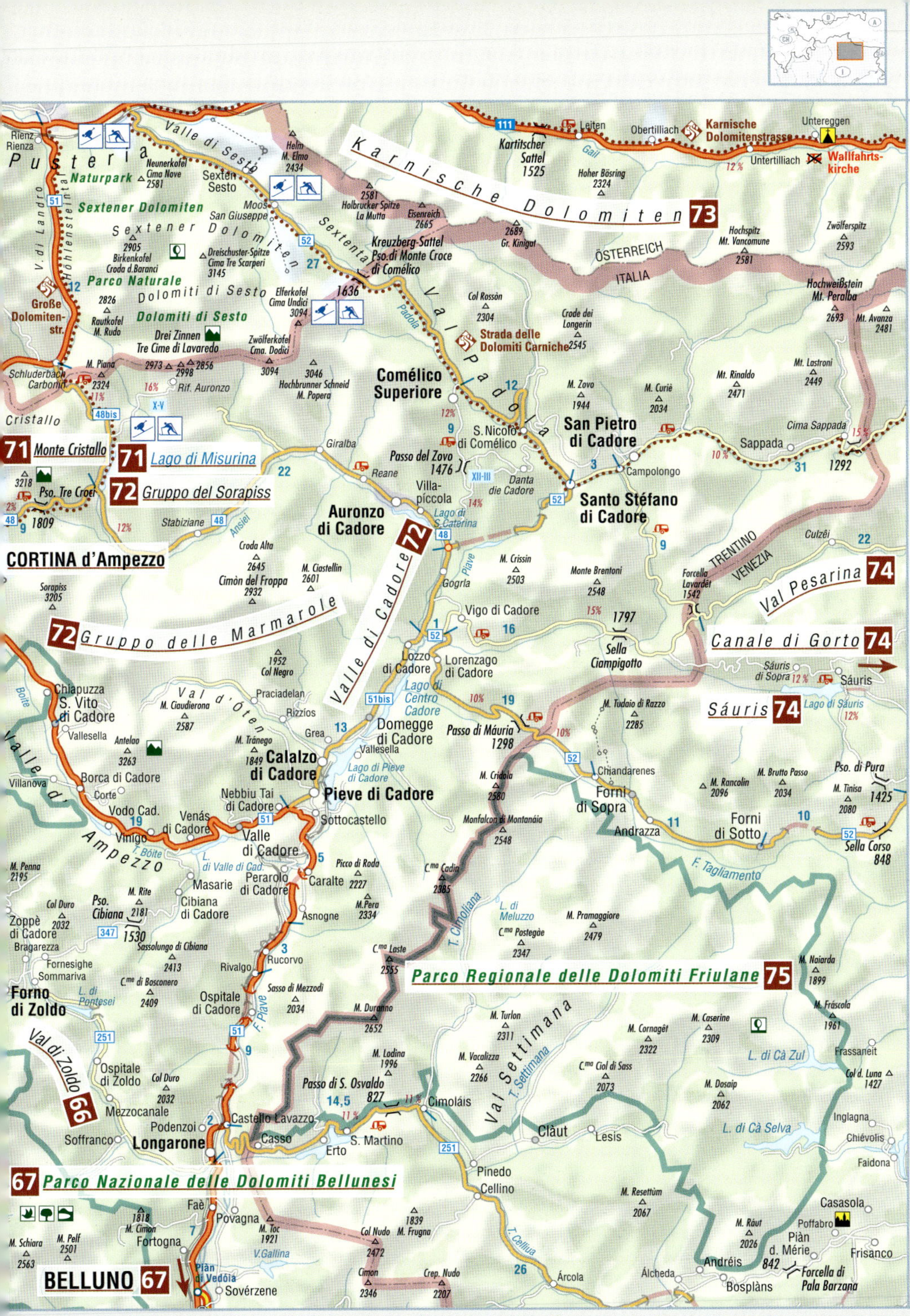

Pusteria
Naturpark
Sextener Dolomiten
Sextener Dolomiten
Parco Naturale
Dolomiti di Sesto
Dolomiti di Sesto
Karnische Dolomiten 73
Karnische Dolomitenstrasse
Strada delle Dolomiti Carniche
Große Dolomiten-str.
Drei Zinnen
Tre Cime di Lavaredo
Comélico Superiore
San Pietro di Cadore
Santo Stéfano di Cadore
Auronzo di Cadore
Sextental
Val Padola
Valle di Sesto
71 Monte Cristallo
71 Lago di Misurina
72 Gruppo del Sorapiss
CORTINA d'Ampezzo
72 Gruppo delle Marmarole
Valle di Cadore 72
Val Pesarina 74
Canale di Gorto 74
Sáuris 74
ÖSTERREICH
ITALIA
TRENTINO
VENEZIA
Calalzo di Cadore
Pieve di Cadore
Valle d'Ampezzo
Parco Regionale delle Dolomiti Friulane 75
Val Settimana
Val di Zoldo 66
Forno di Zoldo
Longarone
67 Parco Nazionale delle Dolomiti Bellunesi
BELLUNO 67
Forni di Sopra
Forni di Sotto
Passo di Máuria 1298
Passo di S. Osvaldo 827
Kreuzberg-Sattel Pso. di Monte Croce di Comélico 1636
Kartitscher Sattel 1525
Passo del Zovo 1476
Sella Ciampigotto 1797
Wallfahrts-kirche

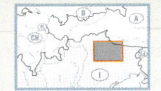

SEHENSWÜRDIGKEITEN: TRENTINER, BELLUNESER, FRIAULER DOLOMITEN

Im Etschtal fließt bei Lavis ein Bach aus einer Schlucht, die noch nichts über die Herrlichkeit dessen, was kommt, verrät. Die Straße führt über Auer ins Fleimstal und weiter ins Fassatal. Von noblen Bürgern, die hier ihre Sommer verbrachten, geben die Fresken mancher Villa Kunde, wie im Hauptort Cavalese (großes Bild).

INFO Musikfestival

Im Juli und August erfüllen die »Dolomitenklänge« das Tal. Bei diesem Festival sind international bekannte Musiker bei tollen Open-Air Konzerten zu hören – inmitten der Bergkulisse. Sowohl die Interpreten als auch die Zuhörer kommen zu Fuß.

Auskünfte: Tourismusbüro Cavalese, Tel. (04 62) 24 11 11

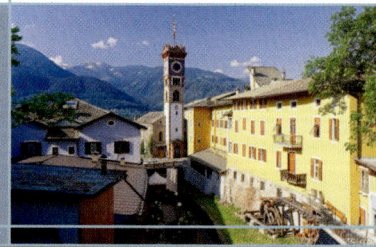

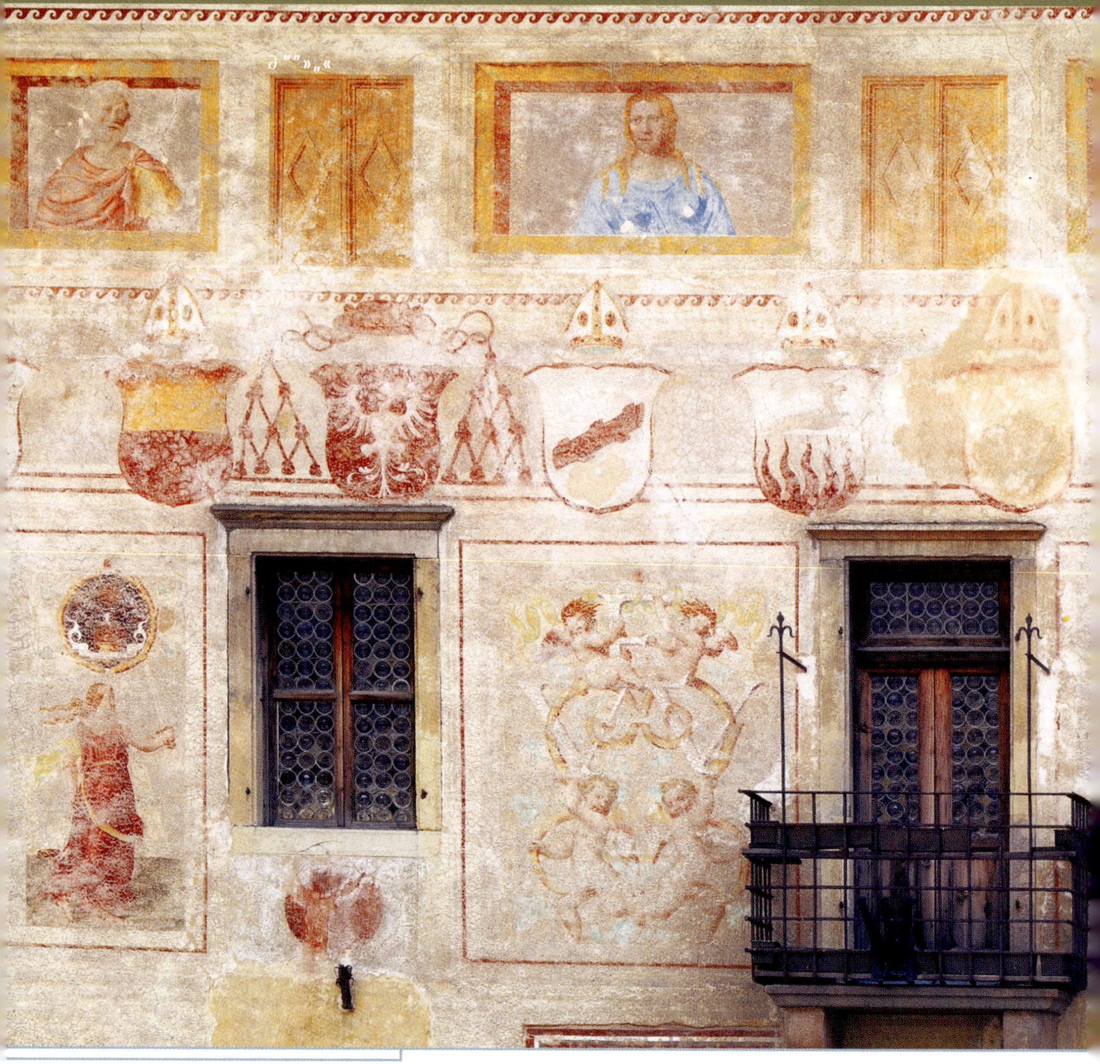

Glück und Leid liegen manchmal erschreckend nah beieinander. Das schöne Fleimstal ist diesbezüglich wahrlich schicksalsgebeutelt. Die verheerende Dammbruchtragödie von Stava im Jahr 1985 und, 1998, der unerlaubte Tiefflug eines US-Jets, der eine Seilbahn in den Abgrund riss, werden sicher noch lange mit dem Namen des Tals verknüpft bleiben. Ungetrübt bleibt indes die landschaftliche Traumkulisse des Val di Fiemme (so die italienische Bezeichnung), das bei Predazzo unmerklich ins Fassatal übergeht. Monumental stehen über dem Tal die Felsenkulissen von Rosengarten, Langkofel und Sella. Über Canazei leuchtet von der Marmolada, dem höchsten Berg der Dolomiten, deren einziger größerer Gletscher. Durch einsame Täler geht's südwärts zu den Pässen hinauf über schillernde Berge wie den markanten Pale di San Martino oder, in Kontrast dazu, die behäbigen Lagoraigipfel.

SEHENSWÜRDIGKEITEN: TRENTINER, BELLUNESER, FRIAULER DOLOMITEN

INFO Museum in der Seilbahn

Als Königin der Dolomiten streckt die Marmolada ihr Haupt fotogen vergletschert in den blauen Himmel (großes Bild). Tausende von Bergsteigern versuchen sich hier alljährlich am Aufstieg. Ein Abenteuer sind die Klettertouren durch die fast senkrechte Südwand. Sicheren Erfolg garantiert indessen die Seilbahn.

Auf den 1815 Höhenmetern zur Gipfelstation der Marmolada-Seilbahn ist im Museum (beim 2. Umstieg) u. a. ein Modell der im Ersten Weltkrieg von Soldaten angelegten unterirdischen »Eisstadt« zu sehen. *Malga Ciapela, 27. Juni.–13. Sept. 9–16 Uhr, Auskünfte: APT Val di Fassa,Tel. (04 62) 60 95 00*

Ein Mensch wirkt darunter winzig: Über zwei Kilometer breit und fast einen Kilometer hoch ragt ein senkrechter Plattenpanzer aus Kalk auf. Es ist die Marmolada-Südwand, die wohl eindrucksvollste Wand der Dolomiten, direkt unterhalb des mit 3340 Metern höchsten Gipfels dieser so vielförmigen Berggruppe gelegen. Anders die Nordseite: Bis die Gletscher schrumpften, befand sich dort, über dem Fedajapass, das einzige Sommerskigebiet der Dolomiten. Im ewigen Eis des Gletschers hatten die Tiroler Gebirgsjäger im Ersten Weltkrieg ein neun Kilometer langes Tunnelsystem gegraben, um mittels dieser »Eisstadt« die Stellung an den Vorgipfeln gegen die Italiener halten zu können. Lawinen kosteten Hunderte von Soldaten das Leben. Heute landen am Gipfel die Paragleiter. Bei guter Thermik kommen manche von ihnen vom Sellajoch heran, extra, um in der Gipfelhütte Tee zu trinken.

SEHENSWÜRDIGKEITEN: TRENTINER, BELLUNESER, FRIAULER DOLOMITEN

Vom Rollepass aus führt einer der vielen Klettersteige der Palagruppe zum Gipfel des Cimon della Pala (rechts im großen Bild). Einfacher zu bewältigen sind Wanderungen zur Baita Segantini und weiter zum Monte Mulaz (oben) oder ins Val Canali, wo die Villa Welsperg zu Veranstaltungen einlädt (kleines Bild).

TIPP Almkäserei

Über 100 Kühe weiden auf der Alm »Malga Juribello« im Naturpark Paneveggio. Die Käserei stellt traditionelle Sorten in bester Qualität her, die man nicht nur kaufen, sondern bei den Bewirtungen vor Ort auch gleich probieren kann.
Tonadico am Passo Rolle, Tel. (348) 892 58 41, tgl. 20. Juni–20. Sept.

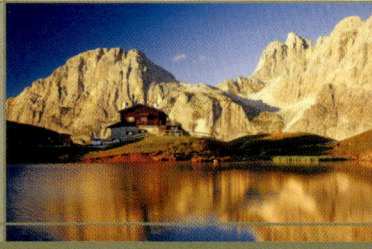

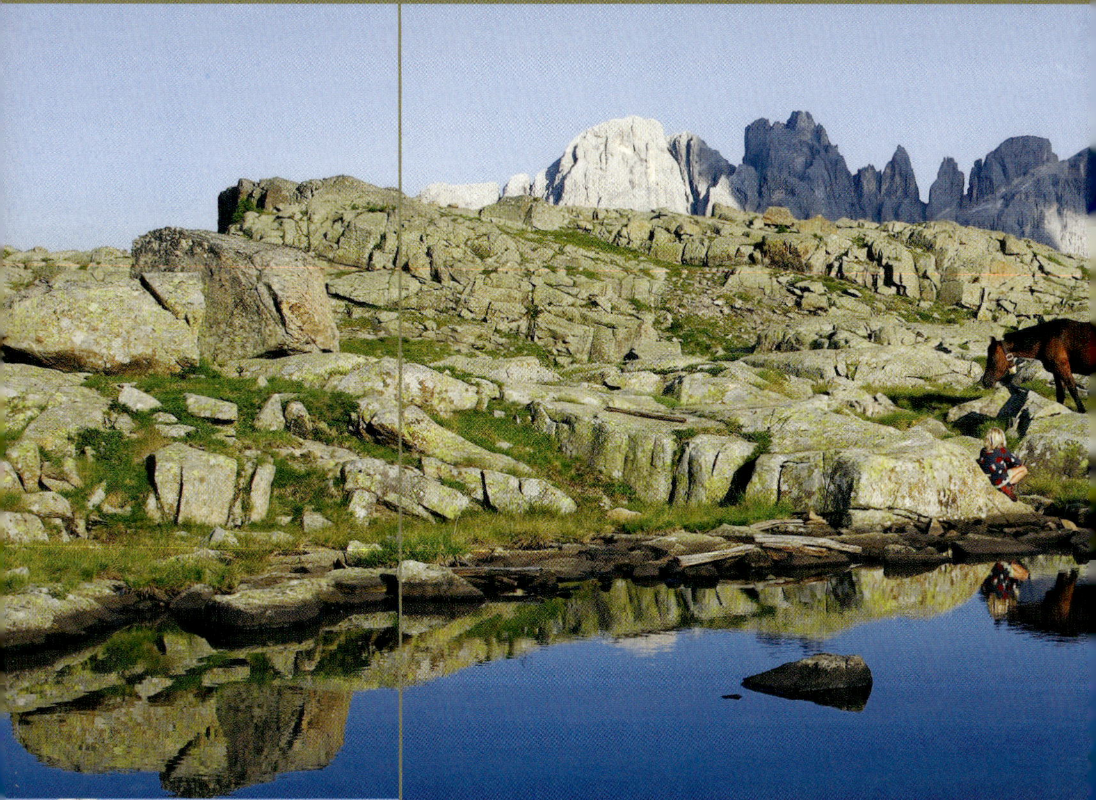

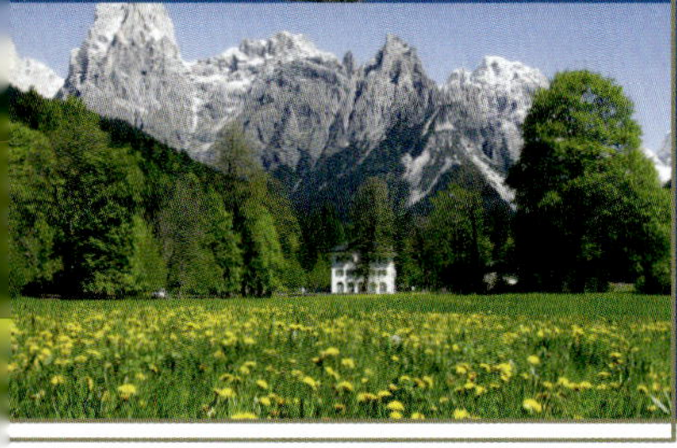

Wer glaubt, an der Marmolada die höchste Wand der Dolomiten entdeckt zu haben, irrt. Diesen Rang würde ihr bereits die Croz-dell'Altissimo-Südwand in der Brenta streitig machen. Am allerhöchsten jedoch ist die Nordkante des Mont'Agner in der Palagruppe, denn satte 1400 Meter Höhenunterschied schlagen hier zu Buche – dreimal so viel wie bei den Drei Zinnen. Doch so schroff die Felsgipfel der Pala sind, so eintönig wirkt die große Steinwüste des Altopiano delle Pale. Vom Tal aus, in San Martino di Castrozza, lässt sich das Plateau nicht einmal erahnen. Von hier aus kontrastieren die davor postierten Felstürme mit dem auf bis zu 2000 Meter Meereshöhe wachsenden Fichtenwald des Naturparks Paneveggio. Die Bäume hier haben nicht nur ökologische Bedeutung: Haselfichtenfasern sind überdies für den Geigenbau ideal. Man spricht daher auch vom Geigenwald (Foresta dei Violini).

SEHENSWÜRDIGKEITEN: TRENTINER, BELLUNESER, FRIAULER DOLOMITEN

Im Frühsommer strecken die Alpen-Kuhschellen ihre Blüten der Sonne entgegen (großes Bild links). Nachmittags zeichnen sich dann schattige Berghäupter wie die von Civetta bis Marmolada deutlich ab. Im Norden leuchtet der Tofana di Roces (großes Bild rechts), und am Abend glühen die Croda-di-Lago-Spitzen (oben).

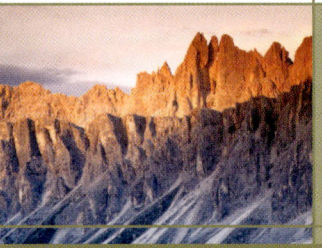

TIPP Aussicht

Der Passo di Giau ist ein Lieblingspass der Motorradfahrer und Extrem-Biker. Nicht zuletzt die grandiose Aussicht von der Passhöhe über Marmolada, Sellagruppe und Falzarego ass hinüber zu den Drei Zinnen macht die Fahrt zum Event. Man kann aber auch vom Restaurant auf dem Pass aus schauend genießen.

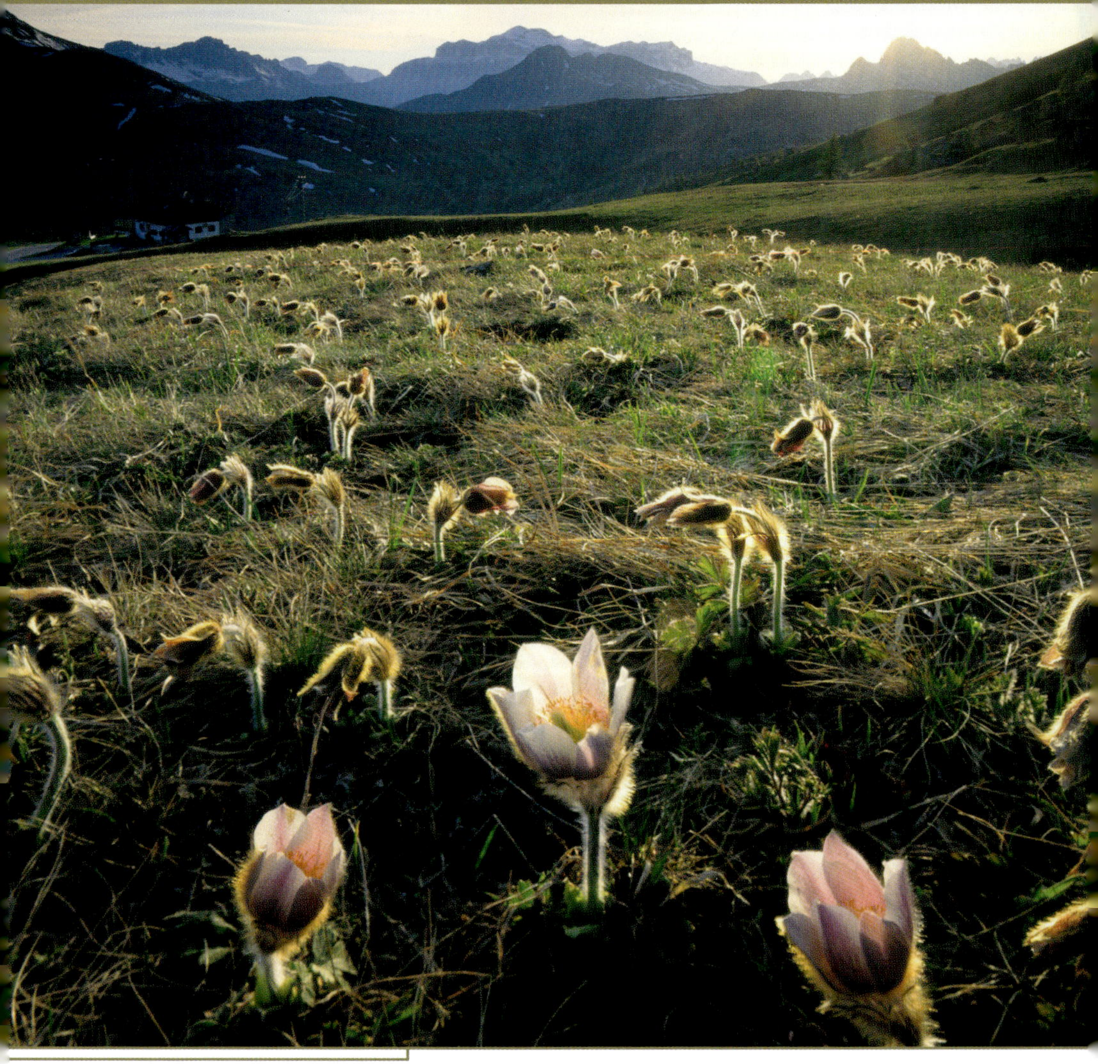

Wenn in der nahen Schutzhütte »Gianni Palmieri« noch alles schläft und sich das erste Licht im Osten über den Gipfeln des Antelao-Massivs bricht, ist dies genau die richtige Zeit für ein Schauspiel der besonderen Art: Am felsigen Ufer des Lago Fedaia wird man Zeuge einer, sozusagen, wahren Sinfonie – in Blau. Mit den ersten Sonnenstrahlen meint der sinnesoffene Gast, ein optisches Crescendo zu erleben: Auf spiegelglatter Wasserfläche öffnet sich gleichsam das Antlitz der Croda-di-Lago-Spitzen. Doch Momente des Innehaltens sind leider eben nur Momente. Mit dem Erwachen des Lebens im Rifugio entschwindet der Zauber, kommt die Zeit für den Aufbruch. 2709 Meter hoch sind hier die schwierig zu erkletternden Gipfel. Als einfacher erweist sich der Steig darunter zum Passo Giau (2236 m) mit herrlichen Ausblicken auf die – noch höheren – Gipfel von Nuvolau, Pelmo und Tofane.

SEHENSWÜRDIGKEITEN: TRENTINER, BELLUNESER, FRIAULER DOLOMITEN

INFO Rundwanderung

Der Monte Pelmo ist ein gewaltiger Felsdom. Am eindrucksvollsten präsentiert sich seine Nordseite vom Lagazuoi aus (oben). Bergbauern gestalteten früher die Landschaft des Agordino, heute floriert der Tourismus – wie hier in Colle Santa Lucia (kleines Bild) oder im Val Fiorentina (großes Bild).

Eine lohnende Wanderung um den Monte Pelmo von sechs bis sieben Stunden Dauer offenbart prachtvolle Perspektiven des imposanten Berges. Auf der Strecke liegen viele Einkehrmöglichkeiten. Ausgangspunkt der Tour ist das Örtchen Palafavera. *Auskünfte beim Tourismusbüro, Tel. (04 37) 72 02 43*

So majestätisch baut sich der Monte Pelmo (3168 m) über dem Fiorentinatal auf, dass die Einwohner von Selva di Cadore ihn, wohl auch seines thronähnlichen Nebengipfels wegen, in ihrem ladinischen Idiom »El Caregon del Padreterno« nennen: Sitz Gottes. Dabei geht es in diesem bedeutenden Ort der Skiarena Civetta, einer Wintersportregion mit einfachen bis mittelschweren Pisten, meist eher weltlich zu, zumindest heute. Als der Engländer Sir John Ball 1857 den Pelmo-Gipfel als erster Mensch bestieg, muhten im Tal ein paar Kühe, und viele Leute glaubten an mehr als nur den einen Gott. Die Einheimischen folgten dem Beispiel des Bergpioniers lange Zeit nicht und mieden das Felsband zum Gipfel. Eine – entspannte – Wanderung rund um den Berg bietet erdgeschichtlich Kostbares: einen Felsen am Weg, erst vor wenigen Jahren entdeckt, mit Dinosaurierabdrücken.

SEHENSWÜRDIGKEITEN: TRENTINER, BELLUNESER, FRIAULER DOLOMITEN

Von Norden her ist das Civetta-Massiv am eindrucksvollsten. Bis zu 900 Meter tief brechen die Wände fast senkrecht ab (Bildleiste Mitte, rechts und großes Bild). Anders die Südseite (kleines Bild links), die freundlich zu den gegendtypischen Höfen des Zoldotals hinabgrüßt.

TIPP Mezzo Canale da Ninetta

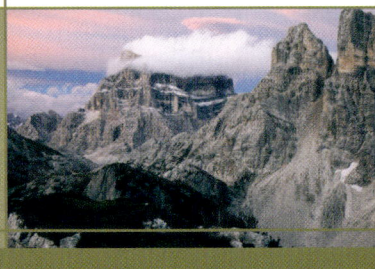

In einer Poststation aus dem 19. Jahrhundert werden vor offenem Kamin typische Gerichte mit schlichten, unverfälschten Zutaten kredenzt. Im Winter wärmt man sich am »Vin brulé«, dem traditionellen Glühwein.

Via Canale 22, 32012 Forno di Zoldo, Tel. (04 37) 782 40, Do–Di mittags, in der Hochsaison tgl.

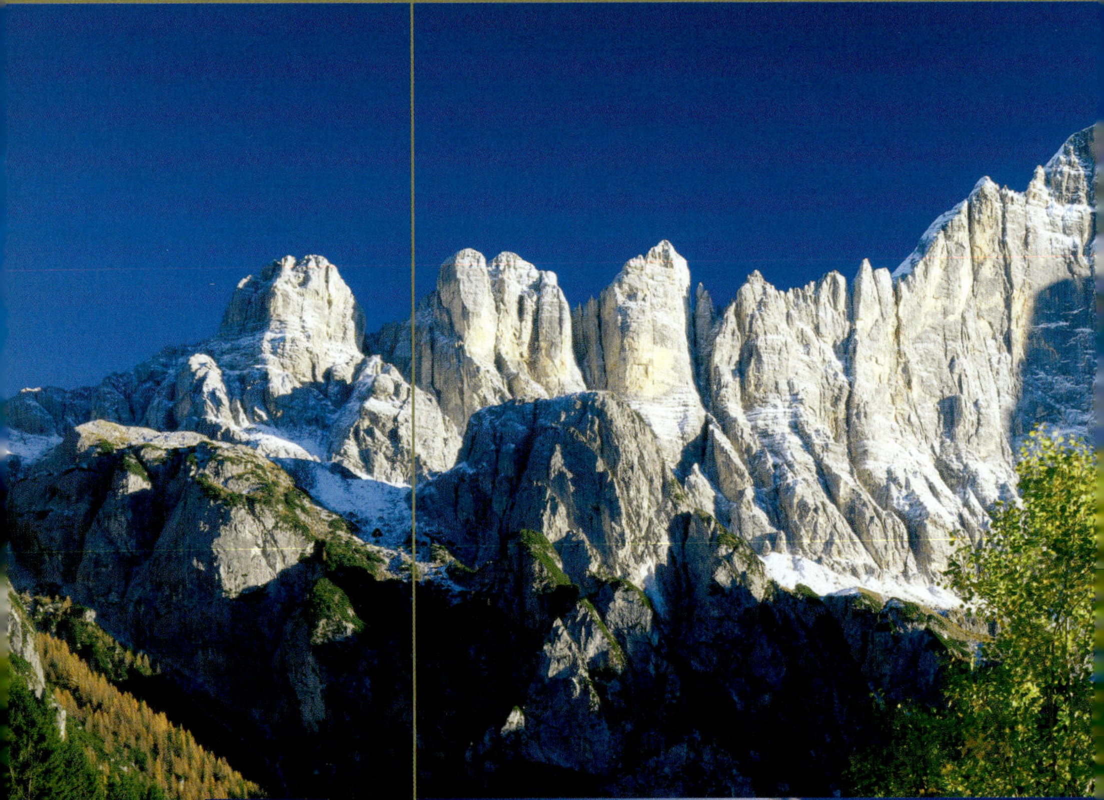

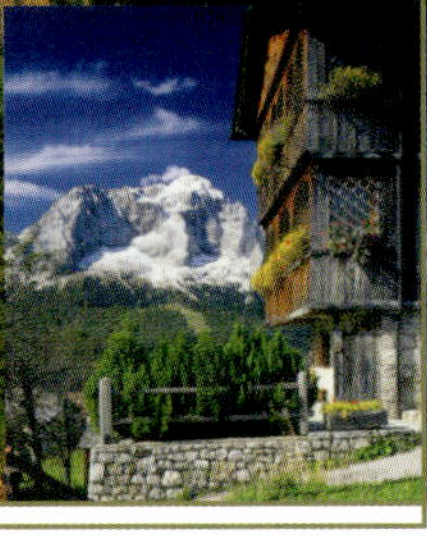

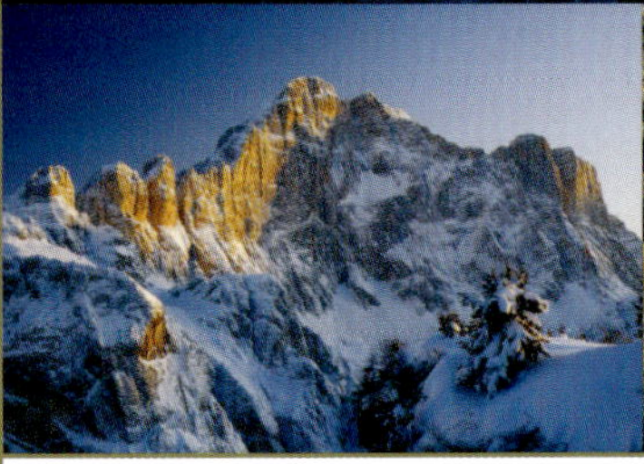

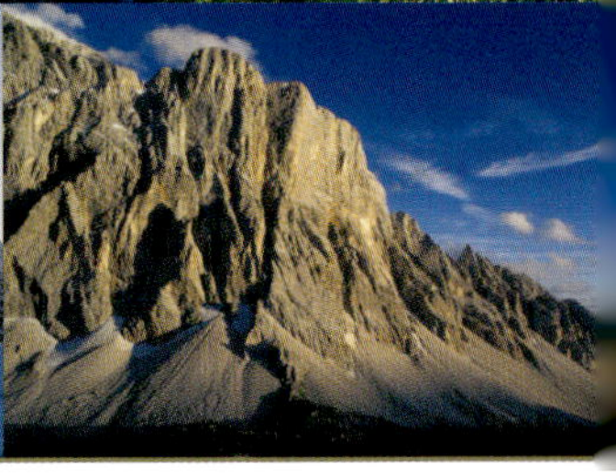

Wie das Val di Zoldo entvölkerten sich auch die entlegenen Täler der Bellunesischen und der Friauler Dolomiten aus wirtschaftlichen Gründen bis in die 1980er-Jahre hinein immer mehr. Zu abgelegen waren sie, zu schwer zugänglich, die Hänge für eine intensive Landwirtschaft zu steil. Arbeitsplätze gab es nur auswärts. Wirtschaftlich gut ging es der Bevölkerung hier nur zur Glanzzeit des Eisenabbaus – und in neuerer Zeit, letzthin durch den Tourismus. Perioden der Armut taten immerhin der Natur gut. Unter den gewaltigen Abstürzen des 3220 Meter hohen Civetta-Massivs hat sich ein natürliches Tal mit seinen ursprünglichen Weilern erhalten. Die Straßen hinauf zu den Pässen von Cibiana, Staulanza und Cadore machen das Erkunden endloser Berglandschaften leicht – von der Bosconero- über Pelmo- und Civetta-Gruppe bis zu den Ausläufern des Nationalparks Belluneser Dolomiten.

SEHENSWÜRDIGKEITEN: TRENTINER, BELLUNESER, FRIAULER DOLOMITEN

Die Belluneser Dolomiten bilden eine imposante Bergkette, die sich von den Vette di Feltre bis zum Monte Schiara erstreckt und einen Ausblick auf eines der weitesten Alpentäler, das mittlere Piavetal, bietet (großes Bild). Zu jedem dieser Berge startet man am besten von Belluno (oben) aus – mit der Schiara-Gruppe im Rücken.

INFO Museo Civico

Neben einer ansehnlichen Sammlung von Kunstwerken aller Epochen sind archäologische Funde aus der Region sehenswert: Zeugnisse der Bronze- und der Römerzeit sowie venezianischer Kultur zeigt das Museum.

Palazzo dei Giuristi, 32100 Belluno Tel. (04 37) 94 48 36, Di–Fr 10–13, 16–19, Sa, So 10–19 Uhr.

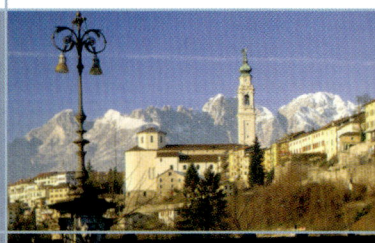

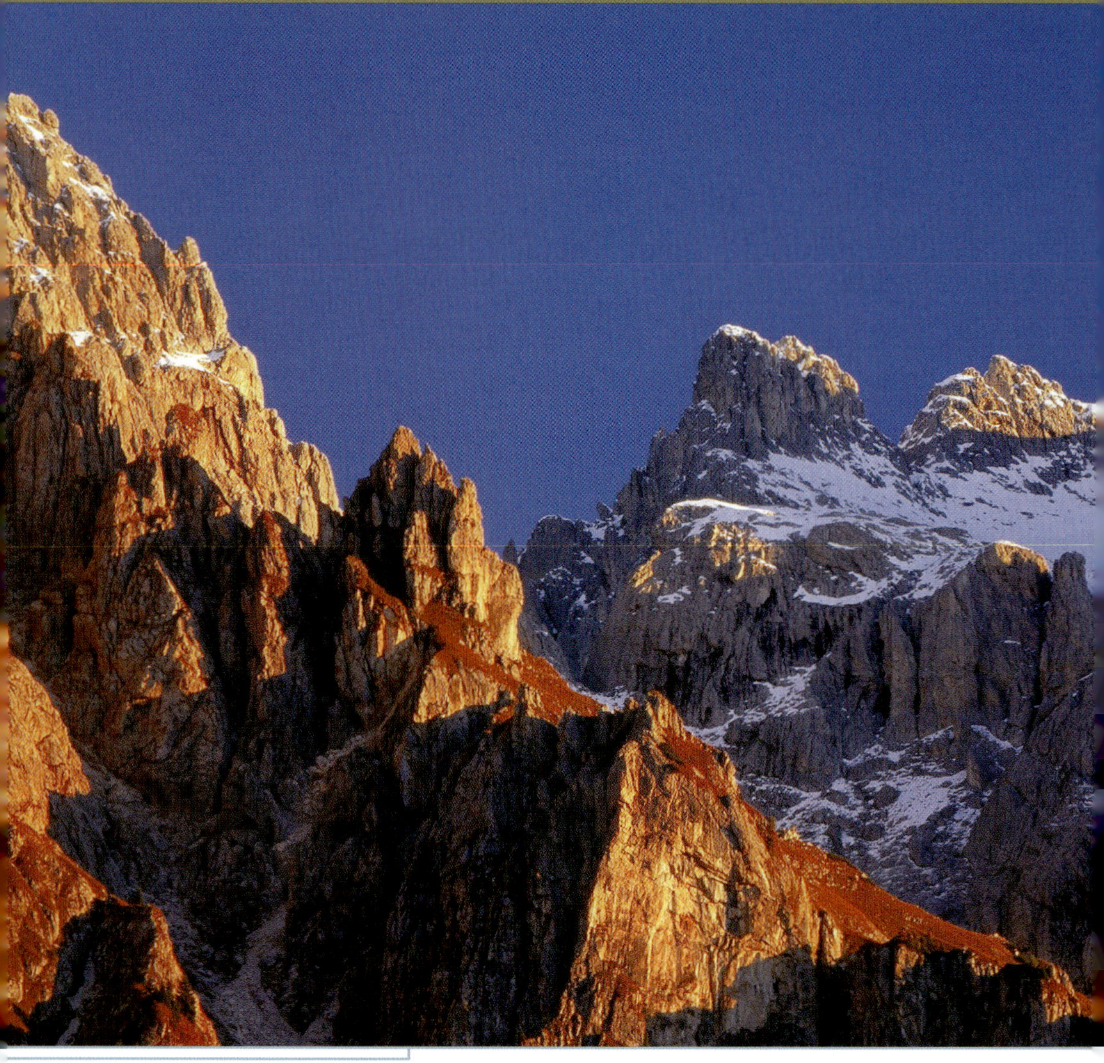

Es ist ein berauschendes Gefühl, vom Gipfel des Monte Schiara (2565 m) aus, mitten im Nationalpark Belluneser Dolomiten, in der Ferne die venezianische Lagune zu sehen, die Adria, das Meer. Ist auch der Wellenschlag nicht zu hören, so entschädigt doch nachts der Blick auf das Lichtermeer der endlos wirkenden Poebene zu Füßen des Parks. Dafür bietet sich eine Nacht in der nahen Biwakschachtel »Ugo-dalla-Bernardina« an. Die Schutzhütte liegt neben einem 40 Meter senkrecht in den Himmel ragenden Felszacken, dem »Finger des Bischofs«. Man sieht ihn auch vom reizvollen Städtchen Belluno aus, wo im Zweifel wesentlich kommoder genächtigt werden kann. Und in der Umgebung bieten allerlei prähistorische Ausgrabungsstätten sowie das an gut 500 Jahre Kumpeltradition erinnernde Bergbauzentrum in Valle Imperina einen lebendigen Geschichtsunterricht.

SEHENSWÜRDIGKEITEN: TRENTINER, BELLUNESER, FRIAULER DOLOMITEN

Vom Lagazuoi-Gipfel aus können im letzten Abendlicht der allgegenwärtige Monte Pelmo und die putzigen Würfel der Cinque Torri betrachtet werden. Der Abstieg erfolgt vom Lagazuoi-Gipfel zum Joch und über die Skipiste zum Falzaregopass (großes Bild). Östlich des Lagazuoi ragen die Gipfel der Tofane auf (Bild links).

INFO Seilbahn

Vom Falzarego-Pass aus erreicht die Lagazuoi Seilbahn in nur dreiminütiger Fahrt den gleichnamigen Gipfel. Von dort gehen zahlreiche Wanderungen aus, die zu Schauplätzen des Ersten Weltkriegs, darunter z. B. Minentunnel, führen.
Auskünfte: (04 36) 28 63, 4. Juli–11. Okt. 9–17 Uhr.

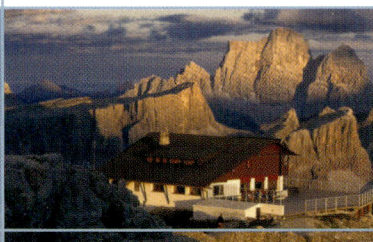

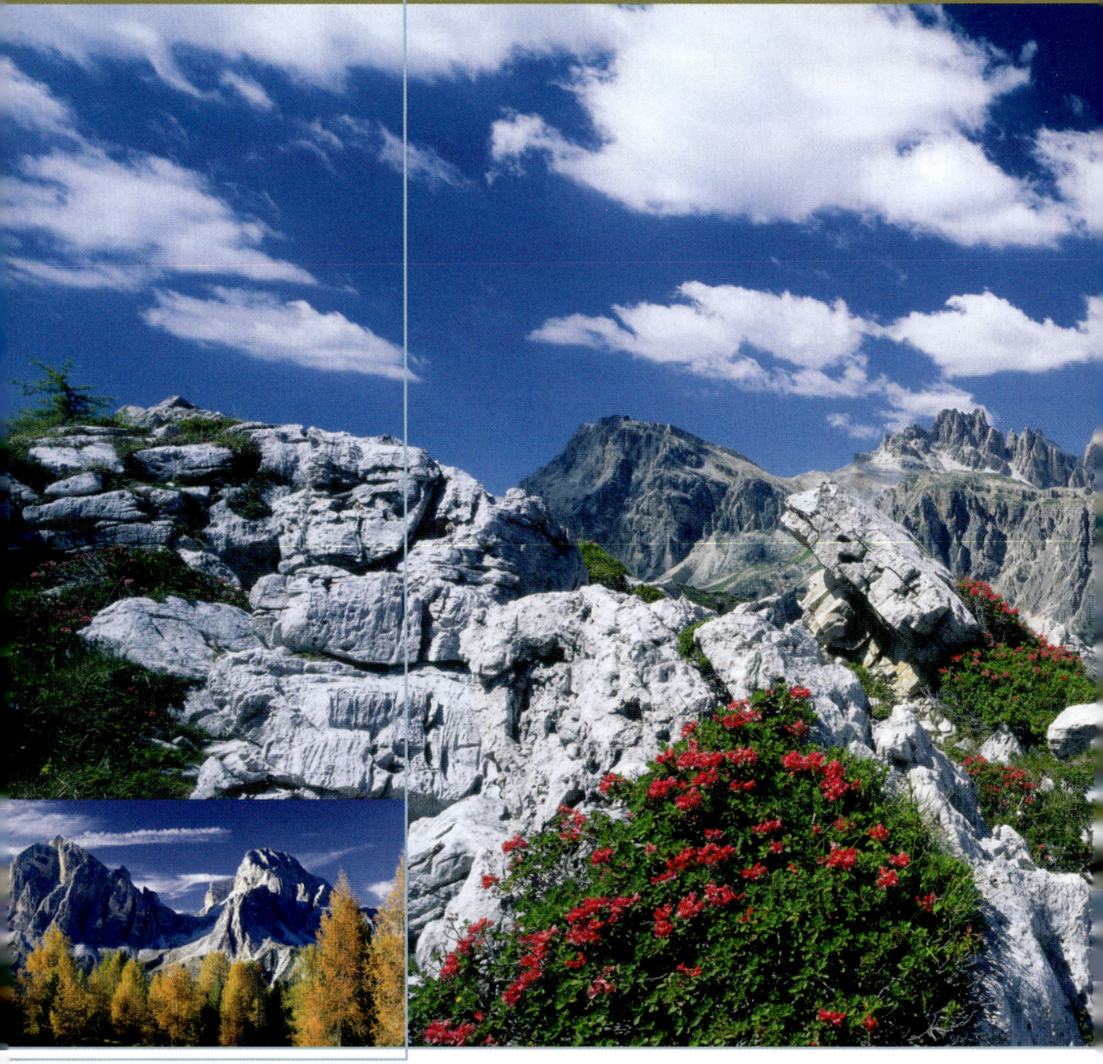

Umwerfend schön ist sie, die Gegend zwischen Lagazuoi, Tofane und Cinque Torri. Doch gerade diese Dolomitenberge und ihre Umgebung verbindet man mit dramatischen Ereignissen: den alpinen Kämpfen im Ersten Weltkrieg. Schon davor war hier manch Sprengladung hochgegangen – beim Bau der Dolomitenstraße über den Falzarego-Pass. Bald darauf schon lieferten sich Österreicher und Italiener in der Lagazuoi-Südwand erbitterte Gefechte. Ein Klettersteig führt heute durch die engen Tunnel, die damals von soldatischen Mineuren angelegt wurden, zum Gipfel – den auch eine Seilbahn erreicht. In den 1990er-Jahren mussten die steilen Wände der Tofane als Kulisse für den Sylvester-Stallone-Actionfilm »Cliffhanger« herhalten. Der Star, oder besser gesagt sein jeweiliges Profi-Kletterer-Double, wusste zu überzeugen vor den so markanten Wänden der Fünf Türme als Kulisse.

Zwischen Mitte Juni und Ende September sind die Dolomiten ein Dorado für Wanderer, Kletterer, Naturfreunde. Steige mit insgesamt mehreren Tausend Meter Länge sowie nicht weniger als zehn Fernwanderwege erschließen das Gebirge. Die Kulisse ist so vielfältig wie eindrucksvoll, ob an der Fanesgruppe (großes Bild), Averau (oben links) oder dem Grat des Kleinen Lagazuoi (oben rechts).

BERGWANDERN FÜR SCHWINDELFREIE

»Bergvagabunden sind wir ...« – die Botschaft des bekannten Liedes gilt für die Ebene wie auch in höheren und höchsten Lagen. Da die Dolomiten eigentlich in allen ihren Partien und Facetten überaus reizvoll sind, wurden aus einem Höhenweg mit der Zeit deren zehn. Und bei der Vielzahl an Möglichkeiten, das hochalpine Terrain zu erkunden, möge man dafür dankbar sein. Denn allein aus den Tausenden markierten Steigen die passende Route zu wählen ist schwer, denn gar zu groß erscheint doch das Angebot: Ob von Prags nach Belluno, von Sexten nach Pieve di Cadore, von Brixen nach Salurn oder von Bozen zum Gardasee: Die Dolomiten bieten Erlebnisgarantie auf beinahe jeder Route. Für die kürzeste mit ihren 90 Kilometer Länge werden acht Tage vorgegeben, für den längsten Höhenweg sind 200 Kilometer in 18 Tagen zu bewältigen. Übernachtet wird in Schutzhütten oder praktischen, aus Fertigteilen konstruierten Biwakschachteln. Auf weiten Strecken grüßt den Wanderer nur die Gämse, und wie sie muss auch er oft über anspruchsvolles Felsengelände klettern, was Trittsicherheit und Schwindelfreiheit v. a. dort vonnöten macht, wo nur noch Klettersteige weiterführen. Spektakulär in besonderem Maße: der Friedensweg, der über eine Strecke von stattlichen 500 Kilometern führt: von Sexten bis zum Stilfser Joch. Zum Teil folgt die Route den Wegen der Dolomitenfront aus der Zeit des Ersten Weltkriegs.

INFO Kunstmuseum Mario Rimoldi

Cortina d'Ampezzo gilt als das Herz der Dolomiten, doch ist es eher die Umgebung und weniger der Ort selbst, der diese Bezeichnung verdient. Misurinasee mit Sorapis-Gruppe (großes Bild), Pomagagnon-Gruppe (oben), Monte Cristallo und Dürrensee (Bilder von oben) beweisen dies täglich, nachdrück- und hinlänglich.

Das Museum für Moderne Kunst in Cortina d'Ampezzo zeigt eine der wichtigsten Privatsammlungen von Werken der größten italienischen Maler des angehenden 20. Jahrhunderts.

Corso Italia 69, 32043 Cortina d'Ampezzo, Tel. 04 36 22 06, Juni–Sept. 10–12.30, 16–19.30 Uhr, Jan.–Ostern 16–19.30 Uhr.

Es pocht das Herz der Dolomiten in der Talsenke von Cortina d'Ampezzo. Die Stadt, deren Mitte durch eine reizvolle Zusammenschau von Barock- und Rokoko-Stilelementen geprägt wird, ist als umtriebiger Wintersportort weltberühmt. Doch schöner als zwischen den nahen Massiven des Cristallo – der »Kristallberg« kommt auf stolze 3216 Meter –, von Antelao, Cime di Lago und Tofane können die Dolomiten kaum erlebt werden. Ein beliebter Ausflug von Cortina aus führt über den Tre-Croci-Pass hoch zum Misurinasee. Von diesem viel besuchten, in 1756 Meter Höhe gelegenen Gewässer aus, dessen Westufer Hotels säumen, lassen sich die Drei Zinnen bestaunen. Anschließend kann man mit der Seilbahn auf die mittlere Spitze der Tofane fahren und eine ebenso herrliche Aussicht genießen – ganz zu schweigen von den hiesigen Pistenfreuden des Winters auf olympiageprüftem Gelände.

SEHENSWÜRDIGKEITEN: TRENTINER, BELLUNESER, FRIAULER DOLOMITEN

Auronzo di Cadore – vorn der Stausee Santa Caterina – liegt in einem engen Tal, wo die Sonne rasch untergeht (großes Bild). Die Gletscher der Eiszeiten schufen den kleinen Lago dei Cirmoli, auf dessen Oberfläche sich die Felszacken der Cadini-Spitzen spiegeln (oben).

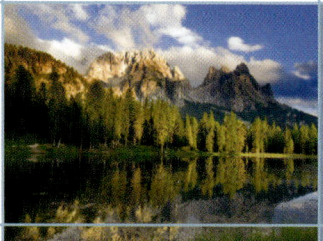

INFO Cibiana di Cadore

Zu Füßen des Monte Rite liegt das »bemalte Dorf«. Wie in einem Freilichtmuseum sind die Häuser von Cibiana di Cadore mit »Murales«, Wandmalereien, bekannter Künstler geschmückt.

Auskünfte: Tourismusbüro Alto Cadore, Tel. (04 36) 92 38

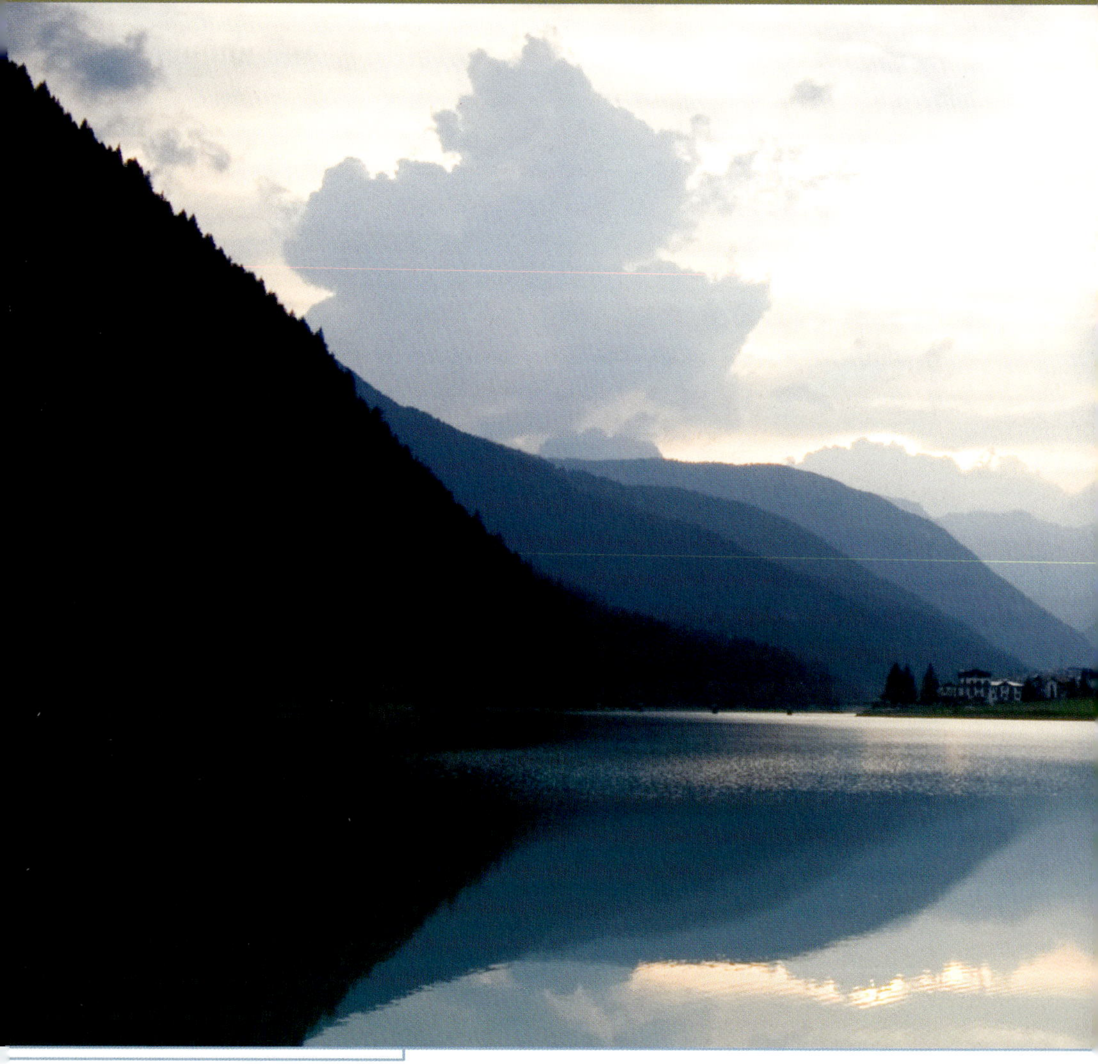

Sie fühlen sich vernachlässigt, die Bewohner der schönen Dolomitentäler des Bellunesischen. Deshalb zieht es viele von ihnen politisch nach Südtirol oder, in Sappada im Cadoretal wird die Angliederung an Friaul-Venetien bevorzugt. Man ist hier eher unzufrieden sowohl mit der Administration als auch der Wirtschaft, obgleich allein der Tourismus seit Jahren viel Geld in diese natürlichen Täler südlich der Drei Zinnen spült. Und Berglegende Reinhold Messner hat am Monte Rite im Cadoretal das erste seiner fünf Bergmuseen eröffnet. Im Raum zwischen der Gebirgsgruppe Sorapiss und den Friauler Dolomiten im Osten erwartet den Wanderer Einsamkeit. Während auf Südtiroler Seite viele Biwakschachteln lauten Schutzhütten weichen mussten, muss der Tee in den wilden Marmarole oberhalb von Auronzo di Cadore neben dem rauschenden Gebirgsbach noch selbst gekocht werden.

SEHENSWÜRDIGKEITEN: TRENTINER, BELLUNESER, FRIAULER DOLOMITEN

INFO Karnischer Höhenweg

Wiesen sind weitläufiger als anderswo in den Karnischen Dolomiten. Die schroffen Berge wirken weniger wuchtig – wie Creta Forata (großes Bild) und Monte Peralba (Bild links) zeigen. Zur Faschingszeit, bei der »Vosenòcht«, geht es in Sappada rund, wenn sich die Einheimischen Holzmasken, die »Lotter«, aufsetzen (oben).

Die erste Etappe des Fernwanderweges gibt einen Eindruck von der landschaftlichen Schönheit. Von Sexten führt die Route auf den Helm in 2434 Meter Höhe und über den Grat der italienisch-österreichischen Grenze zur Sillianer Hütte.
Auskünfte: Tourismusverein Sexten, Tel. (04 74) 71 03 10

Die italienische Bezeichnung Creta Forata (durchlöcherter Grat) passt besser als der deutsche Name Breitkofel. Denn tatsächlich weist der 2462 Meter hohe Berg ein riesiges Loch, besser gesagt ein (Felsen-)Fenster auf. Die über Jahrhunderte hinweg reichende Besiedlung des Ortes Sappada am Fuß der Karnischen Alpen durch Menschen deutscher Mundart schlägt sich noch heute sprachlich, v. a. aber im Brauchtum nieder. Jedes Jahr am dritten Septemberwochenende wandert Groß und Klein zum Wallfahrtsort Maria Luggau in Kärnten. Neun Stunden dauert der anstrengende Marsch hinweg über den Karnischen Kamm, der in dieser Jahreszeit bereits nicht selten durch eine verschneite Herbstlandschaft führt. Länge und Schwierigkeit des Prozessionswegs können dennoch die große Schar Brauchtumsanhänger nicht davon abhalten, ihrer tief verwurzelten Glaubenstradition zu folgen.

SEHENSWÜRDIGKEITEN: TRENTINER, BELLUNESER, FRIAULER DOLOMITEN

Einsam präsentieren sich Almen, Wälder und Berge in diesem östlichsten Teil der Dolomiten: die Karnischen Alpen sind für ihre unberührte Landschaft bekannt (unten rechts). Entsprechend traditionsbewusst zeigen sich die ladinischen Bewohner (großes Bild). Schlichte Schönheit beweist die Kirche San Lorenzo nahe Ragogna (oben).

TIPP Prosciuttificio Wolf

Der Schinken von Sauris ist schlicht hervorragend. Aber auch andere Köstlichkeiten – wie über Buchenholz geräucherte Schweinekeulen – verkauft man in diesem einfach unwiderstehlich duftenden Laden.

Sauris di Sotto 88, 33020 Sauris, Tel. (04 33) 860 54, tgl. 10–18 Uhr.

Verbreitet ist das Rätoromanische außer in der Schweiz in diversen Dolomitentälern Südtirols. Doch nirgendwo bedienen sich mehr Menschen der ältesten lebendigen Sprache Europas als in den entlegenen Tälern des Friulanischen. Die Bevölkerung von Canale di Gorto, vom Val Pesarina und von Sauris zählt zu den rund 80 000 Menschen in dieser Region, die dieses aus dem Rätischen und dem Lateinischen entwickelte Idiom beherrschen. Aber mit den Alten stirbt auch die Mundart. Während anderswo in den Dolomiten Ladinisch offiziell gefördert wird, geht in Friaul-Venetien die Abwanderung vieler junger Einheimischer in deutsch- und italienischsprachige Industriezentren mit dem Bedeutungsverlust der alten Kultur und Überlieferung einher. Die Bevölkerungsdaten von Sauris sprechen es deutlich aus: Lebten hier in den 1950er-Jahren etwa 900 Menschen, so sind es heute nurmehr 400.

SEHENSWÜRDIGKEITEN: TRENTINER, BELLUNESER, FRIAULER DOLOMITEN

Der Hauptabschnitt des Dolomiten-Höhenwegs 6 führt von Sappada durch das Gebiet der Friauler Dolomiten (große Bilder). Auf Tagestouren kommt man an seltenen Orchideen wie Hummel-Ragwurz oder Händelwurz (oben, von links) vorbei, aber auch an Maiglöckchen und Julischem Alpenmohn (unten, von links).

INFO Casa Clautana

Das frühere bäuerliche Alltagsleben, die Gebräuche und Traditionen des Cellinatals veranschaulicht das Museum in Claut anhand vieler liebevoll präsentierter Objekte.

Piazza San Giorgio, 33080 Claut, Tel. (04 27) 873 33, Juli Sa, So, tgl. 10–12, 15–19 Uhr, sonst nach Voranmeldung.

Die sonnigen Hochgebirgswiesen von Canpuros, die Weiden der Senons-Alm und die stille Einsamkeit der sogenannten Medunatäler verhelfen dem Naturpark Friauler Dolomiten in der Summe aller Aspekte zu einem Ambiente, das wohl seinesgleichen sucht. Mit dem Park verbunden ist das Naturreservat Forra del Cellina, wo der gleichnamige Wildbach vor seinem Austritt in die Obere Friauler Tiefebene eine sehr imposante Schlucht in die Kalkschichten gegraben hat. Kaum erschlossen ist dieser Teil der Dolomiten. Der Naturpark umfasst die Zweieinhalbtausender Cima dei Preti, Monte Duranno und Cima Monfalcon di Montanaia mit dem 300 Meter hohen, frei im Kessel des obersten Val Montanaia aufragenden Felsturm Campanile di Val Montanaia, einem Wahrzeichen des Gebiets. Und hoch am Himmel sieht man mit nur ein wenig Glück einen Steinadler majestätisch seine Kreise ziehen.

Andalo

⌷ Piccolo Hotel
Dieses schicke Hotel liegt in beneidenswerter Lage, mit schönem Blick zu den Dolomiten am Ostrand des Brentamassivs, am Fuß der Paganella. Gönnen Sie sich den Luxus einer der wenigen Königssuiten – mit türkischem Dampfbad und Whirlpool auf dem Zimmer.
Via Pecorrar 2,
Tel. (04 61) 58 57 10,
www.piccolo.it

Arta Terme

♨ Terme di Arta
Das schwefelhaltige Thermalwasser nutzten bereits die Römer für Badekuren. Im neuen, modernen Kurzentrum vor der Bergkulisse der Karnischen Alpen steht nicht der Badespaß im Fokus, sondern die heilende Wirkung des Wassers. In den drei Bereichen SaluTermae, FisioTermae und Aquadea werden vielfältige Kuren angeboten.
Via Nazionale 1,
Tel. (04 33) 92 93 20,
www.termediarta.it

Belluno

ℹ Gemeinde Belluno
Die südlich des Dolomitenmassivs gelegene Stadt besitzt eine renaissancezeitlich geprägte Gebäudesubstanz mit schönen Laubengängen. Zu den Sehenswürdigkeiten in der Altstadt zählen der barocke Dom Santa Maria Assunta an der Piazza del Duomo und der markante, im späten 15. Jahrhundert errichtete Palazzo dei Rettori.
Piazza Duomo 1,
Tel. (04 37) 91 31 11,
www.comune.belluno.it

🏛 Museo civico di Belluno
Im Palazzo dei Giuristi befindet sich das Städtische Museum, in dem Fundstücke aus prähistorischer und römischer Zeit zu besichtigen sind. Ausgestellt werden auch Gemälde und Münzen.
Piazza del Duomo 16,
Tel. (04 37) 94 48 36,
http://museo.comune.
belluno.it, Mai–Sept. Di–So
10–13, 15–18 Uhr, Okt.–April
Mo–Fr 9–13, Di 14.30–18,
Do–So 15–18 Uhr.

✗ Al Borgo
Das Restaurant mit Garten und großem Parkplatz liegt am Stadtrand von Belluno. Regionale Produkte wie Polenta, Wild, Pilze oder Bohnen werden in vielfältiger Weise kulinarisch neu interpretiert.
Via Anconetta 8,
Tel. (04 37) 92 67 55,
www.alborgo.to

Borca di Cadore

⌷ Corte delle Dolomiti Resort
Der Hotelkomplex besticht durch sein zeitloses Design. Angeschlossen ist eine großzügige Wellnessabteilung. Von allen Zimmern aus eröffnen sich tolle Ausblicke zu den Dolomiten von Cortina.
S.S. 51 di Alemagna Km 88,
Tel. (04 35) 48 71 00, www.
cortedelledolomitiresort.it

Campitello di Fassa

⌷ Gran Paradis
Berghotel in schöner Lage im Herzen des Rosengartengebietes, mit viel Holz und Tiroler Stilelementen. Mit Haustaverne und Wellnessbereich.
Via Dolomiti 2,
Tel. (04 62) 75 01 35,
www.granparadis.com

⌷ Hotel Panorama
In einer familiären Atmosphäre wohnt man in traditionell eingerichteten Räumen, von denen einige einen Balkon haben. Sauna, Solarium und Whirlpool machen den Wellnessbereich zu einer Oase.
Via Dolomiti 12,
Tel. (04 62) 75 01 12,
www.panoramahotel.it

Canazei

⌷ Bellavista
Das Haus macht nicht nur seinem Namen alle Ehre, es liegt überdies auch noch sehr günstig, nämlich nahe bei den Aufstiegsanlagen für Wintersportler und Wanderer.
Pecol, Streda de Pordoi 12,
Tel. (04 62) 60 11 65,
www.bellavistahotel.it

Cibiana di Cadore

🏛 Messner Mountain Museum Dolomites
Das auch Museo nelle Nuvole (Museum in den Wolken) genannte Haus ist Element eines Gesamtprojekts der Berglegende Reinhold Messner. In 2181 Meter Höhe, auf dem Gipfelplateau des Monte Rite, macht es in spektakulärer Aussichtsposition Besucher mit dem Thema Berg vertraut.
Tel. (04 35) 89 09 96,
www.messner-
mountain-museum.it,
Juni–Ende Sept.
tgl. 10–18 Uhr.

Cortina d'Ampezzo

ℹ Fremdenverkehrsamt Cortina
Cortina, am Fuß des Monte Cristallo und der Marmarole gelegen, ist ein weltweit bekannter Wintersportort. Beachten in der Stadt der Olym-

pischen Winterspiele von 1956 sollte man die Pfarrkirche (18. Jh.) mit schönen Fresken und die ebenfalls barocke Kirche Madonna della Difesa.
Corso Italia, Tel. (04 36) 27 11

🏛 Musei delle Regole d'Ampezzo
Im Kongresszentrum gibt das Volkskundemuseum Einblick in bäuerliches Leben; interessant ist auch Rinaldo Zardinis Fossiliensammlung.
Via del Parco 1,
Tel. (04 36) 22 06, www.musei.
regole.it, Jan.–Ostern tgl. 16
bis 19.30 Uhr, Juni, Sept. Di
bis So 10–12.30, 16–19.30
Uhr, Juli, Aug., Weihnachten
tgl. 10–12.30, 16–20 Uhr.

♔ Coppa d'oro delle Dolomiti
Das Oldtimer-Rennen, längst ein Mythos, hat eine glorreiche Vergangenheit: Die ersten Bergrennen wurden hier bereits vor einem Jahrhundert, noch vor dem Ersten Weltkrieg, durchgeführt.
www.coppadorodelle
dolomiti.org, Anf. Sept.

♔ Cortina Winter Polo
Im Februar verwandelt sich der weiche Schneeteppich auf dem Misurina-See am Fuße des Cirstallomassives in ein Spielfeld für Polo-Jünger. Das Turnier von Cortina zählt zur Weltcupwertung in dieser exklusiven Sportart.
Piazzetta San Francesco 8,
Tel. (04 36) 32 31, www.
infodolomiti.it, Mitte Feb.

Feltre

ℹ Stadt Feltre
Die Stadt an einem Nebenfluss der Piave schmiegt sich zum Teil an einen Berghang. Sehenswert ist vor allem die

Bergbauern in einem Tal des Monte Pelmo; Schloss Pergine im Valsugana; im Castello del Buonconsiglio in Trient; das Trentiner Volkskundemuseum in San Michele all'Adige (von links).

Die hier aufgeführten Expertentipps ergänzen die auf den Seiten 166 bis 197 beschriebenen Sehenswürdigkeiten.

historische Oberstadt mit ihren Häusern aus der Renaissancezeit in herrlicher Sgraffitoverzierung. Überdies gibt es in der Stadt mehrere Museen.
Piazzetta delle biade 1,
Tel. (04 39) 88 51 11,
www.comune.feltre.bl.it

🏛 Galleria d'Arte Moderna »Carlo Rizzarda«
Zu Beginn des 20. Jahrhunderts war Carlo Rizzarda ein gefeierter Meister der Jugendstil-Schmiedekunst. Seine in der Welt einzigartige Sammlung kostbarer Kreationen aus Schmiedeeisen dokumentiert eine ganze Gattung.
Via Paradiso 8,
Tel. (04 39) 88 52 34,
www.comune.feltre.bl.it,
Di–So 10.30 bis 12.30,
15–18 Uhr.

Moena

❌ Malga Panna
Das schicke Restaurant verwöhnt die Gäste mit verfeinerter einheimischer Küche. Kaum einer der wichtigen italienischen Gastronomieführer, der die Malga Panna nicht gebührend heraushebt.
Strada de sort 64,
Tel. (04 62) 57 34 89,
www.malgapanna.it

❌ Rifugio Fuciade
In gemütlicher Atmosphäre kann man hier unverfälschte italienische Küche genießen. Die Familie Rossi legt großen Wert auf regionale Produkte und stellt auch selbst einige Zutaten her, wie etwa geräucherte Salami, Rauchfleisch und Käse. Die Kräuter kommen aus dem eigenen Garten. Gute Weinkarte.
Passo San Pellegrino,
Tel. (04 62) 57 42 81,
www.fuciade.it

Padola di Comelico

❌ Terme delle Dolomiti
Im nordöstlichsten Zipfel des Cadore, auf rund 1300 Meter Höhe und in schönster Dolomitenlandschaft des Valgrande-Tales, werden die Wasser dieser wohlbekannten Mineralquelle für dieses Thermalzentrum genutzt. Besonders angezeigt sind die Kuren bei Haut- und Halsbeschwerden.
Via Valgrande 43,
Tel. (04 35) 47 01 53,
www.termedelledolomiti.it

Paluzza

❌ Da Otto
Ganz in der Tradition der karnischen Region stehen im Mittelpunkt deftige Gerichte – von den Vorspeisen zu Teigtaschen, Gulasch, Rehbraten und zu den Grilltellern.
Via Maria Plozner Mentil 15,
Tel. (04 33) 77 90 02,
www.noidipaluzza.it

Pergine Valsugana

♣ Sant'Orsola
Die Bergbauern der Valsugana haben sich ganz auf die Produktion von Beerenobst spezialisiert. 1300 Genossenschaftsmitglieder liefern ihre Ernte an: Erdbeeren, Johannisbeeren, Heidelbeeren, Stachelbeeren, Himbeeren. Im Besucherzentrum erfährt man viel zu Produktion, Verarbeitung und Vermarktung.
Via Lagorai 131,
Tel. (04 61) 51 81 11,
www.santorsola.com

Puos D'Alpago

❌ Locanda San Lorenzo
Am Tor zu den Dolomiten liegt dieses Restaurant. Neben Menüs für höchste Gaumenfreuden ist hier auch die Weinkarte erwähnenswert.
Via 4 Novembre 79,
Tel. (04 37) 45 40 48,
www.locandasanlorenzo.it

San Michele all'Adige

🏛 Trentiner Volkskundemuseum
Im Norden des Trentino wurde einst im ehemaligen Kloster der Augustiner Chorherren eine bedeutende Schule für Agrarwirtschaft eingerichtet, der man dann vor 40 Jahren eine Sammlung von Zeugnissen der Sitten und Bräuche der Landbevölkerung angliederte. Im Haus werden vielerlei Objekte unterhaltsam präsentiert.
Via Mach 2,
Tel. (04 61) 65 03 14,
www.museosanmichele.it,
Di–So 9–12.30, 14.30–18 Uhr.

Sauris

ℹ Sauris Tourismusbüro
Die am höchsten gelegene Gemeinde Friauls ist eine deutsche Sprachinsel und besteht aus zwei Dörfern, die oberhalb der Lumiei-Schlucht bei Ampezzo (Petsch) liegen.
Terminal Sauris di Sotto,
Tel. (04 33) 860 76,
www.sauris.com

❌ Ristorante alla Pace
Das Wirtshaus liegt ein wenig versteckt im Hochtal, aber die gute Küche und das gemütliche Ambiente lohnen die etwas umständliche Anfahrt. Auf der Karte stehen so typische Gerichte wie Gerstensuppe, mit Kräutern gefüllte Teigtaschen oder auch der weithin bekannte Schinken.
Sauris di Sotto, Romstr. 38,
Tel. (04 33) 860 10.

Tonadico, Val Canali

🏛 Villa Welsperg
Am schönsten Platz des Val Canali, im Angesicht der Felstürme von Cimerlo und Sass Maor, erbauten sich die Grafen Welsperg ein Schlösschen. Teile sind als Besucherzentrum zugänglich, u. a. kann man Landschaftsreliefs und die Bibliothek besichtigen.
Via Castelpietra, 2,
Tel. (04 39) 648 54, www. parcopan.org, Juni–Sept. tgl. 9–12.30, 15–18 Uhr, Okt. bis Mai Mo–Fr 9–12, 14–17 Uhr.

Trient (Trento)

ℹ Tourismusburo Trient
Die Stadt an der Etsch verfügt über vieles, das es zu entdecken gilt – so den Dom San Vigilio, die Kirche Santa Maria Maggiore, der Palazzo Pretorio und den Neptunbrunnen.
Via Manci 2,
Tel. (04 61) 21 60 00,
www.apt.trento.it

🏛 Castello del Buonconsiglio
Im bedeutendsten Kunst- und Kulturdenkmal Trients befinden sich Sammlungen antiker, mittelalterlicher und moderner Kunstwerke. Die spätmittelalterlichen Fresken im Adlerturm zählen, wie es heißt, zu den schönsten Europas.
Via B. Clesio 5,
www.buonconsiglio.it,
Di–So 9–12, 14–17.30 Uhr.

❌ Le due Spade
Dieses historische Wirtshaus rechnet man heute zu den besten Restaurants ganz Italiens, und es schmückt sich zu Recht und stolz mit einem Michelin-Stern.
Don-Archangelo-Rizzi-Str. 11,
www.leduespade.com

Januar

**Bauernküche und
Hochzeitsstimmung**
Kastelruth. Mitten im Winter
wird eine traditionelle Bauernhochzeit nachgestellt, Umzug und Pferdeschlitten inklusive. Das Hochzeitsessen, das
man in verschiedenen Kastelruther Restaurants serviert,
ist allein schon ein Erlebnis
der Extraklasse.
Tel. (04 71) 70 63 33,
www.seiseralm.it, Mitte Jan.

Februar

Egetmann-Umzug
Tramin. In jedem ungeraden
Jahr wird ein Fastnachtsumzug der besonderen Art abgehalten, und er ist nichts für
empfindliche Gemüter. Eine
ausgelassene Festgemeinde
zieht in geschmückten Pferde- bzw. Ochsenkarren durch
das Dorf und bewirft dabei
die Zuschauer mit Mehl, Ruß,
Senf oder Fischigem. Immer
wieder einmal muss gar die
Obrigkeit einschreiten, um
Schlimmeres zu verhindern.
www.tramin.com, Feb.

Plodar Wosenacht
Sappada. Bei diesem Faschingsumzug ziehen Männer
und Burschen besenschwingend und angetan mit Bärenfellen, gestreiften Leinenhosen und Masken durch das
Dorf. Man nennt die Tracht
»Rollate«, was vom Lärm der
Schellen, die am Gürtel befestigt sind, herrührt. Handwerker, Bauern und auch Brautleute schließen sich, ebenfalls
in Tracht gekleidet, ihrem Zug
an.
Borgata Palù 1,
Tel. (04 35) 42 83 43,
www.comelicosappada.it,
Faschingstage (Do–Di).

März

Käsefestival
Sand in Taufers. Dem Käse
der Region widmet sich jedes
Jahr dieses Festival. Aus ganz
Südtirol und speziell aus dem
Tauferer Ahrntal kommen Käseproduzenten und stellen ihre Spezialitäten vor. Besucher
können hier drei Tage lang alle Spezialitäten probieren
und erwerben.
Tubris-Zentrum und Festzelt,
Tel. (04 74) 67 80 76,
www.kaesefestival.com, 2.
Wochenende im März.

April

Bozener Filmtage
Bozen. Ein Festival für anspruchsvolle Spiel- oder Dokumentarfilme aus internationaler ebenso wie heimischer
Produktion – auf dem Programm stehen auch künstlerisch ambitionierte Werke, die
an der Kinokasse kaum eine
Chance hätten. Auf dem Wettbewerb werden drei angesehene Preise vergeben, zwei
davon durch Fachjurys. Beim
Publikumspreis bestimmen
die Zuschauer den Siegerfilm.
Filmclub, Dr.-Streiter-Gasse
8/D, Tel. (04 71) 97 42 95,
www.filmclub.it, Ende April.

Mai

Trento Film Festival
Trient. Seit über 50 Jahren
werden hier, eingebettet in
ein reichhaltiges Rahmenprogramm inklusive Publikumsvorführungen, die besten Dokumentarfilme der Welt zum
Thema Berge und Expeditionen gekürt.
Via S. Croce 67,
Tel. (04 61) 98 61 20,
www.trentofestival.it,
1. Maiwoche.

Bozener Weinkost
Bozen. Das von Weingärten
umgebene Schloss Maretsch
ist seit 1995 Sitz dieser vor
mehr als 100 Jahren erstmals
abgehaltenen Messe, auf der
Winzer und Händler Kostproben von Weinen aus ganz
Südtirol anbieten – das wichtigste Jahresereignis für die
Südtiroler Weinwirtschaft. Für
einige Veranstaltungen ist eine Voranmeldung notwendig.
Tel. (04 71) 97 51 17,
www.weinkost.it, Mai.

Eppaner Burgenritt
Eppan. Mittelalterliches Flair
kommt auf, wenn im prächtigen Ritterkostüm Reiter vor
der Kulisse der Burgen und
Schlösser Eppans in Turnierspielen um den Sieg kämpfen.
Acht Turniere und vier Pflichtdurchgänge sind zu bestehen.
Tel. (04 71) 66 22 06, www.
burgenritt.com, Mitte Mai.

Juni

**Oswald-von-
Wolkenstein-Ritt**
Dieses legendäre Ritterturnier
steht ganz im Zeichen des berühmten Minnesängers aus
dem 15. Jahrhundert und findet rund um Kastelruth, Völs
und Seis statt. In historischer
Tracht bestreiten Mannschaften aus je vier Reitern mit den
entsprechenden Pferden verschiedene Prüfungen. Danach
wird auf mittelalterlich inspirierten Dorffesten für das
leibliche Wohl gesorgt.
Touristinfo,
Tel. (04 71) 70 63 33,
www.ovw-ritt.com,
Anfang–Mitte Juni.

Feste Vigiliane
Trient. Die Bürger der Stadt
lassen zu Ehren des St. Vigilius eine Woche lang das Mittelalter wiederaufleben. Umzüge, Wettkämpfe zwischen
den Stadtvierteln, ein historischer Markt mit altem Handwerk und Kunsthandwerk, Essen und Trinken satt heißt die
Devise – und als Krönung
lockt der Palio dell'Oca, eine
Art Geschicklichkeitswettkampf von Flößermannschaften auf der Etsch.
Tel. (04 61) 21 60 00,
www.festevigiliane.it, Juni.

Juli

Ganz in Weiß
Kaltern. Bei diesem Fest geht
es nicht ums Heiraten, sondern um die Weißweine der
Kalterer Gegend. Frisch und
fruchtig, grünlich bis hellgelb,
mit dem Aroma von Äpfeln,
Bananen oder Ananas: Kalterns Weiße laden ein zum
Probeschluck am Marktplatz.
Tel. (04 71) 96 31 69, www.
kaltern.com, Anfang Juli.

**Gustav-Mahler-
Musikwochen**
Toblach. Zur Erinnerung an
diesen großen Komponisten
dient das Festival in Toblach
und Umgebung. Viele Konzerte, Vorträge und musikalische
Wanderungen nennt das Programm. Der Trenkerhof unweit Toblach diente Mahler
zwischen 1908 und 1910 als
Sommerfrische.
Tel. (04 74) 97 61 51,
www.gustav-mahler.it,
Juli–Aug.

Mühlbocha Gossnkuchl
Mühlbach. In den Gassen der
Ortschaft werden heimische
Leckerbissen wie Tirtlan, Valler Struzn oder Rippilan aufgetischt, dazu verschiedene
Nudel- oder Knödelsorten
und vieles mehr. Auch altes
Handwerk kommt zu Ehren.

Gruselig-heiter: die Schnapp-viecher beim Egetmann-Um-zug in Tramin; zünftig geht es auf dem Sarner Kirchentag zu; beim Eppaner Burgenritt zählen Tempo und Geschick; voller Farbenpracht zeigt sich Gröden in Tracht (von links).

Traditionelles Brauchtum, Musikwochen und Jahrmärkte, dazu farbenprächtige Prozessionen bestimmen den Festkalender der Städte und Dörfer in Südtirol. Vor allem die Wein- und Volksfeste, in deren Mittelpunkt oft die Präsentation land-wirtschaftlicher Produkte und Spezialitäten steht, erfreuen sich bei Einheimischen wie Auswärtigen großer Beliebtheit.

Tel. 04 72/84 94 67, www.gitschberg-jochtal.com, Mitte Juli–Ende Aug. Mi abends.

Weinkulturwochen
St. Pauls-Eppan. Weinkultur pur: Konzerte, Fachvorträge und Themenabende, Vernissa-gen und Sommelier-Schnup-perkurse in historischem Am-biente sind an der Südtiroler Weinstraße im Angebot. Hö-hepunkt ist die Abendveran-staltung »Die Gastliche Tafel in den Gassen von St. Pauls« unter der Regie des Starkochs Herbert Hintner.
Tel. (04 71) 66 22 06, www.eppan.com, Ende Juli/Anfang Aug.

August

Marmor und Marillen
Laas. Dieser Ort im Vinschgau ist stolz auf seinen weißen, feinkörnigen Marmor und sei-ne Marillen (Aprikosen) von außerordentlicher Süße und feinem Aroma. Bei diesem Fest lernen die Besucher im Rahmen eines vielfältigen Un-terhaltungs- und Kulturpro-gramms Laas und seine bei-den Schätze kennen.
Tel. (04 73) 73 70 50, www.schlanders-laas.it, Anfang Aug.

Laubenfest
Neumarkt. In historischen Gassen des Ortes findet im Hochsommer dieses traditio-nelle Volksfest statt. Im Mit-telpunkt stehen die langen Laubengänge und die alten Keller, die dem Spektakel sei-nen besonderen Charme ver-leihen. Begleitet wird die Ver-anstaltung von allerlei Musik- und Tanzdarbietungen, wozu natürlich Wein, Bier und vie-lerlei Kulinarisches gehören.

www.gemeinde.neumarkt. bz.it, Anfang Aug. Fr–So.

Gröden in Tracht
Gröden. Jedes Jahr findet in einem der Grödener Orte ein Trachtenumzug statt, der von Konzerten und den folkloristi-schen Darbietungen verschie-dener Gruppen umrahmt ist. Anschließend feiert man mit reichlich Wein und vielen kuli-narischen Leckerbissen.
Tourismusverband Gröden, Tel. (04 71) 77 77 77, www. valgardena.it, 1. So im Aug.

Sagra di San Bartolomeo
Tolmezzo. Passend zur Jah-reszeit, wird das Fest des Bar-tholomäus gefeiert, denn für die anstehende Apfelernte und Weinlese möchte man den Heiligen gütig stimmen. Hervorzuheben sind die gas-tronomischen Abende, die im Zeichen des Apfels, der ein-heimischen Wurstwaren und des »frico« stehen. Letzterer ist eine Art Kartoffelpuffer mit Käse, der zu dampfender Po-lenta gegessen wird.
Ortsteil Caneva, Via Monte Grappa 8, www.cjanive.it, Mitte Aug.

Meraner Musikwochen
Meran. Auf diesem Festival präsentieren renommierte eu-ropäische Orchester unter der Stabführung hochrangiger Di-rigenten Klassik vom Feins-ten. Der im Jugendstil gestal-tete Kursaal bildet dafür den festlichen Rahmen.
Tel. (04 73) 21 25 20, www.meranofestival.com, Aug.–Sept.

September

Gran Festa da d'Istà
Canazei. Es ist das Folklore-fest der Ladiner vom Fassatal.

Aus den umliegenden Tälern kommen Kapellen und Trach-tengruppen, um für Unterhal-tung zu sorgen.
Via Pareda, Tel. (04 62) 60 95 00, www.granfesta.com, 1. Wochenende im Sept.

Sarner Kirchtag
Sarntal. Das weit über Südti-rol hinaus bekannte Volksfest beginnt am Samstag mit dem Einzug einer Sarner Musikka-pelle auf dem Festplatz von Sarnthein, dem sich ein Kon-zert und ein Tanzabend an-schließen. Hauptattraktionen aber sind am folgenden Tag der Trachtenumzug mit Mu-sikkapellen aus Nah und Fern sowie die Volkstanzdarbie-tungen, die bis in den späten Abend gehen. Am Montag klingt das Fest dann mit ei-nem Bauernmarkt aus.
Tourismusverein Sarntal, Europastr. 15, Tel. (04 71) 62 30 91, www.sarntal.com, 1. Wochenende im Sept.

Knödelfest
Sterzing. Hier dreht sich alles um das runde Lieblingsgericht der Südtiroler. Auf einer lan-gen Tafel, die sich durch die Altstadt zieht, werden Knö-delgerichte in Fülle serviert: Speckknödel, Kasnocken, Spi-nat- und süße Knödel, die mit Aprikosen, Zwetschgen oder Erdbeeren gefüllt sind, all dies mit musikalischer Begleitung.
Tel. (04 72) 76 53 25, www.sterzing.com, 2. So im Sept.

Oktober

Speckfest
Villnöß. Einem der wohl ty-pischsten kulinarischen Pro-dukte der Region, dem Südti-

roler Speck, ist diese Veran-staltung gewidmet. Das Fest direkt zu Füßen der Geisler Spitzen wird stets mit einer Schützensalve und anschlie-ßender Enthüllung einer »Rie-senüberraschung« eröffnet.
Tourismusverein, St. Peter 11, Tel. (04 72) 84 01 80, www.speckfest.it, Okt.

Traubenfest
Meran. Das berühmte Fest kennzeichnet den Abschluss der Weinlese. Höhepunkt ist der farbenprächtige Umzug von geschmückten Festwagen und vielen Trachtengruppen und Musikkapellen.
Tel. (04 73) 27 20 00, www.meran.eu, 3. So im Okt.

November

Merano International WineFestival & Gourmet
Meran. Rund 450 hochkaräti-ge Weinproduzenten aus der ganzen Welt und etwa 130 Er-zeuger weiterer kulinarischer Köstlichkeiten geben und prä-sentieren im exklusiven Rah-men des Meraner Kurhauses ihr Bestes – ein Muss für alle Freunde von Erlesenem.
Tel. (04 73) 21 00 11, www. meranowinefestival.com, 2. Wochenende im Nov.

Dezember

Klöckln
Sarnthein. Ein alter Sarner Brauch: »Klöckln« oder »An-klöpfeln« steht für das An-klopfen Josefs und Marias bei der Herbergssuche. Dabei zie-hen vermummte Burschen tanzend und lärmend durch die Gassen, singen und trei-ben Schabernack.
Tel. (04 71) 62 30 91, www. sarntal.com, Do im Advent.

Großes Panorama im Weitwinkel: Blick von der Radlseehütte auf die Dolomiten mit Peitlerkofel, Geislergruppe, Sella mit Piz Boè, Marmolada, Langkofel, Fünf-Finger-Spitze, Plattkofel, Pala und schließlich Sarntaler Alpen.

LEGENDE

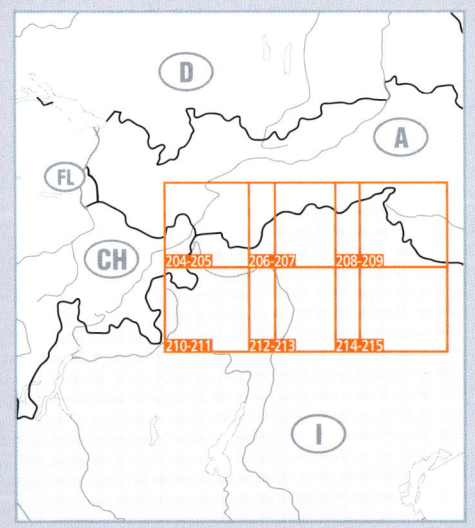

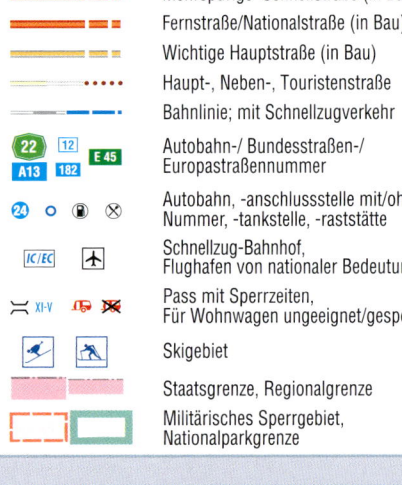

	Autobahn (in Bau)
	Mehrspurige Schnellstraße (in Bau)
	Fernstraße/Nationalstraße (in Bau)
	Wichtige Hauptstraße (in Bau)
	Haupt-, Neben-, Touristenstraße
	Bahnlinie; mit Schnellzugverkehr
22 **12** **E 45** **A13** **182**	Autobahn-/ Bundesstraßen-/ Europastraßennummer
24 ○ ⊞ ⊗	Autobahn, -anschlussstelle mit/ohne Nummer, -tankstelle, -raststätte
IC/EC ✈	Schnellzug-Bahnhof, Flughafen von nationaler Bedeutung
⇥ XI-V ⊞ ✖	Pass mit Sperrzeiten, Für Wohnwagen ungeeignet/gesperrt
	Skigebiet
	Staatsgrenze, Regionalgrenze
	Militärisches Sperrgebiet, Nationalparkgrenze

ATLAS

Die kartografischen Details werden durch eine Vielzahl touristischer Informationen ergänzt – zum einen durch das ausführlich dargestellte Verkehrsnetz, zum anderen durch Symbole, die Lage und Art wichtiger Sehenswürdigkeiten, wie etwa Museen, Theater, Kirchen und Denkmäler, kennzeichnen.

Museum/Musik/Theater	Markt / Einkaufen	Autoroute	Touristenstraße
Feste/Festivals	Essen und Trinken		
Sport/Spiel/Spass	Übernachten	UNESCO-Weltkulturerbe	Herausragendes Gebäude
Wellness	Information	Vor- und Frühgeschichte	Technisches Monument
		Römische Antike	Bergwerk (aufgelassen)
UNESCO-Weltnaturerbe	Nationalpark (Fauna)	Christliche Kulturstätte	Herausragende Brücke
Gebirgslandschaft	Höhle	Romanische Kirche	Sehenswerter Turm
Seenlandschaft	Felslandschaft	Gotische Kirche	Wassermühle
Naturpark	Schlucht	Barockkirche	Herausragender Brunnen
Nationalpark (Landschaft)	Wasserfall	Christliches Kloster	Mahnmal
Nationalpark (Flora)	Botanischer Garten	Kirchenruine	Feste und Festivals
		Historisches Stadtbild	Theater
Skigebiet	Mineralbad/Therme	Burg/Festung/Wehranl.	Freilichtmuseum
Bergbahn	Freizeitpark	Burgruine	Olympische Spiele
Berg-, Wanderhütte	Aussichtspunkt	Palast/Schloss	Winzerei/Weinanbaugebiet
Wandergebiet	Freizeitbad	Staumauer	

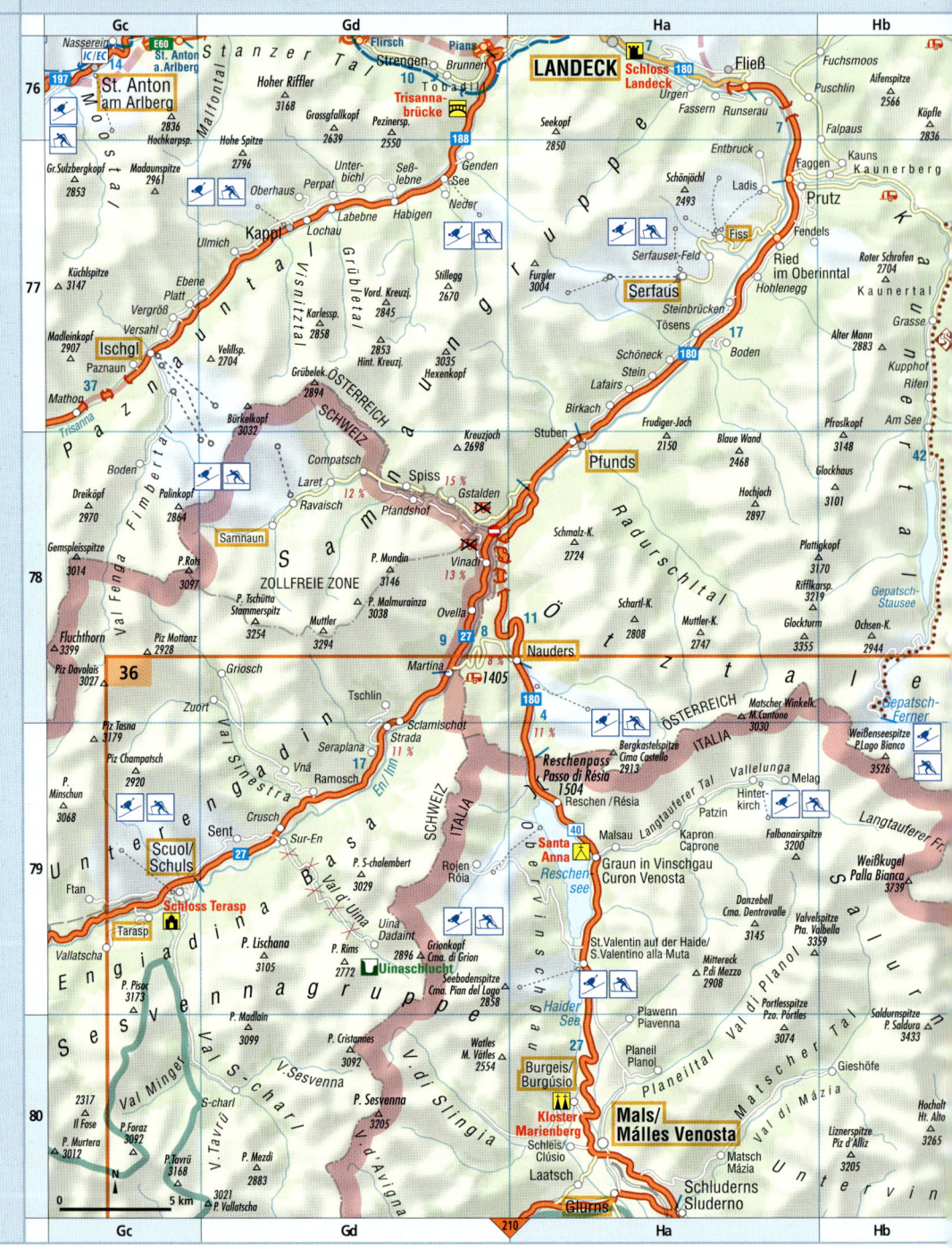

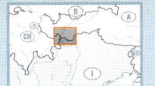

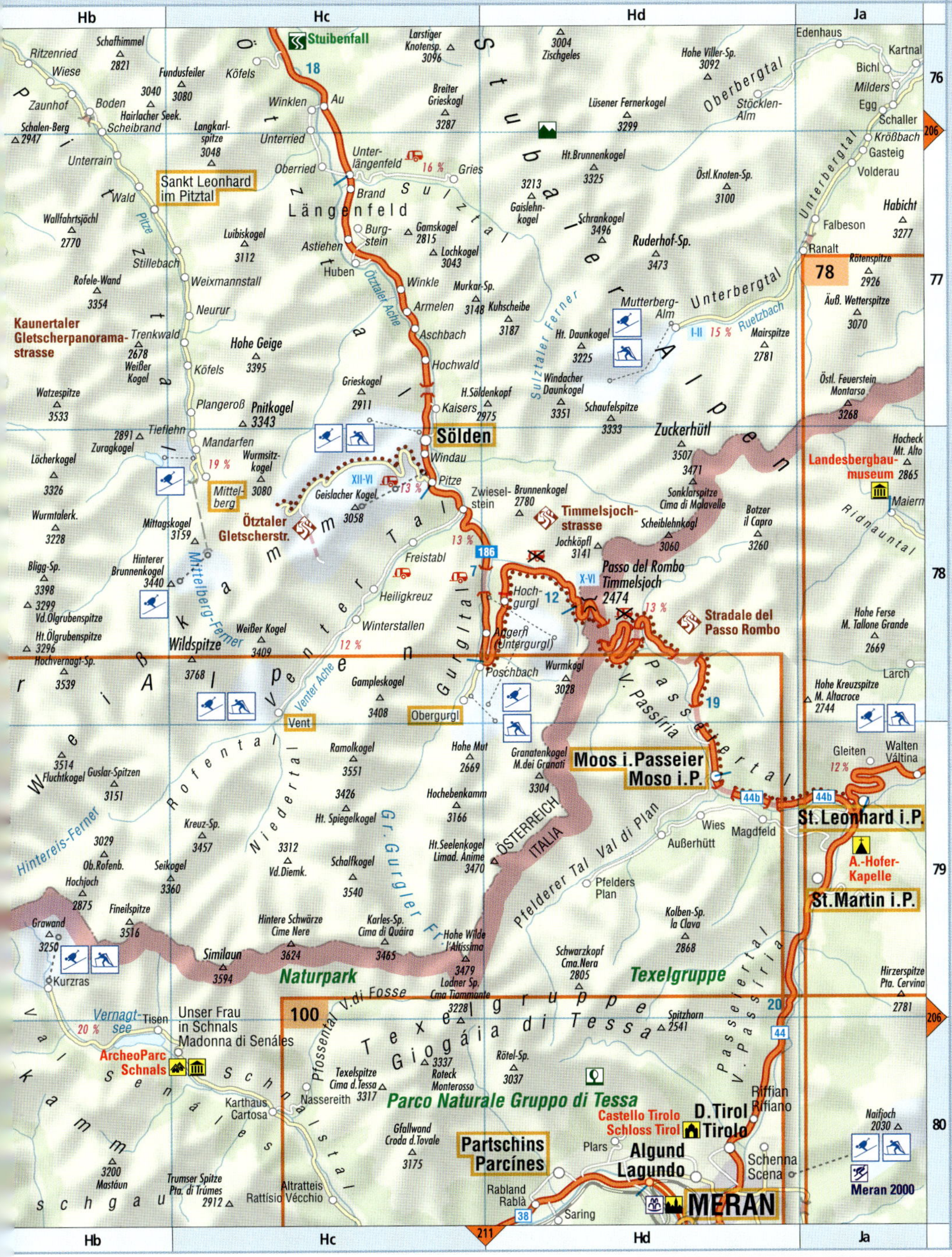

Hb
Hc
Hd
Ja
76
77
78
79
80
206
211
Stuibenfall
Sölden
Längenfeld
Sankt Leonhard im Pitztal
Mittelberg
Ötztaler Gletscherstr.
Timmelsjoch-strasse
Passo del Rombo Timmelsjoch 2474
Stradale del Passo Rombo
Moos i.Passeier Moso i.P.
St.Leonhard i.P.
St.Martin i.P.
A.-Hofer-Kapelle
Landesbergbau-museum
Obergurgl
Vent
Hochgurgl
Zwiesel-stein
Poschbach
Angern (Untergurgl)
Kaunertaler Gletscherpanorama-strasse
Naturpark
Texelgruppe
Parco Naturale Gruppo di Tessa
Gioggáia di Tessa
Castello Tirolo Schloss Tirol
D.Tirol Tirolo
Algund Lagundo
MERAN
Partschins Parcines
ArcheoParc Schnals
Unser Frau in Schnals Madonna di Senáles
Meran 2000
Wildspitze 3768
Zuckerhütl 3507
Stubaier Alpen
Ötztal
Pitztal
Ötztaler Ache
Venter Tal
Rofental
Niedertal
Gurgltal
Passeiertal
Pfelderer Tal Val di Plan
Schnalstal
Unterbergtal
Oberbergtal
Ridnauntal
ÖSTERREICH
ITALIA
Schafhimmel 2821
Fundusfeiler 3080
Hohe Geige 3395
Pitkogel 3343
Ramolkogel 3551
Similaun 3594
Hohe Wilde l'Altissima 3479
Ruderhof-Sp. 3473
Habicht 3277
Texelspitze Cima d.Tessa 3317
Hinterer Brunnenkogel 3440
Weißer Kogel 3409
Geislacher Kogel 3058
Schrankogel 3496
Hinterer-Ferner
Gr. Gurgler Fr.
Mittelberg-Ferner
Sulztaler Ferner
Vernagt-see
Kurzras
Tisen
Karthaus Cartosa
Nassereith
Rabland Rablà
Saring
Plars
Schenna Scena
Riffian Rifiano
Pfelders Plan
Wies
Magdfeld
Außerhütt
Gleiten
Walten Vàltina
Maiern
Ranalt
Falbeson
Edenhaus
Kartnal
Bichl
Milders
Egg
Schaller
Kroßbach
Gasteig
Volderau
Gries
Huben
Winklen
Au
Unterried
Oberried
Astiehen
Burg-stein
Brand
Winkle
Armelen
Aschbach
Hochwald
Kaisers
Windau
Pitze
Freistabl
Heiligkreuz
Winterstallen
Ritzenried
Wiese
Zaunhof
Boden
Scheibrand
Unterrain
Wald
Stillebach
Weixmannstall
Neurur
Trenkwald
Köfels
Plangeroß
Tieflehn
Mandarfen

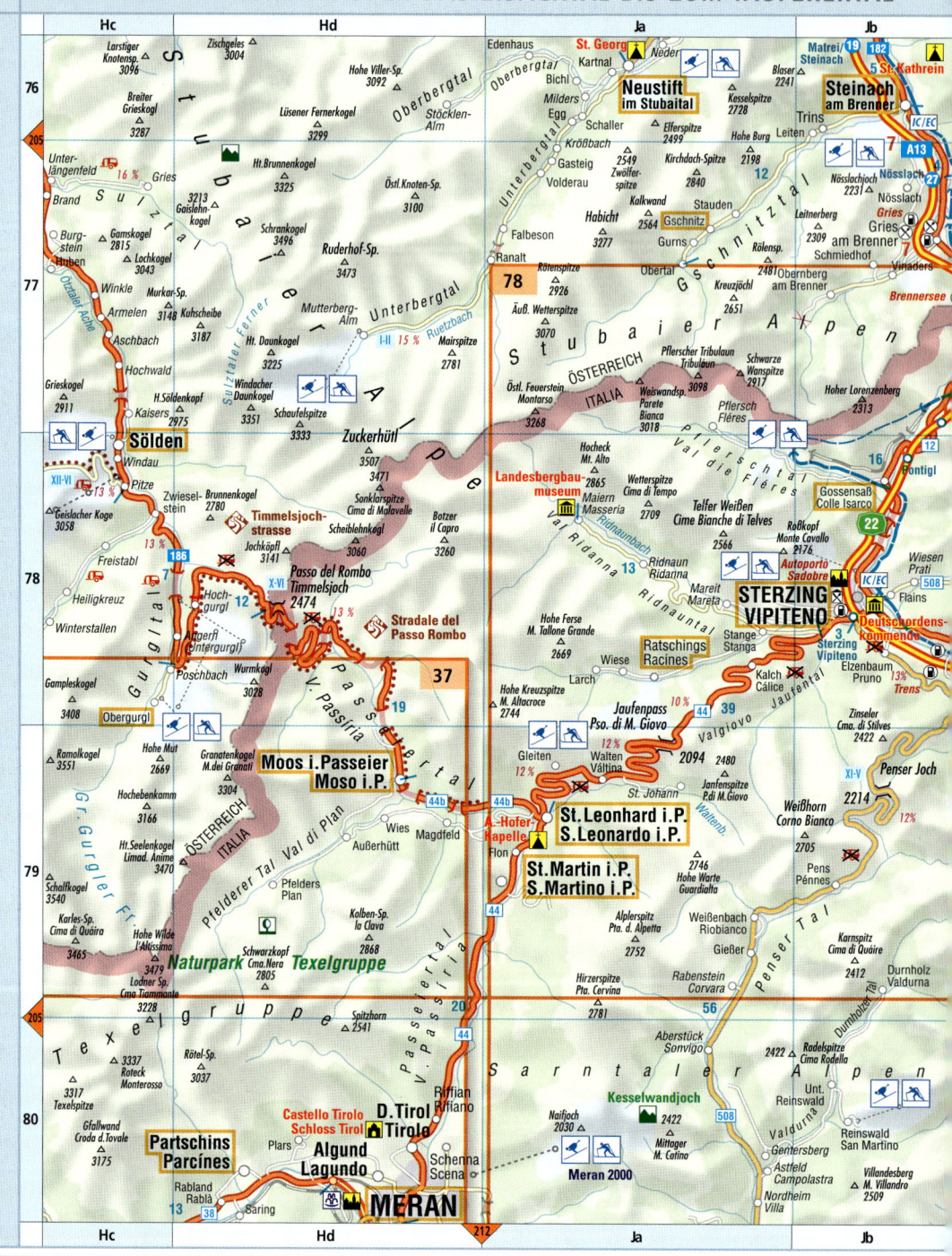

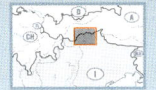

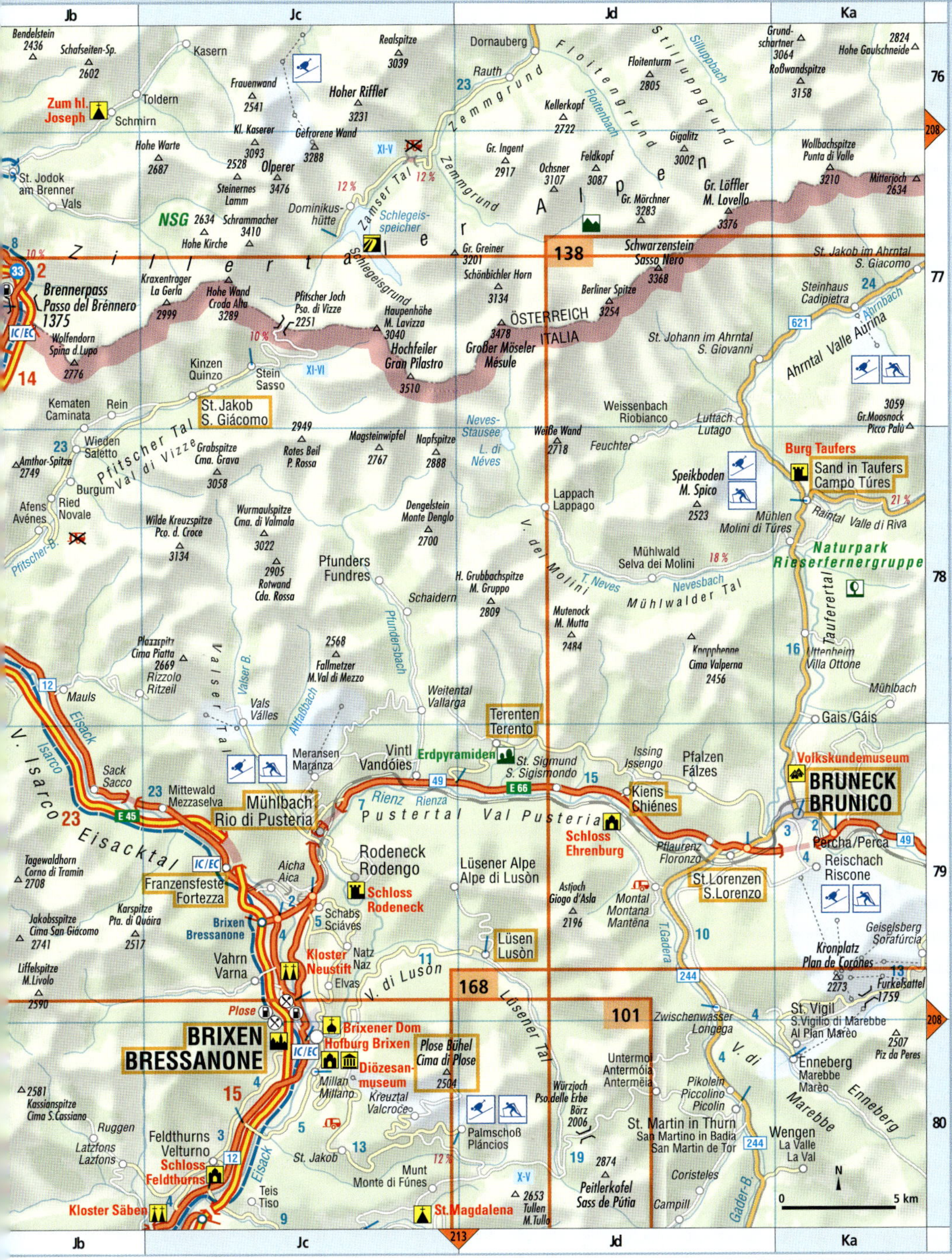

Jb
Jc
Jd
Ka
76
77
78
79
80
208
213
Bendelstein 2436
Schafseiten-Sp. 2602
Kasern
Realspitze 3039
Dornauberg
Floitengrund
Stilluppgrund
Stilluppbach
Grund-schartner 3064
Roßwandspitze 3158
2824 Hohe Gaulschneide
Zum hl. Joseph
Toldern
Schmirn
Frauenwand 2541
Hoher Riffler 3231
Rauth
Zemmgrund
Floitenturm 2805
Kellerkopf 2722
Floitenbach
Kl. Kaserer 3093
Gefrorene Wand 3288
Hohe Warte 2687
Olperer 3476
2528
Steinernes Lamm
XI-V
12 %
Gr. Ingent 2917
Ochsner 3107
Feldkopf 3087
Gigalitz 3002
Wollbachspitze Punta di Valle 3210
Mitterjoch 2634
St. Jodok am Brenner
Vals
NSG
2634
Schrammacher 3410
Hohe Kirche
Dominikus-hütte
Zamser Tal
Schlegeis-speicher
Gr. Mörchner 3283
Gr. Löffler M. Lovello 3376
Zillertaler Alpen
Gr. Greiner 3201
Schönbichler Horn 3134
138
Schwarzenstein Sasso Nero 3368
St. Jakob im Ahrntal S. Giacomo
10 %
33
2
8
Brennerpass Passo del Brénnero 1375
Kraxentrager La Gerla 2999
Hohe Wand Croda Alta 3289
Pfitscher Joch Pso. di Vizze 2251
Schlegeisgrund
Haupenhöhe M. Lavizza 3040
Berliner Spitze 3254
ÖSTERREICH
ITALIA
Steinhaus Cadipietra
24
Ahrnbach
621
IC/EC
Wolfendorn Spina d. Lupo 2776
10 %
3478
Großer Möseler Mésule
Hochfeiler Gran Pilastro 3510
St. Johann im Ahrntal S. Giovanni
Ahrntal Valle Aurina
14
Kinzen Quinzo
Stein Sasso
XI-VI
3059 Gr. Moosnock Picco Palù
Kematen Caminata
Rein
St. Jakob S. Giácomo
Neves-Stausee
L. di Néves
Weißenbach Riobianco
Luttach Lutago
23
Wieden Saletto
Pfitscher Tal Val di Vizze
Grabspitze Cma. Grava 3058
2949
Rotes Beil P. Rossa
Magsteinwipfel 2767
Napfspitze 2888
Weiße Wand 2718
Feuchter
Burg Taufers
Sand in Taufers Campo Túres
Amthor-Spitze 2749
Burgum
Lappach Lappago
Speikboden M. Spico 2523
21 %
Afens Avénes
Ried Novale
Wurmaulspitze Cma. di Valmala 3022
Dengelstein Monte Denglo 2700
Mühlen Molini di Túres
Raintal Valle di Riva
Pfitscher-B.
Wilde Kreuzspitze Pco. di Croce 3134
2905 Rotwand Cda. Rossa
Pfunders Fundres
V. dei Molini
Mühlwald Selva dei Molini
18 %
Naturpark Rieserfernergruppe
Schaidern
H. Grubbachspitze M. Gruppo 2809
T. Neves
Nevesbach
Mühlwalder Tal
Tauferertal
Pfundersbach
Mutenock M. Mutta 2484
Plazzspitz Cima Piatta 2669
Rizzolo Ritzeil
Valser Tal
Valser B.
2568 Fallmetzer M. Val di Mezzo
Knappenne Cima Valperna 2456
16
Uttenheim Villa Ottone
Mühlbach
12
Mauls
Eisack
Vals Válles
Altfaßbach
Weitental Vallarga
Terenten Terento
Gais/Gáis
V. Isarco
Isarco
Meransen Maranza
Vintl Vandóies
Erdpyramiden
St. Sigmund S. Sigismondo
Issing Issengo
Pfalzen Fálzes
Volkskundemuseum
Sack Sacco
23
Mittewald Mezzaselva
E 45
Mühlbach Rio di Pusteria
49
E 66
15
Kiens Chiénes
BRUNECK BRUNICO
7
Rienz
Rienza
Pustertal
Val Pusteria
Schloss Ehrenburg
3
2
Percha/Perca
49
Eisacktal
23
Tagewaldhorn Corno di Tramin 2708
IC/EC
Aicha Aica
Rodeneck Rodengo
Pflaurenz Floronzo
4
Reischach Riscone
Franzensfeste Fortezza
Schloss Rodeneck
Lüsener Alpe Alpe di Lusòn
Astjoch Giogo d'Asla 2196
Montal Montana Manténa
St. Lorenzen S. Lorenzo
Jakobsspitze Cima San Giácomo 2741
Karspitze Pta. di Quáira 2517
Brixen Bressanone
Schabs Sciáves
5
4
T. Gadera
10
Geiselsberg Sorafúrcia
Kronplatz Plan de Corónes
Lüsen Lusòn
Liffelspitze M. Livolo 2590
Vahrn Varna
Kloster Neustift
Natz Naz
Elvas
11
V. di Luson
244
168
13
2273
Furkelsattel 1759
Plose
Lüsener Tal
101
Zwischenwasser Longega
4
St. Vigil S. Vigilio di Marebbe Al Plan Marèo
2507 Piz da Peres
208
BRIXEN BRESSANONE
Brixener Dom
Hofburg Brixen
IC/EC
Diözesan-museum
Plose Bühel Cima di Plose 2504
Untermoi Antermóia Antermëia
V. di Marebbe
Enneberg Marebbe Marèo
2581 Kassianspitze Cima S. Cassiano
15
Millan Millano
Kreuztal Valcroce
Würzjoch Pso. delle Erbe Börz 2006
Pikolein Piccolino Picolin
Enneberg
Ruggen
Feldthurns Velturno
3
5
Palmschoß Plancios
St. Martin in Thurn San Martino in Badia San Martin de Tor
Wengen La Valle La Val
244
Latzfons Lazfons
Schloss Feldthurns
12
St. Jakob
13
12 %
19
2874
Eisack
Munt
Monte di Fúnes
X-V
Coristeles
Teis Tiso
2653 Tullen M. Tulla
Peitlerkofel Sass de Pútia
Gader-B.
Campill
N
0
5 km
Kloster Säben
9
St. Magdalena
CH
A
I

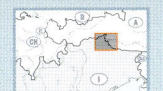

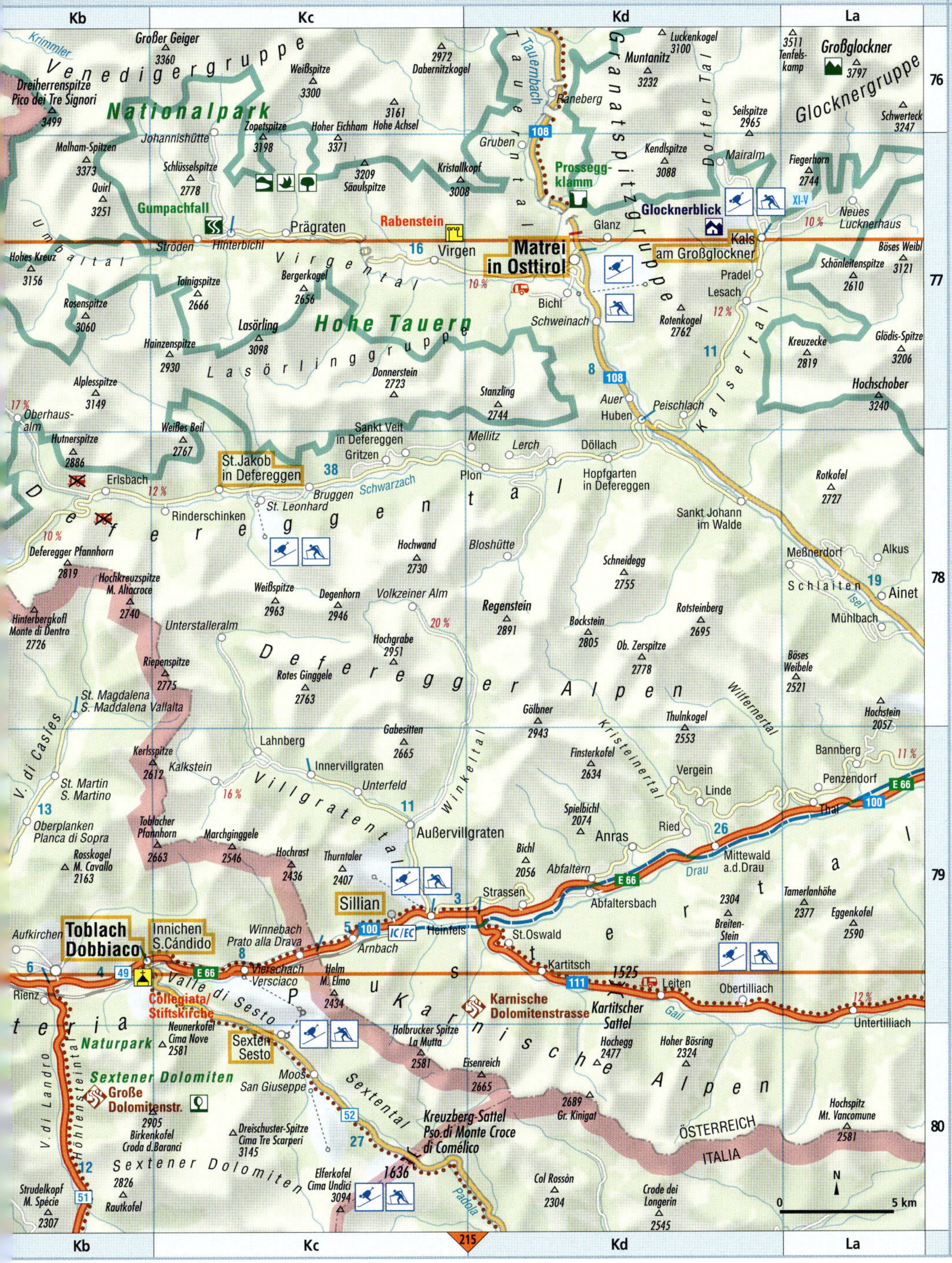

Kb
Kc
Kd
La
76
77
78
79
80
Krimmler
Venedigergruppe
Großer Geiger 3360
Dreiherrenspitze Pico dei Tre Signori 3499
Weißspitze 3300
2972 Dabernitzkogel
Nationalpark
Johannishütte
Zopetspitze 3198
Hoher Eichham 3371
3161 Hohe Achsel
Malham-Spitzen 3373
Quirl 3251
Schlüsselspitze 2778
3209 Säaulspitze
Kristallkopf 3008
Gumpachfall
Umbaltal
Ströden
Hinterbichl
Prägraten
Rabenstein
Virgen
16
Virgental
Hohes Kreuz 3156
Bergerkogel 2656
Toinigspitze 2666
Rosenspitze 3060
Lasörling 3098
Hohe Tauern
Lasörlinggruppe
Hainzenspitze 2930
Donnerstein 2723
Stanzling 2744
Alplesspitze 3149
17 %
Oberhaus-alm
Weißes Beil 2767
Hutnerspitze 2886
Sankt Veit in Defereggen
Gritzen
Mellitz
Lerch
Döllach
St.Jakob in Defereggen
38
Erlsbach
12 %
Bruggen
Schwarzach
Plon
Hopfgarten in Defereggen
Defereggental
Rinderschinken
St. Leonhard
10 %
Deferegger Pfannhorn 2819
Hochwand 2730
Bloshütte
Hochkreuzspitze M. Altacroce 2740
Weißspitze 2963
Degenhorn 2946
Volkzeiner Alm
20 %
Regenstein 2891
Hinterbergkofl Monte di Dentro 2726
Unterstalleralm
Hochgrabe 2951
Deferegger Alpen
Riepenspitze 2775
Rotes Ginggele 2763
St. Magdalena S. Maddalena Vallalta
V. di Casies
Lahnberg
Gabesitten 2665
Gölbner 2943
Kerlsspitze 2612
Kalkstein
Innervillgraten
Unterfeld
Winkeltal
St. Martin S. Martino
16 %
Villgratental
11
13
Oberplanken Planca di Sopra
Toblacher Pfannhorn 2663
Marchginggele 2546
Außervillgraten
Rosskogel M. Cavallo 2163
Hochrast 2436
Thurntaler 2407
Bichl 2056
Sillian
Strassen
3
Aufkirchen
Toblach Dobbiaco
Innichen S.Cándido
Winnebach Prato alla Drava
5
100
IC/EC
Heinfels
St.Oswald
Arnbach
8
6
4
49
E 66
Vierschach Versciaco
Helm M. Elmo 2434
Rienz
Valle di Sesto
Collegiata/ Stiftskirche
Pusteria
Naturpark Sextener Dolomiten
Neunerkofel Cima Nove 2581
Sexten Sesto
Große Dolomitenstr.
Moos San Giuseppe
Sextental
52
V. di Landro
Höhlensteintal
2905 Birkenkofel Croda d.Baranci
Dreischuster-Spitze Cima Tre Scarperi 3145
27
12
Sextener Dolomiten
2826 Rautkofel
51
Strudelkopf M. Spécie 2307
Elferkofel Cima Undici 3094
1636
Padola
Holbrucker Spitze La Mutta 2581
Eisenreich 2665
Karnische Dolomitenstrasse
Karnische Alpen
Kreuzberg-Sattel Pso. di Monte Croce di Comélico
Kartitsch
Kartitscher Sattel
1525
111
Hochegg 2477
Hoher Bösring 2324
2689 Gr. Kinigat
Col Rossòn 2304
Crode dei Longerin 2545
Leiten
Obertilliach
Untertilliach
12 %
Gail
Hochspitz Mt. Vancomune 2581
ÖSTERREICH
ITALIA
0
5 km
N
215
Tauernbach
Tauerntal
Raneberg
108
Gruben
Proseggklamm
Granatspitzgruppe
Luckenkogel 3100
Muntanitz 3232
Kendlspitze 3088
Dorfer Tal
Glanz
Glocknerblick
Matrei in Osttirol
10 %
Bichl
Schweinach
Rotenkogel 2762
8
Auer
Huben
Peischlach
Kalsertal
Kals am Großglockner
Pradel
Lesach
12 %
11
3511 Tenfels-kamp
Großglockner 3797
Glocknergruppe
Schwerteck 3247
Seilspitze 2965
Mairalm
Fiegerhorn 2744
XI-V
Neues Lucknerhaus
Böses Weibl 3121
Schönleitenspitze 2610
Kreuzecke 2819
Glödis-Spitze 3206
Hochschober 3240
Rotkofel 2727
Sankt Johann im Walde
Schneidegg 2755
Meßnerdorf
Alkus
Schlaiten
19
Isel
Ainet
Mühlbach
Bockstein 2805
Rotsteinberg 2695
Ob. Zerspitze 2778
Böses Weibele 2521
Wilfernertal
Thulnkogel 2553
Hochstein 2057
Kristeinertal
Finsterkofel 2634
Spielbichl 2074
Vergein
Linde
Bannberg
11 %
Penzendorf
E 66
Thal
100
Anras
Ried
26
Mittewald a.d.Drau
Drau
Drautal
Abfaltern
Abfaltersbach
Tamerlanhöhe 2377
2304 Breiten-Stein
Eggenkofel 2590

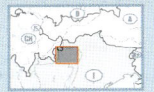

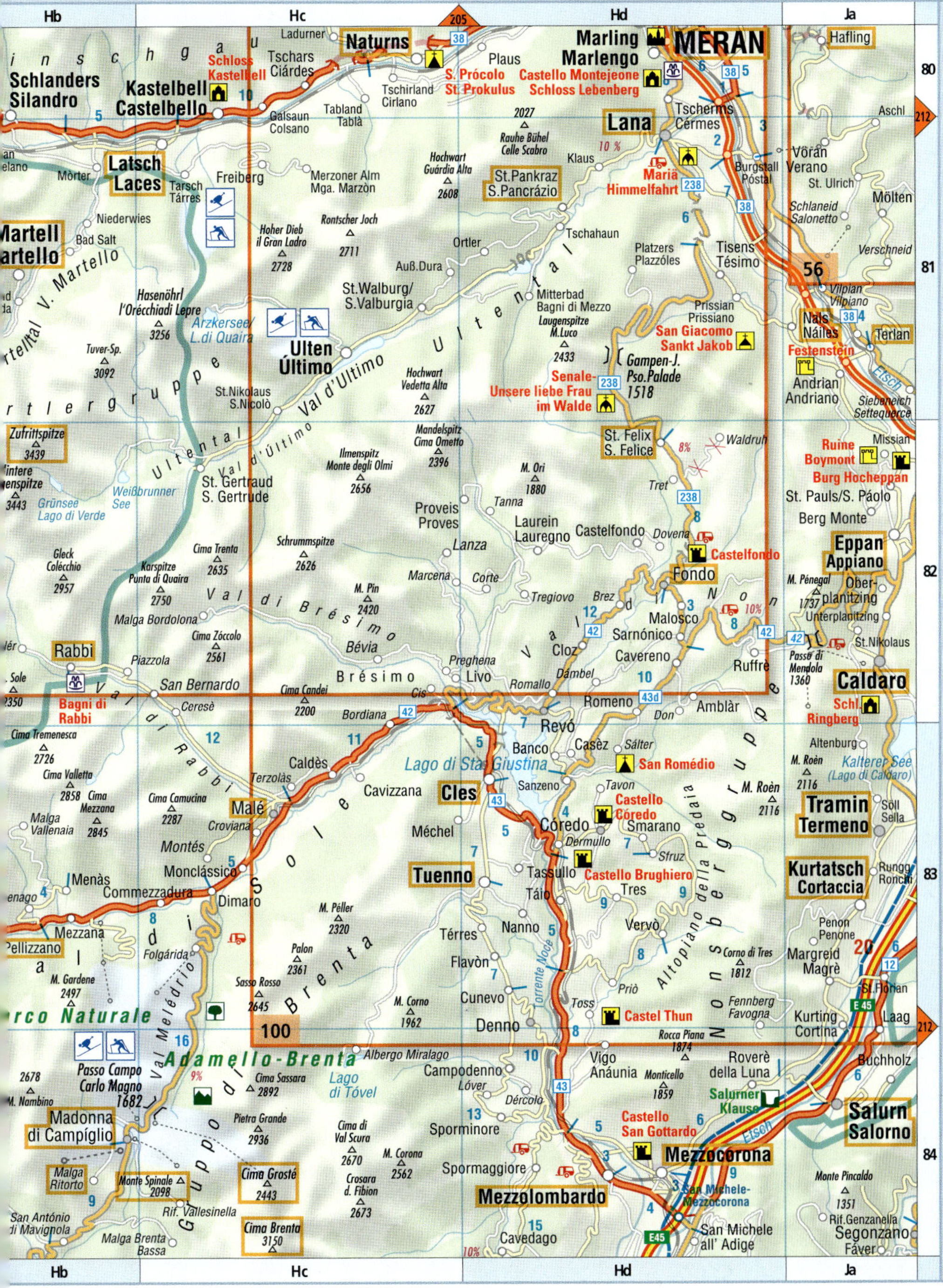

Hb
Hc
Hd
Ja
80
81
82
83
84
205
212
56
100
Schlanders
Silandro
Kastelbell
Castelbello
Schloss Kastelbell
Tschars
Ciárdes
Naturns
Ladurner
Plaus
S. Prócolo
St. Prokulus
Marling
Marlengo
MERAN
Castello Montejeone
Schloss Lebenberg
Hafling
Tschirland
Cirlano
Galsaun
Colsano
Tabland
Tablà
2027
Rauhe Bühel
Celle Scabro
Lana
Tscherms
Cérmes
Aschl
Latsch
Laces
Mörter
Tarsch
Tárres
Freiberg
Merzoner Alm
Mga. Marzòn
Hochwart
Guárdia Alta
2608
St.Pankraz
S.Pancrázio
Klaus
10 %
Maria Himmelfahrt
Burgstall
Póstal
Vöran
Verano
St. Ulrich
Mölten
Schlaneid
Salonetto
Martell
Martello
Niederwies
Bad Salt
Hoher Dieb
il Gran Ladro
2728
Rontscher Joch
2711
Ortler
Tschahaun
Platzers
Plazzóles
Tisens
Tésimo
Verschneid
V. Martello
Hasenöhrl
l'Orécchiadi Lepre
3256
Arzkersee
L.di Quaira
Auß.Dura
St.Walburg/
S.Valburgia
Mitterbad
Bagni di Mezzo
Laugenspitze
M.Luco
2433
Prissian
Prissiano
San Giacomo
Sankt Jakob
Vilpian
Vilpiano
Nals
Nálles
Terlan
Tuver-Sp.
3092
Ulten
Último
Ultental
Val d'Ultimo
Hochwart
Vedetta Alta
2627
Senale-
Unsere liebe Frau
im Walde
Gampen-J.
Pso.Palade
1518
Festenstein
Andrian
Andriano
Siebeneich
Settequerce
Etsch
St.Nikolaus
S.Nicolò
Ortlergruppe
Zufrittspitze
3439
Mandelspitz
Cima Ometto
2396
St. Felix
S. Felice
8%
Waldruh
Missian
Ruine Boymont
Burg Hocheppan
Ilmenspitz
Monte degli Olmi
2656
M. Ori
1880
Tret
St. Pauls/S. Páolo
Berg Monte
St. Gertraud
S. Gertrude
Grünsee
Lago di Verde
Weißbrunner See
Proveis
Proves
Tanna
Laurein
Lauregno
Castelfondo
Dovena
Castelfondo
Eppan
Appiano
Schrummspitze
2626
Cima Trenta
2635
Lanza
Gleck
Coléchio
2957
Karspitze
Punta di Quaira
2750
Marcena
Corte
Fondo
M. Pénegal
1737
Ober-
planitzing
Unterplanitzing
Val di Brésimo
M. Pin
2420
Tregiovo
Brez
Malosco
10%
Malga Bordolona
Cima Zóccolo
2561
Bévia
Sarnónico
Cloz
Cavereno
St.Nikolaus
Rabbi
Piazzola
Preghena
Livo
Dàmbel
Ruffrè
Passo di Mendola
1360
Caldaro
Sole
San Bernardo
Brésimo
Romallo
Bagni di Rabbi
Ceresè
Cima Candei
2200
Cis
Romeno
Amblàr
Schl. Ringberg
Bordiana
Don
Val di Rabbi
Cima Tremenesca
2726
Revò
Altenburg
Caldès
Banco
Casèz
Sálter
San Romédio
M. Roèn
2116
Kalterer See
Lago di Caldaro
Cima Valletta
2858
Terzolas
Lago di Sta Giustina
Sanzeno
Tavon
Cima Mezzana
2845
Cima Camucina
2287
Cavizzanna
Cles
Castello Córedo
M. Roèn
2116
Tramin
Termeno
Söll
Sella
Malga Vallenaia
Malé
Croviana
Méchel
Córedo
Smarano
Dermullo
Montés
Monclássico
Sfruz
Altopiano della Predaia
Menàs
Commezzadura
Tuenno
Tassullo
Castello Brughiero
Kurtatsch
Cortaccia
Rungg
Ronchi
Dimaro
Táio
Tres
Val di Sole
Mezzana
M. Péller
2320
Nanno
Vervò
Penon
Penone
Pellizzano
Térres
Folgárida
Palon
2361
Flavòn
Margreid
Magrè
M. Gardene
2497
Cunevo
Torrente Noce
Priò
Corno di Tres
1812
St. Florian
Sasso Rosso
2645
Toss
Castel Thun
Fennberg
Favogna
Parco Naturale
Adamello-Brenta
M. Corno
1962
Denno
Nonsberggruppe
Kurtinig
Cortina
Laag
Rocca Piana
1874
Val Melédrio
Albergo Miralago
Vigo Anáunia
Roverè della Luna
Buchholz
2678
Passo Campo Carlo Magno
1682
M. Nambino
Cima Sassara
2892
Lago di Tóvel
Campodenno
Lóver
Monticello
1859
Salurner Klause
Salurn
Salorno
Dércolo
Madonna di Campíglio
Pietra Grande
2936
Cima di Val Scura
2670
Sporminore
Castello San Gottardo
Etsch
M. Corona
2562
Mezzocorona
Malga Ritorto
Monte Spinale
2098
Cima Grosté
2443
Spormaggiore
Gruppo di Brenta
Crosara d. Fibion
2673
Mezzolombardo
San Michele-Mezzocorona
Monte Pincaldo
1351
Rif. Vallesinella
Rif.Genzanella
San António di Mavignola
Malga Brenta Bassa
Cima Brenta
3150
Cavedago
10%
San Michele all' Adige
Segonzano
Fáver
E45

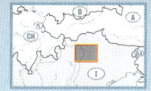

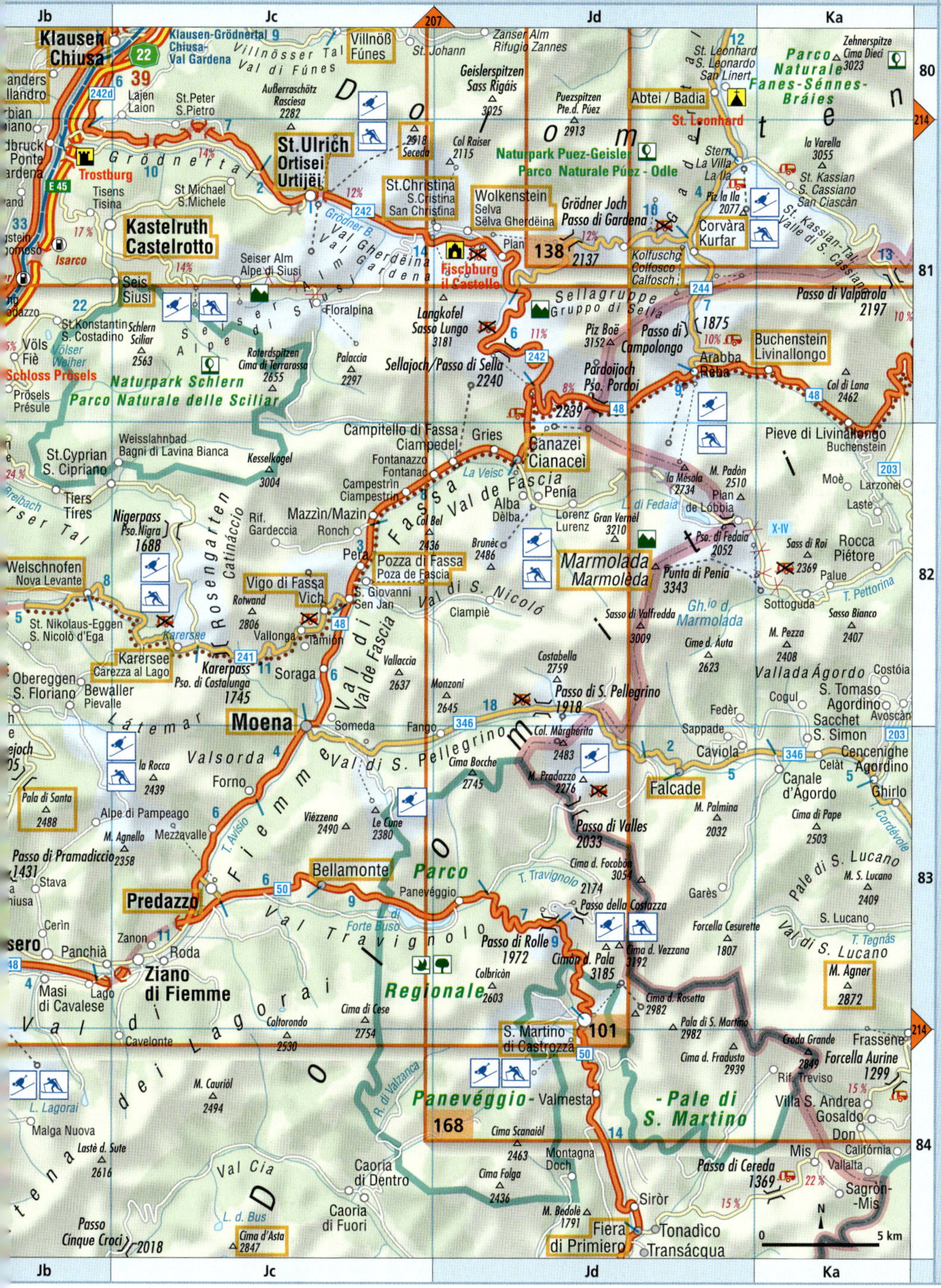

Jb
Jc
Jd
Ka
80
81
82
83
84
207
214
Klausen
Chiusa
Klausen-Grödnertal
Chiusa-Val Gardena
Villnößer Tal
Val di Fúnes
Villnöß
Fúnes
St. Johann
Zanser Alm
Rifugio Zannes
Geislerspitzen
Sass Rigáis
3025
Puezspitzen
Pte.d. Púez
2913
Abtei / Badia
St. Leonhard
St. Leonhard
S. Leonardo
San Linert
Zehnerspitze
Cima Dieci
3023
Parco Naturale Fanes-Sénnes-Bráies
Lajen
Laion
St.Peter
S.Pietro
Außerraschötz
Rasciesa
2282
St.Ulrich
Ortisei
Urtijëi
2518
Seceda
Col Raiser
2115
Naturpark Puez-Geisler
Parco Naturale Púez - Odle
Stern
La Villa
La Ila
Piz la Ila
2077
la Varella
3055
St. Kassian
S. Cassiano
San Ciascian
St. Kassian-Tal
Valle di S. Cassiano
Trostburg
Grödnertal
Tisens
Tisina
St.Michael
S.Michele
St.Christina
S.Cristina
San Cristina
Wolkenstein
Selva
Selva Gherdëina
Grödner Joch
Passo di Gardena
Corvàra
Kurfar
Kastelruth
Castelrotto
Isarco
Seiser Alm
Alpe di Siusi
Val Gherdëina
Val Gardena
Fischburg
il Castello
Plan
138
2137
Kolfuschg
Colfosco
Calfosch
Seis
Siusi
St.Konstantin
S. Costadino
Schlern
Sciliar
2563
Völs
Fiè
Völser Weiher
Schloss Prösels
Prösels
Présule
Roterdspitzen
Cima di Terrarossa
2655
Floralpina
Palaccia
2297
Langkofel
Sasso Lungo
3181
Sellajoch/Passo di Sella
2240
Sellagruppe
Gruppo di Sella
Piz Boè
3152
Passo di Campolongo
1875
Buchenstein
Livinallongo
Arabba
Reba
Passo di Valparola
2197
Col di Lana
2462
Naturpark Schlern
Parco Naturale delle Sciliar
Pordoijoch
Pso. Pordoi
2239
Pieve di Livinallongo
Buchenstein
St.Cyprian
S. Cipriano
Weisslahnbad
Bagni di Lavina Bianca
Kesselkogel
3004
Campitello di Fassa
Ciampedel
Gries
Canazei
Cianacei
Fontanazzo
Fontanac
Campestrin
Ciampestrin
La Veisc
Alba
Dèlba
Penía
Lorenz
Lurenz
Gran Vernèl
3210
la Mésola
2734
M. Padòn
2510
Plan de Lóbbia
L. di Fedaia
Moè
Larzonei
Laste
Tiers
Tíres
Nigerpass
Pso.Nigra
1688
Rif. Gardeccia
Mazzìn/Mazin
Ronch
Col Bel
2436
Brunèc
2486
Val de Fascia
Pso. di Fedaia
2052
Sass di Roi
2369
Rocca Piétore
Palue
Rosengarten
Catináccio
Pera
Pozza di Fassa
Poza de Fascia
Marmolada
Marmolèda
Punta di Penía
3343
Sottoguda
T. Pettorina
Welschnofen
Nova Levante
Vigo di Fassa
Vich
Rotwand
2806
Vallonga
Tamion
S. Giovanni
Sen Jan
Val di S. Nicolò
Ciampiè
Sasso di Valfredda
3009
Gh.io d. Marmolada
Sasso Bianco
2407
St. Nikolaus-Eggen
S. Nicolò d'Ega
Karersee
Karersee
Carezza al Lago
Karerpass
Pso. di Costalunga
1745
Soraga
Val di Fassa
Val de Fascia
Vallaccia
2637
Costabella
2759
Cime d. Auta
2623
M. Pezza
2408
Vallada Ágordo
Costóia
S. Tomaso Agordino
Cogul
Obereggen
S. Floriano
Bewaller
Pievalle
Moena
Monzoni
2645
Passo di S. Pellegrino
1918
Fedèr
Sacchet
S. Simon
Someda
Fango
Col. Margherita
2483
Sappade
Caviola
Avoscan
Cencenighe Agordino
Látemar
Valsorda
Forno
la Rocca
2439
Val di S. Pellegrino
Cima Bocche
2745
M. Pradazzo
2276
Falcade
Canale d'Ágordo
Celàt
Ghirlo
Pala di Santa
2488
Alpe di Pampeago
M. Agnello
2358
Mezzavalle
Viézzena
2490
Le Cune
2380
Passo di Valles
2033
M. Palmina
2032
Cima di Pape
2503
T. Cordévole
Passo di Pramadiccio
1431
Stava
T. Avisio
Fiemme
Bellamonte
Parco
Paneveggio
Cima d. Focobon
3054
T. Travignolo
2174
Passo della Costazza
Garès
Pale di S. Lucano
M. S. Lucano
2409
Predazzo
Cerìn
Zanon
Panchià
Roda
Ziano di Fiemme
Val Travignolo
Forte Buso
L. di
Passo di Rolle
1972
Cimon d. Pala
3185
Cima d. Vezzana
3192
Forcella Cesurette
1807
S. Lucano
T. Tegnàs
Val di S. Lucano
M. Agner
2872
Masi di Cavalese
Lago
Val di Lagorai
Colbricòn
2603
Regionale
Cima di Cece
2754
Coltorondo
2530
Cavelonte
Cima d. Rosetta
2982
Pala di S. Martino
2982
S. Martino di Castrozza
101
Croda Grande
2849
Fràssene
Forcella Aurine
1299
Cima d. Fradusta
2939
Rif. Treviso
Villa S. Andrea
Gosaldo
Don
L. Lagorai
M. Cauriòl
2494
Malga Nuova
Lastè d. Sute
2616
R. di Valzanca
Panevéggio-
Valmesta
-Pale di S. Martino
168
Cima Scanaiòl
2463
Montagna Doch
Cima Folga
2436
Mis
Califòrnia
Vallalta
Passo di Cereda
1369
Sagròn-Mis
Val Cia
Caoria di Dentro
Caoria di Fuori
L. d. Bus
Passo Cinque Croci
2018
Cima d'Asta
2847
M. Bedolè
1791
Fiera di Primiero
Sirór
Tonadico
Transácqua
Dolomiten
Dolomiti
0
5 km
N

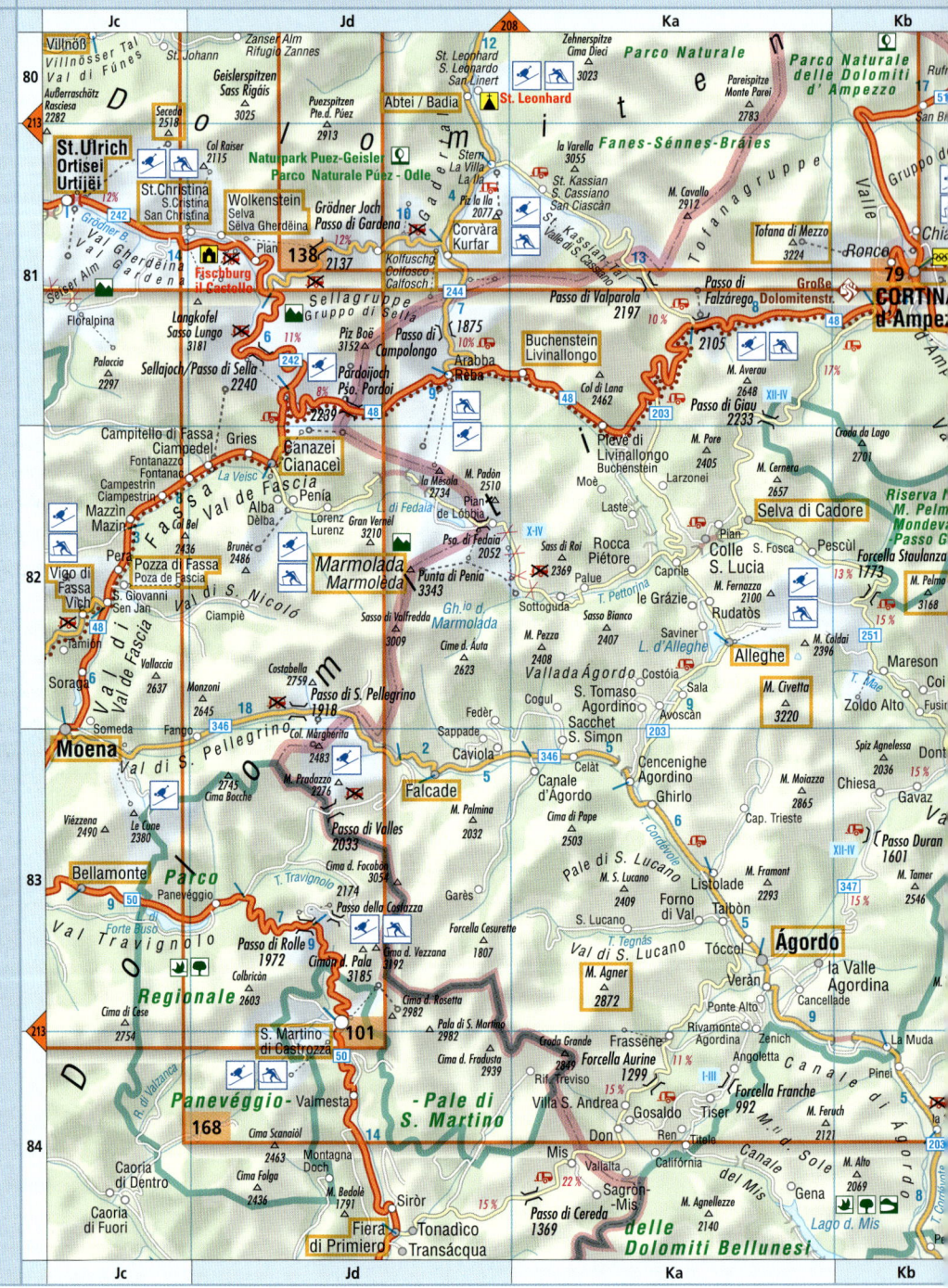

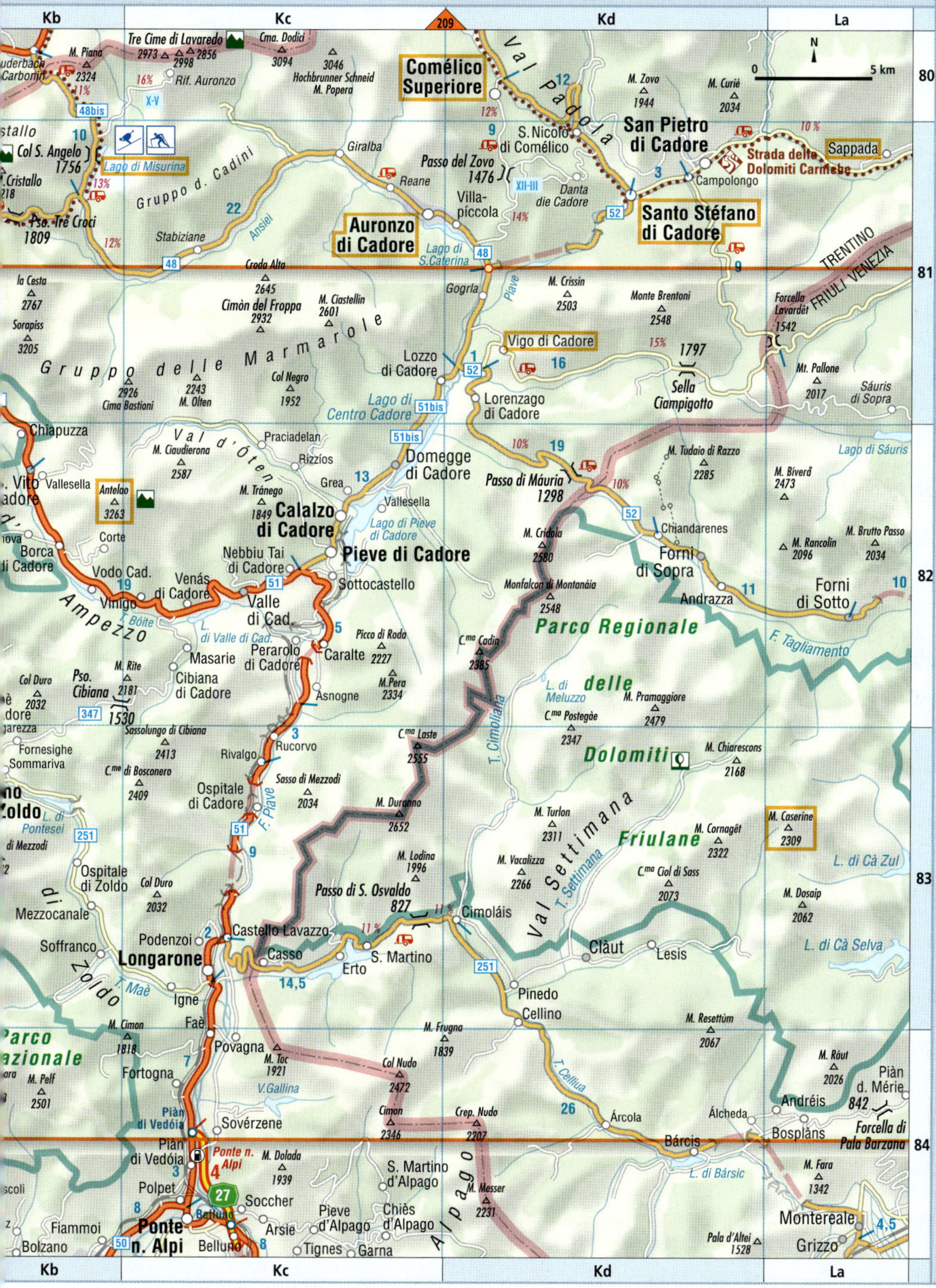

Kb
Kc
Kd
La
209
80
81
82
83
84
N
0
5 km
Tre Cime di Lavaredo
2973
2998
2856
Cma. Dodici
3094
3046
Hochbrunner Schneid
M. Popera
M. Piana
2324
Rif. Auronzo
Comélico Superiore
Val Padola
M. Zovo
1944
M. Curiè
2034
Col S. Angelo
1756
Lago di Misurina
Gruppo d. Cadini
Giralba
S. Nicolò di Comélico
San Pietro di Cadore
Sappada
Strada delle Dolomiti Carniche
Campolongo
Passo del Zovo
1476
Reane
Villa-piccola
Danta die Cadore
Santo Stéfano di Cadore
Pso. Tre Croci
1809
Stabiziane
Ansiei
Auronzo di Cadore
Lago di S.Caterina
TRENTINO
FRIULI VENEZIA
Croda Alta
2645
Cimòn del Froppa
2932
M. Ciastellin
2601
Gogrla
Piave
M. Crissin
2503
Monte Brentoni
2548
Forcella Lavardèt
1542
la Cesta
2767
Sorapiss
3205
Gruppo delle Marmarole
Lozzo di Cadore
Vigo di Cadore
1797
Sella Ciampigotto
Mt. Pallone
2017
Sàuris di Sopra
2926
Cima Bastioni
2243
M. Olten
Col Negro
1952
Lago di Centro Cadore
Lorenzago di Cadore
Chiapuzza
Val d'Óten
Praciadelan
M. Ciaudierona
2587
Rizzios
Domegge di Cadore
Passo di Máuria
1298
M. Tudaio di Razzo
2285
Lago di Sàuris
M. Biverà
2473
Vallesella
Antelao
3263
Grea
M. Tránego
1849
Calalzo di Cadore
Lago di Pieve di Cadore
M. Cridola
2580
Chiandarenes
M. Rancolin
2096
M. Brutto Passo
2034
Corte
Borca di Cadore
Vodo Cad.
Nebbiu Tai di Cadore
Pieve di Cadore
Forni di Sopra
Venás di Cadore
Sottocastello
Monfalcon di Montanàia
2548
Andrazza
Forni di Sotto
Ampezzo
Vinigo
T. Bòite
Valle di Cad.
L. di Valle di Cad.
Parco Regionale
F. Tagliamento
Picco di Roda
2227
C.ma Cadin
2385
Masarie
Perarolo di Cadore
Caralte
Col Duro
2032
Pso. Cibiana
1530
M. Rite
2181
Cibiana di Cadore
M. Pera
2334
Asnogne
L. di Meluzzo
delle
M. Pramaggiore
2479
C.ma Postegàe
2347
Sassolungo di Cibiana
2413
C.ma Laste
2555
T. Cimoliana
Dolomiti
M. Chiarescons
2168
Fornesighe
Sommariva
Rivalgo
Rucorvo
C.me di Boscorero
2409
Sasso di Mezzodì
2034
Ospitale di Cadore
F. Piave
M. Duranno
2652
L. di Pontesei
M. Turlon
2311
Val Settimana
Friulane
M. Cornagêt
2322
M. Caserine
2309
L. di Cà Zul
Ospitale di Zoldo
Col Duro
2032
M. Lodina
1996
M. Vacalizza
2266
T. Settimana
C.ma Ciol di Sass
2073
M. Dosaip
2062
Mezzocanale
Passo di S. Osvaldo
827
Cimoláis
Soffranco
Podenzoi
Castello Lavazzo
Longarone
Casso
S. Martino
Erto
Clàut
Lesis
L. di Cà Selva
Zoldo
T. Maè
Igne
Pinedo
Cellino
Faè
M. Cimon
1818
M. Frugna
1839
M. Resettùm
2067
Parco
Povagna
M. Toc
1921
Col Nudo
2472
M. Ràut
2026
Fortogna
V.Gallina
T. Cellina
M. Pelf
2501
Piàn d. Mérie
842
Andréis
Piàn di Vedóia
Sovèrzene
Cimon
2346
Crep. Nudo
2207
Árcola
Álcheda
Forcella di Pala Barzana
Bosplàns
Bàrcis
Ponte n. Alpi
M. Dolada
1939
L. di Bàrsic
M. Fara
1342
Polpet
S. Martino d'Alpago
Alpago
M. Messer
2231
Soccher
Fiammoi
Pieve d'Alpago
Chiès d'Alpago
Monteréale
Belluno
Arsie
Bolzano
Tignes
Garna
Pala d'Altei
1528
Grizzo

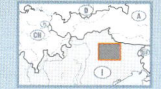

Rablà / Rabland	205	Hd80
Rabland / Rablà	205	Hd80
Racines / Ratschings	206	Ja78
Radein / Redagno	212	Jb83
Rasen Antholz / Rasun Anterselva	208	Ka79
Rasun Anterselva / Rasen Antholz	208	Ka79
Rasun di Sopra / Oberrasen	208	Ka79
Rasun di Sotto / Niederrasen	208	Ka79
Ratschings / Racines	206	Ja78
Rattísio Vécchio/ Altratteis	205	Hc80
Rauth / Novale	213	Jb82
Reane	215	Kc81
Redagno / Radein	212	Jb83
Rein	207	Jd77
Rein i. Taufers / Riva di Túres	208	Ka78
Reinswald / San Martino	206	Jb80
Reischach / Riscone	207	Ka79
Ren	214	Ka84
Rentsch	212	Ja81
Reschen / Résia	204	Ha79
Résia / Reschen	204	Ha79
Revó	211	Hd82
Ridanna / Ridnaun	206	Ja78
Ridnaun / Ridanna	206	Ja78
Ried / Novale	207	Jb78
Rienz / Rienza	209	Kb79
Rienza / Rienz	209	Kb79
Rif. Gardeccia	213	Jc82
Riffian / Rifiano	205	Hd80
Rifiano / Riffian	205	Hd80
Rifúgio Auronzo	215	Kc80
Rifúgio Corsi / Zufallhütte	210	Hb82
Rifúgio Pizzini	213	Ha82
Rifúgio Zannes / Zanser Alm	213	Jd80
Rio di Pusteria / Mühlbach	207	Jc79
Riobianco / Weißenbach	206	Ja79
Riobianco / Weißenbach	207	Jd77
Riscone / Reischach	207	Ka79
Ritzeil / Rizzolo	207	Jb78
Riva di Túres / Rein in Taufers	208	Ka78
Rivalgo	215	Kc83
Rivamonte Agordina	214	Ka83
Rizzíos	215	Kc82
Rizzolo / Ritzeil	207	Jb78
Rocca Piétore	214	Ka82
Roda	213	Jc83
Rodeneck / Rodengo	207	Jc79
Rodengo / Rodeneck	207	Jc79
Róia / Rojen	204	Gd79
Rojen / Róia	204	Gd79
Romallo	211	Hd82
Romeno	211	Hd82
Ronch	213	Jc82
Ronchi / Rungg	212	Ja83
Ronco	214	Kb81
Rotwand	213	Jb81
Roverè della Luna	211	Hd84
Rucorvo	215	Kc83
Rudatòs	214	Ka82
Ruffrè	211	Hd82
Rufreddo	214	Kb80
Ruggen	207	Jb80
Rungg / Ronchi	212	Ja83
Sacchet San Simon	213	Ka83
Sack Sacco	207	Jb79
Sala	214	Ka82
Saletto / Wieden	207	Jb78
Salonetto / Schlaneid	211	Ja81
Sálter	211	Hd83
Salurn Salorno	211	Ja84
San Bernardo	211	Hc82
San Biágio	214	Kb80
San Cándido / Innichen	209	Kb79
San Cassiano / Sankt Kassian	213	Ka81
San Cipriano / Sankt Cyprian	213	Jb82
San Costadino / S. Konstantin	213	Jb81
San Felice / Sankt Felix	211	Hd82
San Floriano / Obereggen	213	Jb82
San Genésio / Jenesien	212	Ja81
San Giacomo	210	Gd84
San Giácomo / Sankt Jakob	212	Ja82
San Giácomo / Sankt Jakob	207	Jc77
San Giacomo / Sankt Johann im Ahrntal	208	Ka77
San Giovanni	213	Jc82
San Giovanni / Sankt Johann im Ahrntal	207	Jd77
San Giuseppe / Moos	209	Kc80
San Leonardo	213	Jd80
San Leonardo in Passíria / Sankt Leonhard in Passeier	205	Ja79
San Linert	213	Jd80
San Lorenzo / Sankt Lorenzen	207	Jd79
San Lucano	214	Ka83
San Lugano	212	Jb83
San Martino	215	Kc83
San Martino di Castrozza	213	Jd83
San Martino in Passíria / Sankt Martin in Passeier	205	Ja79
San Martino / Reinswald	206	Jb80
San Martino / Sankt Martin	209	Kb79
San Maurízio / Moritzing	212	Ja82
San Michele / Sankt Michael	212	Ja82
San Michele / Sankt Michael	213	Jc81
San Nicolò d'Ega / Sankt Nikolaus-Eggen	213	Jb82
San Nicolò di Comélico	215	Kd81
San Nicolò / Sankt Nikolaus	211	Hc81
San Nicolò / Sankt Nikolaus	212	Ja82
San Pancrázio / Sankt Pankraz	211	Hd81
San Páolo / Sankt Pauls	212	Ja82
San Pietro di Cadore	215	Kd81
San Pietro / Sankt Peter	213	Jc81
San Pietro / Sankt Peter i. A.	208	Ka77
San Sigismondo / S. Sigmund	207	Jd79
San Tomaso Ágordino	214	Ka82
San Valburgia / Sankt Walburg	211	Hc81
San Valentino alla Muta / Sankt Valentin a. d. Haide	204	Ha79
San Valentino in Campo / Gummer	213	Jb82
San Vigilio di Marebbe / S. Vigi	207	Ka80
San Víto di Cadore	215	Kb82
San Vito / Sankt Veit	208	Kb80
Sand i. Taufers / Campo Túres	207	Ka78
Sankt Anton / Sant'António	212	Ja82
Sankt Christina / S. Cristina	213	Jd81
Sankt Cyprian / San Cipriano	213	Jb82
Sankt Felix / San Felice	211	Hd82
Sankt Florian	212	Ja83
Sankt Gertraud / S. Gertrude	211	Hc82
Sankt Heinrich	212	Ja82
Sankt Jakob	207	Jc80
Sankt Jakob i. Ahrntal / San Giacomo	208	Ka77
Sankt Jakob / San Giácomo	212	Ja82
Sankt Jakob / San Giácomo	207	Jc77
Sankt Johann	206	Ja79
Sankt Johann	213	Jc80
Sankt Johann i. Ahrntal / San Giovanni	207	Jd77
Sankt Kassian / San Cassiano	213	Ka81
Sankt Konstantin / S. Costadino	213	Jb81
Sankt Leonhard i. Passeier / San Leonardo in Passíria	205	Ja79
Sankt Lorenzen / San Lorenzo	207	Jd79
Sankt Magdalena / Santa Maddalena Vallalta	209	Kb78
Sankt Martin i. Passeier / San Martino in Passíria	205	Ja79
Sankt Martin / San Martino	207	Jd80
Sankt Martin / San Martino	209	Kb79
Sankt Michael / San Michele	212	Ja82
Sankt Michael / San Michele	213	Jc81
Sankt Nikolaus / San Nicolò	211	Hc81
Sankt Nikolaus / San Nicolò	212	Ja82
Sankt Nikolaus-Eggen / San Nicolò d'Ega	213	Jb82
Sankt Pankraz / San Pancrázio	211	Hd81
Sankt Pauls / San Páolo	212	Ja82
Sankt Peter i. Ahrntal / S. Pietro	208	Ka77
Sankt Peter / San Pietro	213	Jc81
Sankt Sigmund / San Sigismondo	207	Jd79
Sankt Ulrich	212≤	Ja81
Sankt Ulrich / Ortisei	213	Jc81
Sankt Valentin a.d. Haide / San Valentino alla Muta	204	Ha79
Sankt Veit / San Vito	208	Kb80
Sankt Vigil / San Vigilio di Marebbe	207	Ka80
Sankt Walburg / San Valburgia	211	Hc81
Sant'Antonio	210	Gd82
Sant'António / Sankt Anton	212	Ja82
Santa Caterina Valfurva	210	Ha82
Santa Cristina / Sankt Christina	213	Jd81
Santa Fosca	214	Ka82
Santa Gertrude / S. Gertraud	211	Hc82
Santa Maddalena Vallalta / Sankt Magdalena	209	Kb78
Santa Maria / Aufkirchen	209	Kb79
Santa Maria-Maddalena	210	Gd82
Santo Stéfano di Cadore	215	Kd81
Sanzeno	211	Hd83
Sappade	213	Jd83
Sarentino / Sarnthein	212	Ja80
Saring	205	Hd80
Sarnónico	211	Hd82
Sarnthein / Sarentino	212	Ja80
Sasso / Stein	207	Jc77
Saviner	214	Ka82
Scena / Schenna	205	Hd80
Schabs / Sciáves	207	Jc79
Schaidern	207	Jc78
Schenna / Scena	205	Hd80
Schlanders / Silandro	211	Hb80
Schlaneid / Salonetto	211	Ja81
Schleis / Clúsio	204	Ha80
Schluderbach / Carbonin	215	Kb80
Schluderns / Sluderno	204	Ha80
Schmelz	210	Ha81
Sciáves / Schabs	207	Jc79
Segondin	210	Gd83
Seis / Siusi	213	Jb81
Seiser Alm	213	Jc81
Sella / Söll	212	Ja83
Selva dei Molini / Mühlwald	207	Jd78
Selva di Cadore	214	Ka82
Selva / Wolkenstein	213	Jd81
Semogo	210	Gc82

Place	Page	Code
Sesto / Sexten	209	Kc80
Settequerce / Siebeneich	212	Ja81
Sexten / Sesto	209	Kc80
Sfruz	211	Hd83
Sicina	212	Ja84
Siebeneich / Settequerce	212	Ja81
Silandro / Schlanders	211	Hb80
Siusi / Seis	213	Jb81
Sluderno / Schluderns	204	Ha80
Smarano	211	Hd83
Söll / Sella	212	Ja83
Soffranco	215	Kb83
Solda di Fuori / Außer Sulden	210	Ha81
Solda / Sulden	210	Ha81
Someda	213	Jc82
Sommariva	215	Kb83
Sóndalo	210	Gd83
Sonvigo / Aberstück	206	Ja80
Soprabolzano / Oberbozen	212	Jb81
Sorafúrcia / Geiselsberg	208	Ka79
Soraga	213	Jc82
Sottocastello	215	Kc82
Sottoguda	213	Ka82
Sovérzene	215	Kc84
Spondigna / Spondinig	210	Ha80
Spondinig / Spondigna	210	Ha80
Sporminore	211	Hd84
St. Leonhard	213	Jd80
Stabiziane	215	Kc81
Stadelhöf / Maso Stádior	212	Ja82
Stadolina	210	Gd84
la Stanga	214	Kb84
Stanga / Stange	206	Ja78
Stange / Stanga	206	Ja78
Stava	213	Jb83
Stein / Sasso	207	Jc77
Steinegg / Collepietra	213	Jb82
Steinhaus / Cadipietra	208	Ka77
Stèlvio / Stilfs	210	Ha81
Stern	213	Jd81
Sterzing / Vipiteno	206	Jb78
Stilfes	207	Jb78
Stilfs / Stèlvio	210	Ha81
Stramentizzo	212	Jb83
Sulden / Solda	210	Ha81
Tablà / Tabland	211	Hc80
Tabland / Tablà	211	Hc80
Taibòn	214	Ka83
Táio	211	Hd83
Taisten / Tésido	208	Kb79
Tamers / Tamóres	208	Ka80
Tamión	213	Jc82
Tamóres / Tamers	208	Ka80
Tanas / Tannas	210	Hb80
Tanna	211	Hb82
Tannas / Tanas	210	Hb80
Tárres / Tarsch	211	Hc81
Tarsch / Tárres	211	Hc81
Tassullo	211	Hd83
Taufers / Tubre	210	Gd80
Tavon	211	Hd83
Teis / Tiso	207	Jc80
Temu	210	Gd84
Terenten / Terento	207	Jd79
Terento / Terenten	207	Jd79
Terlan / Terlano	212	Ja81
Terlano / Terlan	212	Ja81
Terme di Brénnero	207	Jb77
Termenago	211	Hb83
Termeno / Tramin	212	Ja83
Térres	211	Hd83
Terzolàs	211	Hc83
Tésero	213	Jb83
Tésido / Taisten	208	Kb79
Tésimo / Tisens	211	Hd81
Tiers / Tires	213	Jb82
Tires / Tiers	213	Jb82
Tirolo / Dorf Tirol	205	Hd80
Tisen	205	Hb80
Tisens / Tésimo	211	Hd81
Tisens / Tisina	213	Jb81
Tiser	214	Ka84
Tisina / Tisens	213	Jb81
Tiso / Teis	207	Jc80
Toblach / Dobbiaco	209	Kb79
Tóccol	214	Ka83
Tola	210	Gd82
Torbi	210	Hb82
Toss	211	Hd83
Trafoi	210	Ha81
Tramin / Termeno	212	Ja83
Tregiovo	211	Hd82
Tres	211	Hd83
Tret	211	Hd82
Tródena / Truden	212	Ja83
Truden / Tródena	212	Ja83
Tschahaun	211	Hd81
Tschars / Ciárdes	211	Hc80
Tschengls / Céngles	210	Ha81
Tscherms / Cérmes	211	Hd80
Tschirland / Cirlano	211	Hc80
Tubre / Taufers	210	Gd80
Tuenno	211	Hd83
Ulten / Último	211	Hc81
Último / Ulten	211	Hc81
Unser Frau i. Schnals / Madonna di Senáles	205	Hc80
Unterreinswald	206	Jb80
Unterinn / Auna di Sotto	212	Jb81
Untermoi / Antermóia	207	Jd80
Unterplanitzing / Pianizza di Sotto	212	Ja82
Unterplanken / Planca di Sotto	209	Kb79
Unterradein	212	Jb83
Uttenheim / Villa Ottone	207	Ka78
Vádena / Pfatten	212	Ja82
Vahrn / Varna	207	Jc79
Valas / Flaas	212	Ja81
Valcroce / Kreuztal	207	Jc80
Valdáora di Sopra / Oberolang	208	Ka79
Valdáora / Olang	208	Ka79
Valdidentro	210	Gc82
Valdisotto	210	Gd82
Valdurna / Durnholz	206	Jb79
Valfloriana	212	Ja84
Valfurva	210	Gd82
Vallarga / Weitental	207	Jc78
la Valle Agordina	214	Ka83
Valle di Cadore	215	Kc82
la Valle / Wengen	207	Ka80
Válles / Vals	207	Jc78
Vallesella	215	Kb82
Vallesella	215	Kc82
Vallone / Pflung	208	Kb79
Vallonga	213	Jc82
Valmesta	213	Jd84
Vals / Válles	207	Jc78
Váltina / Walten	206	Ja79
Vandóies / Vintl	207	Jc79
Varena	213	Jb83
Varna / Vahrn	207	Jc79
Velturno / Feldthurns	207	Jc80
Venás di Cadore	215	Kc82
Veràn	214	Ka83
Verano / Vöran	211	Ja81
Vermíglio	210	Hb83
Vernuga	210	Gc83
Verschneid / Frassineto	212	Ja81
Versciaco / Vierschach	209	Kc79
Vervò	211	Hd83
Vezza d'Óglio	210	Gd84
Vigo Anáunia	211	Hd84
Vigo di Cadore	215	Kd81
Vigo di Fassa	213	Jc82
La Villa	213	Jd81
La Villa	213	Jd81
Villa / Nordheim	206	Ja80
Villa Ottone / Uttenheim	207	Ka78
Villa Santa Andrea	214	Ka84
Villabassa / Niederdorf	208	Kb79
Villanders / Villandro	213	Jb80
Villandro / Villanders	213	Jb80
Villanova	215	Kb82
Villapíccola	215	Kd81
Villnöß / Fúnes	213	Jc80
Vilpian / Vilpiano	211	Ja81
Vilpiano / Vilpian	211	Ja81
Vinigo	215	Kc82
Vintl / Vandóies	207	Jc79
Vione	210	Gd84
Vipiteno / Sterzing	206	Jb78
Vodo Cadore	215	Kb82
Völs / Fiè	213	Jb81
Vöran / Verano	211	Ja81
Waidbruck / Ponte Gardena	213	Jb81
Waldruh	211	Hd82
Walten / Váltina	206	Ja79
Weifner	212	Ja81
Weißenbach / Riobianco	206	Ja79
Weißenbach / Riobianco	207	Jd77
Weißenstein / Pietralba	212	Jb82
Weißlahnbad / Bagni di Lavina Bianca	213	Jc82
Weitental / Vallarga	207	Jc78
Welsberg / Monguelfo	208	Kb79
Welschnofen / Nova Levante	213	Jb82
Wengen / la Valle	207	Ka80
Wieden / Saletto	207	Jb78
Wies	205	Hd79
Wiese	206	Ja78
Wiesen / Prati	206	Jb78
Winnebach / Prato alla Drava	209	Kc79
Wölfl / Lupicino	212	Jb82
Wolfsgruben / Costalovara	212	Jb81
Wolkenstein / Selva	213	Jd81
Zanon	213	Jc83
Zanser Alm / Rifúgio Zannes	213	Jd80
Zenich	214	Ka83
Ziano di Fiemme	213	Jc83
Zoldo Alto	214	Kb82
Zoppè di Cadore	215	Kb82
Zuèl	214	Kb81
Zufallhütte / Rifúgio Corsi	210	Hb82
Zwischenwasser / Longega	207	Jd79

Notrufnummern und Info-Adressen

Länder-Vorwahl Italien:
00 39

Einheitlicher Notruf:
Tel. 112 (Polizei, Unfallrettung, Feuerwehr; auch mobil)

Erste-Hilfe-Stationen (Pronto Soccorso):
Bezirkskrankenhaus Sterzing,
Margarethenstr. 24
39049 Sterzing,
Tel. 04 27 74 312

Landeskrankenhaus Brixen
Dantestr. 51
39042 Brixen
Tel. 04 72 81 21 11

Krankenhaus Bruneck
Spitalstr. 11
39031 Bruneck,
Tel. 04 74 58 11 11

Krankenhaus Bozen,
Lorenz-Böhler-Str. 5
39 100 Bozen
Tel. 04 71 90 81 11

Zentralkrankenhaus Meran,
Rossinistr. 5, 39012 Meran,
Tel. 04 73 26 33 33

ACI-Pannendienst (Soccorso Stradale):
Tel. 80 31 16

ADAC-Notrufstation Monza:
Tel. 03 92 10 41 (rund um die Uhr, mehrsprachig)

ADAC-Notrufzentrale München:
Tel. 0049/89/22 22 22 (rund um die Uhr)

ADAC-Ambulanzdienst München:
Tel. 0049/89/76 76 76 (rund um die Uhr)

Pannenhilfe des ÖAMTC (Österreichischer Automobil/Motorrad und Touring-Club):
Tel. 00 43/(0)1/251 20 00

Zentrale Hilfsstelle des TCS (Touring Club Schweiz):
Tel. 00 41/(0)224 17 22 20

Südtirol im Internet:
www.suedtirol.info
www.turismovenezia.it
www.veniceinfo.it

Enit – Ente Nationale Italiana per il Turismo (Staatliches Italienisches Fremdenverkehrsamt)
In Deutschland:
Friedrichstr. 187
10117 Berlin
Tel. 030/247 83 98,
Fax 030/247 83 99
www.enit.de
enit-berlin@t-online.de

Neue Mainzer Str. 26,
60311 Frankfurt/Main
Tel. 069/23 74 34
Fax 069/23 28 94
enit-ffm@t-online.de

Prinzregentenstr. 22,
80538 München
Tel. 089/53 13 17
Fax 089/53 45 27
enit-muenchen@t-online.de

In Österreich:
Kärntnerring 4
1010 Wien
Tel. 01/505 16 39
Fax 01/505 02 48
www.enit.at
info@enit.at

In der Schweiz:
Uraniastr. 32
8001 Zürich
Tel. 04 34 66 40 40
Fax 04 34 66 40 41
www.enit.ch
info@enit.ch

ADAC
im Internet:
www.adac.de

ADAC Info-Service:
Tel. 018 05/10 11 12
Fax 018 05/30 29 28 (0,14 €/Min).
Unter diesen Servicenummern oder bei den ADAC-Geschäftsstellen können ADAC-Mitglieder kostenlos umfangreiches Informations- und Kartenmaterial anfordern.

Diplomatische Vertretungen
Generalkonsulat der Bundesrepublik Deutschland
Via Solferino 40,
20 121 Milano
Tel. 02 62 31 101

Generalkonsulat der Schweizerischen Eidgenossenschaft
Via Palestro 2
20121 Milano
Tel. 02 77 79 161
Fax 02 76 01 42 96

Generalkonsulat der Republik Österreich
Piazza del Liberty 8
20121 Milano
Tel. 02 76 31 61 05

Impressum

Ein ADAC Reiseführer in Zusammenarbeit mit dem Verlag Wolfgang Kunth
© Verlag Wolfgang Kunth GmbH & Co.KG, München, 2010
Koordination: GeoGraphic Media GmbH, München
Text: Oliver Renzler
Projektleitung: Dr. Hans Joachim Völse, Micaela Verfürth
Redaktion: Andreas Schimkus, Elisabeth Schnurrer, Jens van Rooij
Covergestaltung: Jens van Rooij

Zuschriften an: ADAC Verlag, 81365 München
bildreisefuehrer@adac.de
ISBN: 978-3-89905-792-8
Art.-Nr.: 20859170
KNO-Nr.: 511792

REAL OUTLET CENTER PRICES

DOB®
DESIGNER OUTLET BRENNERO

dob-brennero.com

-30% -50% -70%

DIREKT AM **BRENNERPASS** EIN **BESUCH** DER SICH **LOHNT**!

MONTAG BIS SONNTAG 9:00 BIS 19:00 UHR

Designer Outlet Brennero | +39.0472.636-700 | St.-Valentin-Str. 9A | 39041 Brenner

 A22  **Brennero** ⊚ von Italien kommend **A13**  **Brennersee** von Österreich kommend